现代经济转型与管理创新探索

葛美玲　宁　昕　著

哈尔滨出版社
HARBIN PUBLISHING HOUSE

图书在版编目（CIP）数据

现代经济转型与管理创新探索 / 葛美玲，宁昕著. -- 哈尔滨：哈尔滨出版社，2024.1
ISBN 978-7-5484-7408-1

Ⅰ．①现… Ⅱ．①葛… ②宁… Ⅲ．①经济管理 - 研究 Ⅳ．①F2

中国国家版本馆 CIP 数据核字（2023）第 134386 号

书　　名：现代经济转型与管理创新探索
XIANDAI JINGJI ZHUANXING YU GUANLI CHUANGXIN TANSUO

作　　者：葛美玲　宁　昕　著
责任编辑：韩伟锋
封面设计：张　华
出版发行：哈尔滨出版社（Harbin Publishing House）
社　　址：哈尔滨市香坊区泰山路 82-9 号　邮编：150090
经　　销：全国新华书店
印　　刷：廊坊市广阳区九洲印刷厂
网　　址：www.hrbcbs.com
E - mail：hrbcbs@yeah.net
编辑版权热线：（0451）87900271　87900272
开　　本：787mm×1092mm　1/16　印张：11　字数：240 千字
版　　次：2024 年 1 月第 1 版
印　　次：2024 年 1 月第 1 次印刷
书　　号：ISBN 978-7-5484-7408-1
定　　价：76.00 元

凡购本社图书发现印装错误，请与本社印制部联系调换。
服务热线：（0451）87900279

前　言

当人们为我国经济转型所取得的巨大成就欢欣鼓舞时，转型的矛盾和问题也如影随形。正如布莱克所指出的那样："现代化是一个创造与毁灭并举的过程，它以人的错位和痛苦的高昂代价换来新的机会与新的前景。"在这个史无前例的制度变迁过程中，由于没有现成的经验可以借鉴，我们的每一步实际上都在探索，因而转型既充满了艰难性和复杂性，也难免会出现各种各样的失误，甚至会产生有增长无发展的负增长效应，出现企业缺乏竞争力、产业增长方式粗放、经济发展动力减弱、资源过度消耗与生态环境恶化等发达国家曾经有过的通病。

中国经济转型首先是一种双重的转型。双重转型有两层含义：第一层是基于中国目前仍然是一个发展中国家，经济发展中最基本的任务即工业化和产业结构转换的任务尚未完成，因此从发展意义上说是从相对落后的农业国转向较为发达的工业国，即落后农业国的工业化任务依然非常艰巨，这可以看作是发展转型。第二层含义是基于传统的封闭型计划经济体制对经济增长的严重制约作用导致经济发展长期缓慢落后，中国必须打破旧的计划经济和行政命令机制，逐步建立现代开放型市场经济体制，尽快完成从封闭的计划经济体制向开放的市场经济体制转型，尽快步入全球经济一体化与市场化的过程，这可以理解为经济体制的转型。显然，体制转型本身包括了体制改革和对外开放两方面的内容和任务。

由于编者学术水平和时间的限制，书中难免有不妥和错误之处，还恳请广大读者批评指正。

目录

第一章 绪论 1

    第一节 经济为什么要转型 1

    第二节 产业转型，艰难的攀登 5

    第三节 统一市场，阻力重重 13

第二章 三驾马车拉动经济体制转型原理的基本内涵 21

    第一节 开放、改革、管理的基本概念和对经济体制转型的拉动作用 21

    第二节 经济体制转型原理的有机构成 26

    第三节 经济体制转型原理的方法论 45

第三章 经济转型目标模式的选择 52

    第一节 经济转型的目标选择与影响因素 52

    第二节 几种典型的市场经济模式 57

    第三节 转向什么样的市场经济 68

第四章 经济转型方式的优化和模式比较 72

    第一节 经济转型的休克疗法 72

    第二节 经济转型的渐进式方法 80

    第三节 经济转型方式优化的几个基本问题 90

    第四节 经济转型的两种模式 93

第五章 经济转型——面临政府职能转变的挑战 96

    第一节 我国经济转型——转变政府职能的挑战 96

    第二节 向服务政府转型，高难度的跨越 102

    第三节 政府监管转型，走出低效率的误区 109

第四节　公共政策转型，迈向服务政府改革的深水区 …………… 119
　　第五节　从政府管制走向政策调控，我们面临哪些挑战 ………… 126
　　第六节　从实体经济转向金融经济 ……………………………… 136

第六章　经济管理创新的微观视角 …………………………………… 146
　　第一节　消费者、生产者与市场 ………………………………… 146
　　第二节　市场需求分析 …………………………………………… 153
　　第三节　市场供给分析 …………………………………………… 157
　　第四节　市场均衡与政府政策 …………………………………… 159

参考文献 …………………………………………………………………… 169

第一章 绪论

第一节 经济为什么要转型

经济转型是指一个国家或地区的经济体制、经济结构和经济制度在一定时期内发生的根本变化。具体地讲，经济转型是经济体制的更新，是经济增长方式的转变，是经济结构的提升，是支柱产业的替换，是国民经济体制和结构发生的一个由量变到质变的过程。

新中国七十多年来的经济发展历程，如果从一个大的发展背景看，主要可以分为三大阶段：（1）建国初期发展阶段；（2）社会主义建设挫折阶段；（3）改革开放发展阶段。与之相对应，我国经济转型也有三次重要的转型阶段：

第一次是在20世纪50年代中期，确立了以经济建设为中心的发展路径。然而这次转型仅仅提出了发展目标，没有几年就被政治运动所打断，夭折了。

第二次是在20世纪70年代末期，形成了以经济建设为中心的发展道路。这次转型是在反思和追赶发达国家进程中开始的，通过引进亚洲新兴发达国家的赶超战略，我国形成了外部投资拉动型赶超路径，取得了较大的成效，加快了工业化进程。20世纪末，我国已经完成了工业化进程，形成了以重化工业为主的产业结构，形成了中国制造的品牌效应。

第三次则始于21世纪初，即2008年蔓延全球的世界金融危机，对我国外向型发展道路的冲击，使我国经济发展面临着又一次重大转型，原有的以出口贸易和投资拉动为主的经济发展模式弊端，已经在世界金融危机冲击面前暴露无遗、难以为继，我国必须走新的转型发展之路。

纵观我国经济发展的三次转型，可以清楚地发现一个共同的现象，即每一次经济转型都与外部环境发生重大变化密切相关，每一次经济转型都是由外部环境变化引发的，与其说是一种自觉的转型，倒不如说是一种倒逼机制的推进更为贴切。当前我国经济转型就集中体现了这点。当我们把这次危机责任都归咎于美国的次贷危机引发的金融危机时，把出口下降引起的发展停滞或经济困难都归咎于外部经济环境时，其实我们还应该发现另一个重要责任主体，那就是我们自身的原因，是我们在这些年的外延式扩张发展过程中，忽视了提高自身素质，忽视了过度依赖外部经济发展可能导致的恶果。当我们以新的视野重新审视我国经济发展中出现的种种困难时，我们就会发现，我国经济转型实际上仍然停留在粗放阶段，不仅面临着从体制转型向结构转型（即从外延经济增长向内涵发展的转型）的发展要求，而且与发达国家经济转型的发展进程也存在着相当大的差距。当然，我们也不能过于苛求我国经济转型，毕竟我们是在没有任何前人经验的基础上进行的大胆探索，是以中国速度努力追赶世界发展水平的一次新的跨越。之所以要实现这种追赶和跨越，是因为经济转型已经成为世界经济发展的共同现象，成为当代世界经济发展的大趋势，成为一个国家经济社会发展到一定阶段后的必然选择。在这种历史发展趋势面前，不进则退，已经没有任何可选择的余地。

一、经济转型是顺应世界经济发展趋势的必然选择

经济转型既是世界性难题，也是经济全球化条件下各国经济发展的共同选择。回顾近代世界经济发展历程，我们可以发现一种现象，那就是人类生产能力自近代社会以来，已经进入到生产力扩张超越消费能力扩张的相对过剩阶段，即当世界经济进入到以大工业为基础的市场经济时代后，科技生产力发展具有天然的先进性、超越性，决定了任何一个国家在经济发展进程中，都难以避免出现消费的滞后性，任何一个国家都必须不断克服生产与消费自身发展遇到的矛盾和问题，而不断修正和克服这种自身矛盾的发展过程，就是经济转型的内在推动力量。正是从这一意义上，我们可以说，世界经济的发展无时无刻不在面临着转型，都处在一种转型发展之中。回顾一下近现代市场经济的发展进程，我们还会发现，在每一次大的经济转型之前，基本上都会有一次比较大的经济或社会危机的"阵痛"发生，或者说每一次比较严重的经济危机（包括社会危机），都直接引发或间接地推动了经济转型，最为突出的现象就是20世纪30年代经济危机引发的西方市场经济"革命"（由市场自由主义转向政府干预经济生活）、我国20世纪70年代末期从"以阶级斗争为纲"向"以经济建设为中心"的发展转型。实际上，如果我们撇开对市场经济周期的现象分析，仅仅从经济转型自身来看，也可以发现，世界各国所发生的这种经济转型现象，本身就是一个国家经济社会发展到一定阶段的必然要求，是世界各国应对未来发展挑战的必然选择。

经济转型也是人类应对资源环境约束的共同选择，尤其是当人类社会进入到21世纪，经济全球化和信息网络化成为世界经济社会发展的两个推动力量，日益改变着人们的生活方式和交往方式，并促成了以电子商务为代表，高科技产业（生命科学技术、新能源技术、新材料技术、空间技术、海洋技术、环境技术和管理技术等）为支撑的新经济的涌现。这次新经济发展，不仅加快了新一轮全球资源和市场的追逐，而且也带来了经济发展方式上的重要变化，形成了以创新驱动替代传统的资本推动的新经济发展方式，

加快了各国经济发展从传统制造业向新兴科技创新产业转型的发展进程。美国和部分新兴发达国家由于适时实现了经济转型，不仅成为这种新经济发展的风向标，也成为新一轮世界经济发展的重要主宰，形成了新的世界经济话语权。正是在这一大的发展背景下，近年来，世界各国纷纷启动并加快了经济转型探索之旅，比如欧洲、苏联和东欧国家、亚洲新兴国家等，自20世纪80年代以来，都纷纷启动了经济转型的发展之路。一部分发展中国家，如"金砖四国"，通过经济转型异军突起，成为影响世界经济发展的重要力量。经济转型日益成为世界各国经济发展的共同需要，成为适应经济全球化共同发展的需要，成为世界各国提高综合国力、以适应国际竞争的重要方式和手段，成为应对未来发展挑战的共同选择。

二、我国经济转型是以体制转型为先导实现快速发展的内在要求

回顾我国从计划经济转向市场经济的历史演变进程，我们可以发现，我国改革开放以来经济转型的一个重要特征，就是以体制转型为先导，为经济全面转型打开通道。在经济转型过程中，我们采取了一种折中式的改革路径，也可称之为阶段性改革或渐进式改革的转型路径，先农村后城市，先温饱后发展，先经济增量后经济存量，正是这种渐进式或步步为营的转型，避免了我国出现与苏联一样由于体制震荡导致经济转型受挫甚至半途而废的现象（从苏联向俄罗斯转型，是20世纪80年代举世震惊的重大事件之一），也从总体上保证了我国经济转型的成功。

与苏联激进式经济转型不同的是，我国从计划经济体制向市场经济体制转型，一开始就采取了温和的渐进式改革。也有专家认为，我国经济转型一开始并不是朝着市场经济方向发展，而是通常采用"先试验后推广"和"不断调整目标"等做法，虽然在某个阶段也有激进的性质，例如强制推行企业承包制改革等，但是总体上仍然属于渐进的。然而正是这种渐进式改革最终取得了巨大的成功，获得了世界各国的一致认同和高度赞扬。我国渐进式经济转型，大体可分为四个阶段，即经济的自由化、市场化、民营化和国际化。

1. 在经济自由化的过程中，我国经历了一个从农村到城市的渐进式改革过程。在这个过程中，以家庭联产承包责任制为核心的农村改革，使农民获得了土地使用权，以放开国有企业自主经营权为核心的改革，使国有企业初步摆脱了计划经济体制的束缚，同时也使非国有经济得到了迅速发展。

2. 经济市场化的改革将国营企业推向了市场，与其他所有制企业展开竞争。

3. 经济民营化改革强调了产权的重要性，允许了经济更大程度上的自由，各种所有制的竞争，使非国有经济成为中国经济的重要力量。

4. 经济国际化的改革，使我国经济在加速工业化、城市化和市场化的同时，能够更

加积极主动地面对世界新经济挑战，逐步向国际经济一体化过渡，主动地融入世界经济一体化中去，以确保我国经济转型能够沿着预定的设计目标前进，避免发生大的曲折和波动。

三、我国经济转型是当前经济社会发展的一种倒逼机制

当前我国经济转型一定意义上也是一种无奈之举，是被"逼上梁山"，或者说是一种没有办法的办法。众所周知，经过四十多年转型发展，我国经济实现了高速增长，已成为继日、德、美之后世界第四大制造业强国，中国制造的产品遍布世界各个角落。然而我国经济增长所面对的资源和环境压力则更加凸显，经济增长也越来越接近了资源和环境条件的约束边界。更为重要的是，在这一历史发展进程中，我们也错过了运用廉价资源进行发展的机会（例如英国在推进工业化过程中，拥有许多海外殖民地，以及大量的廉价原材料，德国、法国、美国和日本，大多是通过这种模式发展起来的。但是，在我们开始全面加快现代化建设，开始改善十几亿人的生活现状的时候，我们发现地球上大部分的资源已经被开发、使用。此外，经过两三百年的发展，地球的生态已经比较脆弱，现在地球变暖和温室气体排放的问题，已经成为各国共同关注的问题）。正如中国社会科学院研究员金碚所认为的那样，我国经济如何用尽可能小的资源代价获得最好的经济发展，难度已经日益增大。原有的"高投入、低效率"的经济发展模式，更加剧了原材料资源紧缺（例如仅以国内生产总值年均8%速度增长，到2010年，中国生铁、钢材、10种有色金属、水泥的消耗量将分别达到5.7亿吨、10.9亿吨、3353万吨、19.1亿吨。这种巨大的生产消耗量，直接导致了原材料进口价格不断上涨，降低了制造企业创造利润的能力）。自然资源、经济资源、社会资源和生态资源的四重约束，已经成为制约我国经济社会可持续发展的突出瓶颈（以自然资源为例，目前我国人均耕地面积约为0.1公顷/人，占世界人均水平的33.1%；人均水资源拥有量仅有2176.8立方米，还不到人均3000立方米的轻度缺水标准；人均淡水资源总量为2210立方米，仅为世界人均水平的26%；人均森林面积为0.14公顷，仅为世界人均水平的25%。我国以世界7%的土地养活了世界22%的人口。矿产资源的供需矛盾日益尖锐，如铁矿石、铜矿、银矿等人均消费量都大于人均产量，矿产资源供需失衡。经济资源以原材料资源为例，2004年中国的GDP总量为159878亿人民币，GDP年增长率达到了9.7%，中国对世界经济的总贡献是4.3%，但是却消耗了全球27%的钢铁，25%的铝材，40%的水泥；2005年主要原材料消费中，钢材4.0亿吨，增长20.1%；氧化铝1561万吨，增长21.7%；水泥10.5亿吨，增长9.0%，每万元GDP的能源消耗是美国的3倍，日本的9倍；钢材消耗是美国的5~8倍，日本的2.7倍），从而导致我国制造业的产业生态日益恶化甚至难以为继（比如中国已有上百种产品的产量居于"世界第一"却是建立在国内劳动力的无限

供给、廉价的工资成本基础之上的,我国制造业的竞争优势也主要集中于低成本、低价格的产业链上。同时,国内许多制造业企业存在"三低"即环保意识低、环保投入低、环保效率低,生态资源约束的程度也会越来越严重)。由此形成的各种硬约束,实际上就是一种倒逼机制,推动我国经济必须通过经济转型走上创新发展之路。

四、我国经济转型是实现可持续发展的必由之路

经济转型也是我国实现可持续发展的一种自觉应对和战略谋划。通过始于 2007 年的全球金融危机影响,我们可以看出,经济转型不仅是外部环境严峻挑战下的一种适应性发展要求,也是我国多年发展模式自我完善、实现可持续发展的必然要求。回顾我国改革开放以来四十多年的经济增长,基本上是投资与出口外部拉动的结果,缺乏国内消费拉动;从投资拉动看,基本上是以国外资本与国内政府投资为主体。但是,外资的投入是以赚取利润为最终的目的,并不会带来核心技术和竞争力。我国在大规模引进外资时,没有实现以"市场换技术"的意愿,没能有效地提升国内制造业的素质,更没有实现国外核心技术的引进。政府的投资虽然是必要的,可以填补市场投入的漏出部分,但是政府效应也有失灵的时候,而且一个长期依靠政府投资拉动的经济,必将是一个民间资本受到挤压的非常态经济,政府投资的挤出效应也是显然的。因此,从投资拉动、出口拉动转向依靠消费拉动,实际上也是中国转型动力的真正回归。

其实,从外部拉动转变为内需拉动,这种发展动力的转型,不仅是一次转型理念上的深刻变化,更是一次发展路径上的质的飞跃。经济转型时期同时也是社会利益分配格局大变动的时期,这种内部动力的转换,既需要动力体系自身的转化,也需要整个经济社会结构的系统转换,这种制度变迁或这种大规模的制度系统的转换,不仅需要民间财富的积累过程、引导财富向消费转化与释放的过程,同时还需要一个宽松的鼓励消费的制度环境,需要形成一个相对可预期的未来,更需要社会保障制度的心理转换与政府公共政策与公共服务的支持。

可见,未来我国经济转型,既充满着希望,也伴随着变数。然而,面对上述挑战,我们已经做好了应对和准备吗?

第二节　产业转型,艰难的攀登

一个国家的经济转型,核心是产业转型。在国际经济一体化的进程中,我们也可以发现,经济转型的历史,实际上既是一部传统产业改造提升的历史,也是一部新兴产业崛起的历史。世界各地在经济转型的过程中,尽管有许多新兴产业的崛起和发展,但是

除了一些资源型产业因资源枯竭而退出历史舞台外，传统产业并不会因经济转型而成为终结者，相反传统产业会在经济转型中得到更大程度的改造和提升。新兴产业在发展过程中，由于缺乏强有力的技术、市场和管理支撑，因而会遇到许多问题，只有在经过漫长而痛苦的孕育发展期后，新兴产业才可能成为某个区域的支柱产业。因而，新经济与传统经济的融合，往往是经济转型的最快和最佳选择。在经济转型中，高新技术、商务电子技术与传统产业相结合，既带来了人才流、技术流、资金流的流动，也推进了市场资源的有效整合，最终促成了传统产业向现代产业的升级换代，促进了传统经济社会向现代经济社会发展转型的真正实践。

我们发现，当制造产业面临着更多的资源、技术制约时，通过产业转型实现科学发展，虽然是经济转型进程中的历史必然，但是源于产业结构调整的产业转型，则是一条漫长之路。我国自20世纪50年代以来，就一直没有停止过这一路程。但是在计划经济时期，由于缺乏市场化的资源配置方式和手段，只能造成行政性产业重组和行政垄断市场的局面，而真正的产业转型，则是市场经济条件下源自产业内在发展需要而产生的一种张力，是先进产业替代落后产业的更新换代与产业自我演变共同作用的结果。

一、为什么要向高端产业转型

我国从低端产业向高端产业转型，主要基于下述两个原因：

（一）中国传统制造业的优势难以长期化

1. 现有的制造业优势外力支撑难以持续下去。自2001年开始的中国这轮经济繁荣周期，有两个重要的外部推动因素：一是中国加入世贸组织，与世界经济融为一体。在这一过程中，国际产业开始大规模向中国转移，中国的产业加工链开始形成；另一个重要因素，就是美国宽松的货币政策，造成人民币币值低估，刺激中国大量低成本制造向美国出口。人民币币值低估等于是"中国制造"全球大削价，雪片般的"中国制造"订单让外汇储备剧增的同时，也推高了国内从土地到工资及原材料等在内的生产要素价格，导致东部沿海城市商务成本的不断推高。以长三角、珠三角为例，大批中小型玩具、制衣、鞋子等劳动密集型工厂生产成本居高不下，中小制造企业度日如年，艰难求生，终于自2004年起，大量的劳动密集型产业开始向中西部地区转移，逼迫珠三角和长三角"腾笼换鸟"，开始引进和发展具有高附加值产品的产业。

2. 现有制造业的内力透支难以持久下去。在这种产业转移现象的背后，反映的则是中国低端制造产业发展的困境。长期以来，我们在制造业发展上，常常引以为豪的就是劳动力资源丰富，产品的劳动成本低，具有价格相对竞争优势。许多发达国家产业向中国转移，首先看中的也正是我们在劳动密集型产品上的比较优势，人工劳动成本低。以浙江经济发展为例，浙江经济奇迹的产生，不仅来自于微观层面的产权制度改革与创新，也来自于以中小企业为主体、特色产业为支撑的低成本优势。以义乌模式为例，成千上万家义乌企业，围绕着义乌小商品市场，生产玩具、饰品、袜子、服装等，把产品源源不断销往国内外（目前，义乌的浪莎袜业、梦娜针织、新光饰品、三鼎织带、伟海拉链、双童吸管等企业，在全国同行业中都处在领跑位置）。在2007年义乌市出口前十位国家统计表中，美国以2.56亿美元雄踞榜首，超出了第二大出口国阿联酋和第三大出口国俄罗斯的总和。

这种透支人口红利的做法，随着中国经济发展的进程加快，资源、土地和劳动力要素价格的不断攀升，在日益激烈的国际竞争环境下，已经日益艰难，越来越难以为继。尤其是随着美国次级债危机在全球范围内不断蔓延，美国经济受累导致各类需求大幅缩减，出口经济的外部环境恶化，引发了我国劳动密集型产业生存危机（尤其是义乌纺织、拉链、饰品等产业集群，大多是劳动密集型的传统产业），面对外部环境和资源要素制约，劳动力、资金等成本上升压力，以及海外市场的贸易壁垒，传统竞争优势正在逐步被外部环境削弱，企业正在经历一次严峻的考验。

从国际竞争的现实情况看，劳动力要素价格也不能长期维持在低水平状态，何况决定一个产业竞争力的因素，也远远不止劳动力价格要素，除了劳动力要素之外，还融入了资本、技术和较高的管理与组织水平，这样才能形成较高劳动生产率、更优质量的产品。因此，同样一种产品，就像服装、鞋帽、玩具、食品之类，就产品看来，似乎都是劳动密集型产品，在发展中国家可能是以密集劳动生产的，在发达国家可能是以密集资本生产的。这也是以美国为代表的发达国家始终是农产品出口大国的一个重要原因。

可见，仅仅依靠劳动力价格取得的中国制造优势，不可能长期维持下去，必须进行产业升级。产业升级离不开技术升级，发展中国家的技术升级的路径，往往先从引进创新做起，通过引进技术的模仿，逐步形成替代技术进口，最后形成自我创新。引进技术却离不开对外贸易的推动，需要通过出口换取大量的外汇，为国内的主导技术产业提供资本积累。因此，国际贸易对发展中国家而言，就是发展的引擎，这一点已经被发展国家广泛接受。根据美国经济学家钱纳里的分析，一个国家的对外贸易战略，只有同这个国家产业结构的比较优势相联系，起到推动本国产业结构优化和升级作用时，才能真正体现出这种引擎作用。如果我们始终以劳动密集型产品为出口导向，却不能带动国内产业的升级换代，进而提高经济发展水平，甚至进一步强化了低水平的劳动密集型产业结构，与发达国家的经济差距进一步拉大，显然这种国家贸易不仅不能称之为引擎，而且只能称之为国际贸易陷阱（或比较利益陷阱）。

实际上，并不是拥有劳动力资源比较优势，发展劳动密集产业，就会自然而然地形成本国的比较贸易优势。这种国际贸易的竞争优势形成，还必须有个转换环节，这种转换的关键，就是要将国内的技术产业，包括引进的国外资金、先进技术，同中国丰富而廉价的劳动力资源结合起来，生产出在国际市场上有竞争力的产品。然而我们的劳动力密集制造业出口，近年来却没有换来更多的新技术产业，往往是强化了制造加工的技术积累，将许多国外已经成熟甚至即将被淘汰的制造业技术引进国内（例如近几十年来引进的大量家用电器生产线，包括近年来国内引进的 TFT 第三代生产线），造成了大量制造产品的过剩和对外贸易出口的严重依赖。以浙江外贸经济为例，2008 年一季度以来，浙江省进出口增幅同上年同期相比均有不同程度下滑，出口增幅分别下降 3.4 和 1.7 个百分点，进口增幅则分别下降 12.6 和 1.5 个百分点。以义乌为代表的劳动密集型产业，如羊毛衫、打火机、眼镜等，已被逼至生存临界点。这些现象表明，随着外部经营环境的不断恶化，我国劳动密集型企业正在步入冰期；同时，多年来存在的同行间的价格战，早已把整个行业的利润空间挤得差不多了，而原材料涨价、人民币升值等因素严重影响了企业的生存，包括义乌在内的我国传统劳动密集型产业，正面临着一次新的转型。

（一）向高端产业转型也是国际产业发展的趋势

随着经济的全球化和国内竞争的国际化，当今的国际竞争已经不仅仅是企业的竞争，更不是产品的竞争，而是进入了一个前所未有的、全新的产业链竞争阶段。一般而言，根据产业的纵向一体化分工，产业链可分为上、中和下游三个不同的区域，与此相对应，在产业价值链的分布上，主要分为上游或高端产业、中端产业和低端产业。可见，产业转型的最初动力，就源自适应产业链竞争的需要。以芭比娃娃为例，芭比娃娃在美国沃尔玛的零售价格是 10 美元。在我国加工制造的芭比娃娃价值仅 1 美元，除加工制造，从产品设计、原料采购、物流运输，到订单处理、批发经营、终端零售，共有六大环节，却能够创造出 9 美元的价值，可见，在芭比娃娃产业价值链中，中国处在加工制造的最低端，而整条产业链中最有价值、最能赚钱的六大环节，却基本上被国外企业所控制。简言之，在国际分工体系下，包括中国在内的大多数企业，仅仅从事附加值最低、最消耗资源、最破坏环境、劳动者报酬最少的制造环节。长期从事这种低端产业链环节的中国制造，虽然能够取得一时的蝇头小利，却造成了资源和能源的极大浪费（以资源浪费为例，我国 80% 的江河湖泊断流枯竭，2 省的草原沙化，绝大部分森林消失，近乎 100% 的土壤板结，而且这 10 年来中国出口日本的方便筷子总计约 2243 亿双，为生产这些筷子而毁灭的山林面积占我国国土面积的 20% 以上。以环境破坏为例，我国的国土已被酸雨污染，主要水系的 2/5 已成为劣五类水，3 亿多农村人口喝不到安全的水，4 亿多城市居民呼吸着严重污染的空气，1500 万人因此罹患支气管炎和呼吸道癌症。世界银行报告列举了全世界污染最严重的 20 个城市，其中，中国占了 16 个；以劳工为例，根据对深圳 800 万民工的调查显示，每 5 个人中就有 1 人受过工伤或患过职业病），我国制造业必须向中端或高端进行转移，否则将没有发展出路。

由于高端价值产业链一般以现代服务产业居多，因此，向高端价值产业链转移，主要就是要向现代服务产业转型。现代服务业是我国近年来兴起的一种新理念，主要是指运用现代科技发展方式、新的技术手段所形成的具有高附加值的新兴服务产业，比如现代金融业、第三方物流、设计服务业等生产服务业。例如21世纪以来，知识产权在产业结构优化升级中尤为重要。宏碁集团施正荣在1992年提出了"微笑曲线"理论，后来加以修整成为"产业微笑曲线"的概念。在"微笑曲线"左边（价值链上游）是研发，随着显示器、内存、CPU以及配套软件等新技术研发的投入，产品附加值逐渐上升；右边（价值链下游）是销售，随着品牌运作、销售渠道的建立，附加值逐渐上升；作为劳动密集型的中间制造，装配环节不但技术含量低、利润空间小，而且市场竞争激烈，因而成为整个价值链中最不赚钱的部分。可以看出，由研发、技术所代表的知识因素和知识产权，在产业竞争力中的地位和作用比其他任何因素都要重要和关键。

向高端产业转型将目标锁定在以金融、物流等为特征的现代服务业，然而它并没有完全否定制造业自身的转型。实际上，高端价值链，也同样可以分布在高端制造业上，例如具有高科技含量的先进制造业。因此，我国产业转型的方向应该是双重的，既可以是先进制造业，也可以是现代服务业，两者并行不悖。具体就是：

（1）我们要通过自主创新、运用先进技术改造传统产业，从制造大国向制造强国转变。

（2）要逐步实现从传统制造产业向现代服务业的转变。随着网络时代兴起，由美国人克里斯·安德森提出的"长尾理论"，已经对经济驱动模式从主流市场向非主流市场的转变趋势，以及现代服务业利润链的形成，做出了详细的解释。长尾理论是网络时代兴起的一种新理论，它是对传统的"二八定律"的彻底叛逆。1897年意大利经济学家帕累托归纳出的一个统计结论，即20%的人口享有80%的财富。在市场营销中，为了提高效率，厂商们习惯于着力维护购买其80%商品的20%的主流客户。长尾理论则认为，当商品储存、流通展示的场地和渠道足够宽广，商品生产成本急剧下降，以至于个人都可以进行生产时，商业和文化的未来将不是传统需求曲线（正态分布曲线）上那个代表"畅销商品"的头部（过去人们最关注的重要的人或重要的事），而是那条代表"冷门商品"或经常为人遗忘的长尾，这些需求和销量不高的产品所占据的共同市场份额，可以和主流产品的市场份额相提并论。例如借助于互联网的发展，这一点在以媒体和娱乐业为代表的现代服务业中，表现得更为突出和明显。原来不被重视的中小型企业，现在也可以在现代服务业发展进程中找到自己的位置，具有广阔的市场发展前景。

二、向高端产业转型，为什么这么艰难

目前我国产业转型效率仍然不高，始终在低端产业徘徊不前，产业转型迟迟难以实现，其中一个重要原因就是缺乏现代服务业和先进制造业的技术支撑体系，同时对原有的产业发展路径，存在着较强的依赖性。

（一）原有的产业发展路径依赖，导致产业转型升级难

按照比较优势理论，一个国家应选择能够发挥本国比较优势、具有发展前景的产业，形成产业竞争优势。在现代市场经济条件下，按照产业价值链的"微笑曲线"，构成产业竞争优势的要素，已经日益从传统的土地、劳动以及自然资源等有形的物质要素，发展为技术、商标、品牌等无形的知识资源要素，由此也推动了各国向高端产业转型的发展之路。然而从各国低端产业向高端产业的转型发展实践看，这种产业竞争优势的形成存在着明显的路径依赖，突出表现在对传统产业、对劳动密集型产业存在较强的依赖或留恋上。实际上，产业转型这种路径依赖，也是现实竞争力的一种选择。以中国为例，作为一个劳动力资源丰富的人口大国，我国劳动力价格相对较低，地域空间较大，地价也相对便宜，具有生产成本低的明显优势，因此，在产业发展初期，优先发展劳动密集型产业（包括来料加工和来件装配等形式的加工贸易，吸引外资来华建立生产基地等），就成为我国制造业发展的一种比较优势，也是符合我国产业成长规律的必然选择。

但是，这种产业发展路径却存在着内在的、难以克服的重要缺陷：一是仍然没有摆脱低端产业的困境。这种通过低劳动成本获得的竞争优势，表明我国具有国际竞争力的产业，仍然属于劳动密集型低端产业。二是低端产业不会自动转型为高端产业。如果我们在劳动密集型产业停留过久，就会出现产业发展惰性，强化现有国际产业分工链，不仅会造成在高端技术上对发达国家的依附，也难以突破低端产业自我循环发展的瓶颈，长此以往，将难以通过劳动密集产业积累，自动实现技术领先以及产业结构的优化与升级；更难以在国际产业分工中提高自己的产业能级，实现较高的产业附加值，甚至可能会离高端产业越来越远。

（二）创新技术壁垒导致向高端产业转型难

国际经验表明，从低端产业向高端产业转换，主要是通过增强技术创新能力、通过技术传导带动产业升级转型。技术传导在产业转型升级中的作用，主要体现在两个方面：

（1）通过加快传统产业的设备更新与技术进步，提高劳动密集型产业的技术含量，促进劳动密集型产业向资本和技术密集型产业的升级；

（2）通过直接发展高技术产业，形成产业发展的高地以及产业竞争力的制高点。

可见，技术创新与传导对产业转型至关重要。如何才能增强技术创新与传导在产业转型中的作用？从理论上看，可以有多种实现方式，比如，发展中国家的技术创新，既可以靠自主创新获得，也可以通过引进技术的方式，包括购买专利、模仿等来实现。由于自主创新周期长、成本高，各国目前普遍采取引进技术的方式。然而我们却非常困惑地发现，改革开放四十多年来，我国技术的引进，并没有与市场的开放齐头并进，这一方面是因为目前我国产业结构大多还处于产业链低端，产业附加值较低，我们对国外许多新技术还存在水土不服的现象，包括发达国家的许多新科技成果，在国内也难以找到

适合的产业对接平台;另一方面,我们又发现,发达国家出于自身资本利益、国家利益的战略考虑,决不会轻易地将核心技术拱手相让,发达国家向发展中国家转移的产业技术,往往是一种成熟的甚至是即将被淘汰的产业技术,而不是在未来市场上具有竞争力的产业技术。这就意味着,单纯依靠引进外资,并不一定能培植具有核心技术的产业,而没有核心技术,我们就只能跟在发达国家技术的身后,亦步亦趋,成为一个制造加工工厂,成为贴牌的生产车间,而不是具有国际竞争力的产业。由于缺乏资本与技术融合发展的优势,我国在引进发达国家的高新科技过程中,获得的只能是在低成本竞争优势领域上的成熟技术。以IT产业为例,尽管近年来引进IBM、英特尔等跨国企业入驻,然而我国获得的技术,更多的是硬件制造方面技术,而不是软件技术,更不是核心技术。

可见,正是我国粗放型的产业发展方式,形成了当前产业转型上的路径依赖(包括技术引进上的路径依赖),导致了大多数产业仍然主要是依靠高投入、高消耗来支撑高增长。显然,这种发展方式,是难以维持长久的竞争优势的。

三、如何向高端产业转型

(一)增强产业转型的危机意识

理念影响行为。根据上述分析,我们认为,当前中国产业转型亟待解决的一个重要问题,就是要居安思危,增强危机意识。我们再不能仅仅满足于现有的中国制造优势,因为中国制造业的比较竞争优势仅仅是暂时的,正如二十年前日本曾经有过的低成本优势一样(20世纪60年代以来,日本制造的汽车和各类家电产品,曾经以低成本、高质量打入欧美市场,风靡世界几十年,由于缺乏技术创新的及时跟进,以及人工成本较高等原因,产品竞争力日益衰落,中国制造已逐步兴起、替代),很可能就会成为明日黄花。因此,我国产业升级与产业转型是否顺利,特别是在始于2007年世界金融危机中,经济能否迅速适应价格调整带来的冲击,各项经济资源能否进行有效配置,关乎我国未来的经济发展。这次全球金融危机,虽然给中国经济带来了负面影响,但一定意义上也促使我们进一步反省原来的发展思路,也许亚洲四小龙的出口导向型发展模式,可能并不完全适应我们这样一个资源稀缺、人口众多的大国;或许以出口导向带动经济腾飞的发展模式,已经走到了尽头。面对当前中国制造的优势,我们要有忧患意识,要及时转变我们的产业结构,要通过企业经营管理水平的提高,形成以人力资本优势替代简单的劳动力价格优势;通过人力资本投入、技术资本投入,逐步提高其技术密集度;通过由简单劳动密集型,向资本技术密集、智力劳动密集型竞争优势转变,才能更好地实现比较优势的转型。去年以来,浙江义乌外向型企业的生存危机,也引发了产业转型的内在要求,扩大内销、产业升级、增加附加值,这些都将会成为企业化险为夷的途径。比如,2008年因和世界打火机第一品牌ZIPPO打337场官司而一举成名的温州市恒星烟具眼镜有限公司，推出他们的多个系列"STAR"产品，产品的设计、风格明显突出了中国特色。这些产品的零售价，一般在100元。而之前在市场或网上买"STAR"的产品，一般花费不超过20元。温州另外一家不愿透露名称的打火机企业已开始尝到走高端带来的甜头，这家业内知名企业在大家都在用成本和价格抢订单的时候，专攻大家认为费力不讨好的高端市场。几年来，在行业不断疲软的环境下，这家企业创造了产量每年下降10%、利润反而每年增长10%的奇迹。

（二）以技术创新为引领实现产业转型

要突破国内产业技术发展瓶颈，形成产业的可持续竞争力，就必须加大技术创新投入力度，促进高新技术产业发展。比如，建立科技研发成果产业化服务平台，促进产品升级和产业结构升级，加快发展自主知识产权核心技术，实现从低端产业向高端产业的转型升级。

然而我们也应清醒地看到，以技术创新引导产业转型是一个渐进的过程。技术创新是一项系统工程，不仅需要较大的资本投入，还需要以企业为创新主体，政府为重要推动，全社会共同参与。在技术创新过程中，不仅需要大量的高端科学研究专业人才，也需要大量从事技术研发，包括技术运用的项目管理人才，才能形成持续的技术与人力资本上的储备或积累，形成科学与技术之间的有序转换与对接，形成从原创技术、二次创新技术与系统集成创新技术之间的对接与转换，形成系统的产业技术创新链。例如可通过高校、企业和科研院所之间的产学研结合，集中优势力量系统攻关，形成系统化的技术创新循环，以及提高产业技术创新的能力。此外，技术创新还需要全社会的人才支撑，需要更多的人才去从事创新创业，而不是一窝蜂地去报考公务员，追求稳定却缺乏创造激情的生活。这就需要我们培育全社会敢于冒险、勇于创新创业的精神，形成尊重科学家、尊重技术创新的舆论环境，制定相应的鼓励技术创新的财政税收政策，特别是要形成宽容创新失败的社会氛围，才能引导和促进更多的人去创新创业。

（三）把握好产业转型的阶段性与渐进性

从国际经验看，产业转型具有不同的发展路径，一种是产业自然转型。它就是按照产业转型的一般技术路线，从劳动密集型产业逐步向资金密集和技术密集产业转变。这种产业转型的特点是进程较为漫长。产业转型的另一种方式就是产业重组。自20世纪90年代以来至今，国际上已经发生了五次大的企业并购与产业重组浪潮，也拉开了我国产业重组的序幕。我国劳动密集型产业从一定意义上而言，已经丧失了绝对优势，虽然这种产业可以向中西部地区转移，但是后者往往缺乏产业技术基础和人才支持，如果产业转移缺乏环境、资源与技术上的匹配，这种产业转移往往难以获得很好的效果。那么，我国产业升级究竟应采取哪种方式？

其实，我国产业转型只能兼顾高端与低端两种产业，实现有序转型。从我国的实际情况看，绝对的或单一的低端或高端发展路径，可能都将会蕴藏着较大的市场风险。一个较为稳妥或有效的方式，可能是上述两条路径的结合，既要发展劳动密集型产业，形成产业资本和技术的积累，同时也要对高端产业进行及时跟踪、跟进。由于技术发明，尤其是现代高科技产业中的技术发明，投入巨大，风险极高，而购买专利，虽然是一种较为昂贵的技术引进方式，但是其费用往往低于自主研发成本，还可避免自主研发产生的不确定性，因此，许多发展中国家，在技术创新的技术路线上，往往采取以引进技术（包括专利技术）替代自主创新的方式来降低技术创新成本。近年来我国在产业转型的技术创新路线上，也曾经采取过这一做法。然而运用这种技术创新路线，也要注意考虑到产业转型上的技术可行性，防止出现技术创新上的引进陷阱。比如，为实现部分具有优势的产业直接与国际产业相对接，实现传统产业向高端产业跨越发展，政府曾推行一系列政策措施，但是我们却发现，迄今为止，这种跨越式的高科技产业发展，仍然存在许多不尽如人意的地方；虽然在部分产业实现了突破性发展，但是也有部分产业缺乏市场机制引导，政府的高投入并没有带来高端产业的集聚效应。以国内TFT彩显项目为例，当第五代产品生产线刚被引进国内时，曾有专家预测第六代、甚至第七代已经产生，然而我们仍然把过时的生产线列为高科技项目，享受着高科技税收上的优惠待遇，几年后却遭遇到市场的无情抛弃。当我们重新反思技术创新的引进路线，还发现另外一种现象，就是近年来，我国研发投入占销售收入的比重逐步提高，已达到发达国家的平均水平，然而技术创新的产出效率仍然较低，具有自主创新或核心技术的高端产业，在总体发展水平上仍然居于较后的世界排名。一个重要原因，可能就是我们在引导技术创新过程中，忽视了市场环境培育，导致市场资源配置机制不畅。要解决这一问题，就必须把握好政府介入的力度，即政府引导技术创新，促进产业转型，只能是阶段性的，在产业转型发展的中后期，必须有序退出市场，让企业市场创新主体自主成长，让市场"看不见的手"更好地发挥应有的作用。

第三节　统一市场，阻力重重

　　经过四十多年的改革发展，当市场供求关系已成为决定企业生产经营活动的主要依据时，数据足以表明，我国的经济体制已经发生了翻天覆地的变化，一个依赖于计划指令进行生产经营的时代已经终结，现代市场经济制度正在向我们走来。然而在我国向市场经济的转型过程中，我们却猛然发现，向市场经济转型，一刻也离不开产品与要素交换的市场，市场作为一种价格信息传导和价值发现的载体，在市场经济发展中具有重要的功能作用。虽然从商品的存在角度进行考察，我国早在几千年前就已经存在商品和商品交换的场所，但作为局部商品交换的市场功能也已经存在多年，然而从总体上看我国的市场体系建设仍然滞后于市场自身的发展进程，一个重要原因就是我们的要素商品市场发展较晚，在传统的思维定式影响下，多年来，我们对劳动力、资本和技术等要素市场的认识始终存在着一定的认识误区，导致要素市场发育大大滞后于商品市场的培育。因此，作为一个各类商品交换、要素集聚和价值发现相互融合统一的市场体系，我国市场体系建设仍然面临着重要而艰巨的任务。尤其是在市场体系的发展进程中，一些非市场因素依然在干扰着市场要素和市场体系的功能发挥。我国的市场体系建设不仅遇到了来自传统体制的顽强抵制，而且还遭遇到新生利益集团权力经济的侵蚀，在这两股力量的夹击下，公正市场环境正在日益缺失。虽然有形市场体系已经逐步建立起来，然而无形的市场分割力量，却在很大程度上左右着统一市场功能的正常发挥，并影响着市场体系的正常运行，我国的市场体系建设，包括向市场经济的转型，也变得越来越扑朔迷离。难怪有人预言，如果权力经济难以根除，我们离真正的统一市场目标，可能就会渐行渐远了。

一、为什么要向现代市场体系转型

市场是传递信息、刺激生产、调节供求和分配收入、提高资源配置效率的一种最重要方式。市场经济的发展离不开市场体系的完善。现代市场经济只有借助于完整、统一的市场体系，才能有效地配置资源。随着中国向市场经济逐步转型，市场资源配置的基础性作用日益凸显，建立与完善现代市场经济体系将会发挥着日益重要的作用。然而，在我国经济转型进程中，迄今现代市场体系仍不健全，集中表现为：

1. 生产要素市场的发展明显滞后。突出表现为资金、人力、技术、土地、矿产资源等要素供应的市场化程度低。

2. 公平有序的市场竞争格局尚未完全形成。突出体现为各种非经济因素对经济竞争进行严重干扰，特别是行政性垄断在基础性产业领域等许多经济领域仍然盛行。

3. 价格机制的信息传递作用难以充分发挥。受各种人为因素干扰和阻碍，现行价格无法及时准确地反映资源稀缺程度及其变化，扭曲了市场资源配置效力。

4. 社会商业信用体系没有建立，社会交易成本偏高。

其实，如果从深层次原因看，造成上述现象的根源或根本的原因，可能就在于我国的经济体制尚处于转轨时期，改革在以下三个方面缺位而引发的。

（一）国有企业和政府职能转型尚未到位

国有企业转型不到位，仍然依赖于政府的各种政策扶持，企业就难以真正成为名副其实的市场微观主体，并以公平公正的资格参与市场竞争，其结果是直接导致市场运行的微观主体行为失范；由于政府转型不到位，使得政府在某些领域同时存在着越位和缺位等突出问题，直接导致市场调控主体行为的不规范，进而出现了政企不分、政资不离、市场垄断与分割同在，不充分竞争、过度竞争和不公平竞争并存，以及权力寻租、扰乱市场正常运转等突出问题。

（二）市场调控机制尚不健全

例如，在价格机制的作用方面，虽然已经初步形成了市场化的价格机制，但是缺乏与市场价格机制相适应的动态调控机制，缺乏政府在重大产品上的市场物价风险平准基金，以及主要商品物资储备制度。各类行业自律机构的缺位，也导致对市场价格的管理、调控能力较弱，各种价格倾销、价格大战等恶性竞争问题屡禁不止，这也导致我国对外开放的风险承受能力不强。

（三）法制体系建设的滞后

市场经济的本质是法治经济，虽然《反垄断法》等有关市场运行的法律法规相继出台，但是仍然不够完善：一方面，缺乏《反暴利法》《市场信用规范法》等与市场经济直接关联的法律，包括对市场体系还缺乏有效的监管机制，在市场准入和市场行为方面，还缺乏应有的约束；另一方面，则缺乏严格有效的执法机制，已经出台的法律法规，难以得到有效落实，导致某些市场秩序出现混乱。

二、权力经济是我国现代市场体系建设的最大阻力

虽然造成上述现象的原因是多方面的，但是权力经济对市场经济直接或间接干预的负面作用，则更为直接和影响深远，一定意义上，我们可以说，当前我国市场经济转型的最大阻力，就在于权力经济或权力资本对市场体系的侵蚀。众所周知，现代市场体系的一个重要特征，就是市场是开放和竞争的。市场主体可以自由地进入市场，参与竞争，商品和要素能够在不同行业、部门、地区、国内外自由流动，在市场体系内实现无障碍的统一。因此，开放性、竞争性是现代市场体系运转的重要条件。而权力资本恰恰与此相反，权力与资本的结合就是以开放、竞争的对立面出现的，是一种对资源、对市场的封闭和垄断，通过这种封闭和垄断实现"寻租"，获得高额不当利润。这种权力经济的蔓延导致腐败难以根除，也成为今日的"政治之癌"。虽然改革开放以来，我国从传统社会向现代社会转型，取得了举世公认的巨大成就，但是随之而来的却是权力经济的盛行，贪污腐败现象的蔓延。这种权力经济干预市场的行为，最为突出的表现，就是权力与资本的合谋，形成了较大的社会危害性。例如近年来我国矿难事故不断，其背后原因，不仅是对稀缺资源的高额利润追求，而且也存在着巨大的资本与权力之间的利益链，通过部分地方官员入股，实现了权力与商人资本的结合，在官煤勾结下，政府监管已经成为一纸空文。权力经济的危害还突出表现如下：

（一）造成了不公平的市场环境

目前我国在发展市场体系过程中，存在一个突出问题，就是市场缺乏统一性。行政权力始终与市场经济如影相随，部门壁垒与隐形壁垒在市场交易中无处不在。权力对市场的介入，不仅形成了市场垄断，更为重要的危害，就是通过权力对市场进行了人为分割，对市场公平环境造成了破坏。

1. 限定他人购买自己或者其指定经营者的商品服务，例如保险公司在理赔中，强制他人购买其指定产品，供电企业强制他人购买其电力安装服务等。

2. 以检验商品质量、性能为借口，迫使他人购买其指定产品。比如，某煤气公司的用户不购买其推荐的煤气灶，公司就以种种借口拖延其通气时间。

3. 一些行业垄断者与行政机关或公用企业互相串通，借助他人的优势地位实行限制竞争行为。这种情况在保险业较为突出，如保险公司利用行政机关、公用企业、学校、医院等强制出售其保险。这种权力经济延伸的最大后果，就是破坏了市场经济的公正规则与运行方式，影响了我国经济转型和现代化发展的进程。

正如清华大学教授胡鞍钢所说，行政性垄断就是一种腐败。而我国的垄断基本上都是行政性的部门垄断（它不同于利用技术创新获得独占市场的市场垄断，如美国的微软公司，同时也有反垄断法进行制约），而作为公用企业以及其他依法具有独占地位的经营者的限制竞争行为所产生的行业垄断，也是由公共权力所产生的，实际上也是行政垄断的直接延伸。此外，还有诸如"批文经济""条子经济"、各种"寻租"活动等，已经严重影响了市场体系的健康发展，这种腐败所造成的损失，根据有关专家估计，至少已达五百多亿到一千多亿，并且直接使人民的福利遭到侵害。如果不采取有效措施予以根除，所造成的破坏性将是巨大的，负面影响将是深远的，不仅削弱了国家宏观调控能力，有悖于市场经济转型发展的目标，而且也加剧了市场的无序混乱状态。

（二）导致国有资产的大量流失

与权力经济相伴随的，还有国有资产的大量流失。尤其是权力与经济结合产生的垄断经营，在性质上已经不同于改革前的公有经济。在改革前期直到20世纪90年代初，国有经济仍然是社会主义主流的乃至唯一的经济形态。而现有的国有经济，已经变成某些人利用手中权力和垄断手段进行资本原始积累的中转站，造成了国有资产的严重流失。在国有企业改制中，瓜分国有资产这道丰盛的晚餐，已成为人人皆知的普遍现象，国内不少丧失了社会良知的经济学家被一些利益集团所迷惑，为种种公开的争夺摇旗呐喊，政府相关部门的沉默也助长了这种疯狂的掠夺。

（三）出现了权力寻租腐败现象

通过权力对经济生活的影响，或通过驾驭国有经济，让权力形成了吸纳非国有资源的机器。例如通过"圈钱脱困"、金融垄断，乃至强迫集资汲取民间资源供"公家"部门占有；通过权力与经济部门的各种方式的结合，以及职务消费、浪费或不明不白的方式，使国有资产又流进另一些人的私囊。可见，20世纪90年代以来我国经济市场化程度虽有提高，但是权力腐败却在很大程度上危害了社会的稳定，损耗政府的效能，破坏社会资源的优化配置，致使公众法律信念淡漠和社会道德水平下降。而权力腐败导致的直接后果，就是财富的严重不合理分配。据调查，在20世纪90年代中，我国大陆财富集中的程度超过了美国。1994年，最贫穷的20%家庭的收入仅占全民收入的4.27%，最富有的20%家庭占有全民财富的50.24%。这种两极分化导致了"民众的相对剥夺感"；换言之，在我国尤其是在地方一级，"剥夺者"与"被剥夺者"的矛盾在不断加深，为政治不稳定埋下了种子。

（四）造成了行政区域的人为垄断与分割

计划经济在转向市场经济的过程中，仍然以自己固有的势力进行顽强抵抗，并以地方保护、地区封锁及部门垄断等方式表现出来，或是乱设卡、乱收费；或是对外地产品实行价格歧视；或是对本地产品给予保护性扶持等。各地工商部门在调查中发现，实行地方保护、地区封锁的，主要商品有烟、酒、化肥、医药、煤炭、农业生产资料。其主要表现形式如下：

1. 以发文形式封锁市场，阻碍商品的自由流通。比如，东北某地方政府为保护当地氮肥厂的生产，专门召开会议，并发文要求经营者必须销售本地化肥，否则没收经营的外地商品，对经营者罚款甚至吊销营业执照。

2. 以不正当或者歧视性质量检验及加收费用等方式，抬高外地商品进入本地的门槛。比如个别地方对外地啤酒在本地销售，一律征收所谓的啤酒调节基金（类似调节税的一种费用，属于个别地方政府变相收税行为，目前这种税费分离正在逐步清理、合一）。

3. 以拒绝或予以行政许可等方式，强制他人购买其指定的产品或服务。比如，民政部门利用结婚登记的职权、限定办事人到指定的照相馆照相；公安交通部门限定司机到指定的验车厂验车。

4. 政府部门指使他人强行收费。我国东北某区小食品城有一批人长期盘踞，专收来此运货的卡车司机的"路线费"，而这些团伙的背后就是区交通局。

5. 政府机关利用"一套班子、两块牌子"实施垄断。例如，南方某县自来水公司与县节约用水办公室，实际上是"一家人"。2000年年初，节水办公室向用水大户发文限量用水，超过限量加收5倍水费。但只要购买县自来水公司的纯净水，就不再收取该费用，此举使得该县其他水厂陷入困境。这种做法的实质是垄断本地本部门的市场，阻碍商品和要素的自由流通。其结果使市场机制在资源配置中的应有作用难以有效发挥。

虽然近年来这种显性的行政区域市场分割正在逐步减少，然而各种隐性的地方保护和封锁仍然盛行，例如覆盖了全国主要经济发达地区，其GDP已占据全国80%以上的京津区域、长三角区域、珠三角地区三大区域之间的竞争，以及长三角同一区域内的隐性竞争，从来就没有停止过。这种区域之间、区域内的竞争，往往以引进外资、争夺项目等方式出现，造成的结果则是导致各地区之间在产业分布上雷同，低水平项目的重复建设。以长三角区域为例，仅仅 300 公里的沿江城市，机场、港口等基础性建设项目就达 10 多个，不仅利用率低，而且造成地方政府的负债经营。虽然近期国务院出面进行干预，形成了长三角区域内的初步妥协，然而这种妥协仅仅是表面的或暂时的，因为导致其根本原因的制度安排仍然是强大的，人们也习惯把地方经济这种扩张冲动称之为"诸侯经济"。在向市场经济转型的过程中，只要我们仍然把 GDP 的发展作为考核各地政府政绩的首要标准，这种扩张冲动的动机就依然存在，地方政府就不会把社会发展、公共管理作为自己的首要任务，这才是我国市场经济与发达国家市场经济发展上的巨大差距，也是中国市场经济转型还远远没有完成的原因之一：

三、如何建立完善我国现代市场体系

（一）把理念转型放在首位

在向市场经济转型的过程中，曾经有人认为，只要我们将发达国家的市场方式、市场运作模式，包括市场要素进行模拟、引进或照搬进来，就可以完成市场经济转型。实践证明这种认识是简单和肤浅的。实际上，在经济转型过程中，理念转型同样十分重要。比如，目前我们对现代市场体系的认识，更多的是对它的统一开放、竞争和有序、效率的认识，却对它的脆弱性、风险性认识不足，这次世界金融危机冲击，就给我们补上了这一课。比如，在市场经济转型过程中，我们对市场目标往往不够坚定，对市场规则往往予以蔑视，对权力经济却充满了崇拜；比如，我们对市场体系的理解，往往更多地局限在商品市场或者要素价格的梳理上，我们对我国经济转型的主体认识，更多的是把眼光聚焦在国有企业身上，聚集在国有企业内部治理结构上，以及引进外资的先进经验上，往往忽视中国市场化的基础再造。而目前实行的包括能源、资金、税收、法律法规等所有资源在内的倾斜式惠顾，让央企和地方国有企业，包括大型外资获得了制度性的输血，但是市场内生性的竞争基础却遭到了较为严重的破坏，使我们的国有企业从一开始，就是在一种特别保护的环境内成长（包括对外资的特殊保护政策实施，比如，多年来采取的国有企业与外企差别所得税率）。至于民间资本，更多的是在一种特别劣势的环境中生存，这也自然地促使了民营企业往往采取非法或不当手段获得资源，否则民企大多数是难以存活的。这种不公平的市场大环境虽然是特殊时期、特定阶段的产物（例如对外资的优惠是为了以市场换资本和技术，对国有企业的倾斜是为了国计民生的需要等）。但是实施的结果，却产生了不公平的市场竞争环境，这也有悖于市场经济发展的初衷。试想，如果中国内生的市场主体，无法获得真正纳税人的地位，无法从政府、社会获得公平的待遇，竞争体制就不能健康持久。

（二）建立资源有效配置的社会基础结构

现代经济学的研究发现，建立了市场经济体系的国家虽然不少，但真正实现经济可持续发展，并能长期保持创新活力的经济体并不多。一个重要的原因，就是世界各国之间，往往还存在着市场经济体系制度条件上的差异，存在着"基础结构"（各种法律、制度和政府政策的总和，它们构成了一国经济的运行环境）上的巨大差异。虽然构成这种基础结构的要素很多，市场价格机制的作用（要素价格的形成基础）、市场中介机构的作用十分重要，但是最为关键的，还是市场运行的秩序结构或法律环境，它是一个国家市场经济发展最为重要的软环境。衡量这种软环境的优劣，一个重要的标准就是看它能否鼓励或激励生产性活动，简言之，一个好的基础结构能够鼓励或激励生产性活动，反之则会扭曲或抑制生产性活动。更为重要的是，不同国家在基础结构上的差异，还会深远地影响和左右着一个国家的社会资源分配和创新人才的形成。例如当一个经济体的基础结构倾向于鼓励生产性活动时，就会导致更多的社会资源投入创造产出的生产性活动中去；反之，如果倾向于鼓励非生产性活动，其社会资源就会更多地投入到寻租、贿赂、欺诈、违约等耗散资源却难以创造产出的活动上。一旦这种基础结构和利益分配倾向在社会中得到固化，就会在社会上产生一种对多数成员的负面效应，比如使社会成员向着非生产性活动的方向积累经验并发展其个人才干。一旦这种情形成为一种社会流行的主导文化，就会使更多的社会资源消耗在非生产性活动上，导致非生产性资源的消耗多于生产性资源的生产水平。因此，中国向市场经济转型的过程中，不仅要关注市场体系的硬件建设，还应重视市场体系的软件或制度基础建设，既要形成独立性的市场主体，同时还要加强市场道德伦理建设，强化社会责任意识，消除市场与行政垄断之间的关联，形成市场体系发展的良好外部环境。

（三）对政府权力进行有效制约

由传统的计划经济逐步转变为现代市场体系，并不是一件简单而容易的事情。反垄断更是一场深刻的社会变革，这也是我国向现代市场体系转型需要完成的最艰难任务之一。从制约政府权力角度看，当前一方面应通过转变政府职能，使政府职能仅限于统筹规划、总量控制、政策引导、组织协调、提供服务和检查监督，从源头上杜绝权力对经济的控制，以及政府对微观领域的权力渗透；另一方面，政府应加大力度，逐步打破电力、通讯、民航和铁路四大行业的经济与行政垄断，促进市场自由竞争，提高要素生产效率，形成良好的社会利益分配格局；尤其要加快要素资源市场化进程，加快实现从行政定价机制到市场定价机制的转变过程，避免在要素资源价格上出现双重标准和定价分配体系，防止特殊利益集团对要素资源价格的垄断以及不当分配（包括防止国有企业对资源垄断形成的不当分配）。

（四）建立信用责任体系

信用体系是当前市场体系建设的重要基石。在现代市场经济发展过程中，信用是一切经济关系的基础，信用体系的脆弱，不仅会增加整个社会交易成本，而且也导致许多交易无法正常进行，甚至导致欺骗造假盛行、违法乱纪泛滥。信用危机必然会引发整个社会的经济危机，这样的事例在历史上数不胜数。这次由美国次贷危机引起的全球经济危机，实际上也表明了这一点。他们把信用资质不良的资产（次级房屋抵押贷款）包装成为高信用等级的债券，推向国际金融市场，形成了金融资产泡沫，而当房价出现大幅度下降时，就引发了全球范围内金融机构的巨大损失，最终是全世界的金融机构为美国房地产泡沫买单。经济全球一体化，既带来了统一市场，也聚集了市场的系统性风险，导致市场体系的脆弱性，这些冲击可能来自商品市场，也可能来自资本市场，还可能是来自资本市场和货币市场的投机性冲击。而信用冲击很可能就成为这种冲击的第一道防线。因此，信用所体现的深刻内涵，实际上是一种责任体系，因为在现代市场经济体系中，各种经济活动之间已经形成了一种利益、责任相对应的链条。这种依存关系，也构成经济活动的最基础条件、最基本的道德底线。改革开放四十多年后，中国经济基本上完成了由计划经济向市场经济的过渡，信用关系在经济生活中的重要性越来越显著，但是与市场经济相适应的信用关系无法建立。尤其是在一些既得利益集团的"劣币驱逐良币"的示范效应下，人们之间的信用关系更是难以确立，如果一家企业、一个公司、一个国家，没有人们之间的信用关系，社会资本也不可能形成。信用体系已经成为整个社会的最大资本，重塑市场信用关系已经成为经济转型和市场体系建设的核心与关键。因此，如何调整政府行为并引导信用体系建立完善，已经成为当前转型发展过程中最为关键和亟待解决的一个重要问题。

总之，无论是企业转型、产业转型，还是市场转型，作为我国经济转型的重要组成部分，它们共同构成了中国经济转型的一道亮丽风景。然而正如我们已经意识到经济转型的重要性一样，我们却难以左右转型的发展进程，更无法预测这种经济转型将会带来什么问题，或导致何种结果。更为重要的是，在经济转型尚未完成之际，当市场经济体系还难以充分发挥作用之时，各种经济转型的困难或带来的问题也将随之而至，增加了人们对经济转型的困惑。面对这种困惑，我们只有继续坚定不移地推进改革开放，建立起一个规范的市场体系，消除政府对微观经济的过多干预，让市场充分发挥在资源配置中的决定性作用，建立起现代市场经济，这也许就是解决我国经济转型困惑带给我们的最好启示。

第二章　三驾马车拉动经济体制转型原理的基本内涵

将三驾马车分开来说，就是开放、改革、管理这三个要素。简单说，开放，就是打开国门对外合作与交流；改革，就是革除体制机制弊端；管理，就是有序组织改革开放并巩固和发展其成果。由此可见，开放、改革、管理都与经济体制转型直接相关，都是拉动经济体制转型的重要手段。因此，由传统计划经济体制转为社会主义市场经济体制，不能只靠深化改革这一手段，还必须运用开放和管理这两种手段。

三驾马车拉动经济体制转型原理，是由经济体制转型的本质规律和方法论构成的。本质规律体现在：传统计划经济体制的弊端迫使转型，生产力水平和发展要求决定转型，社会性质决定转型必须坚持中国特色社会主义和市场化取向。

三驾马车拉动经济体制转型原理之中所含的方法论，不仅集中体现在本章论及的三驾马车的逻辑关系、行进方向和牵引作用上，而且其他各章都讲到了经济体制转型的方法论。

第一节　开放、改革、管理的基本概念和对经济体制转型的拉动作用

这里讲的"开放、改革、管理"，不是通常讲的三个词的宽泛概念，而是属于经济范畴的"开放、改革、管理"。只有弄清这三个词的经济概念，才能弄清它们分别对经济体制转型的拉动作用。

一、对外开放的基本概念和拉动作用

1. 对外开放的基本概念

我们通常讲的对外开放，是指一个国家由封闭型经济转为开放型经济的过程。这一过程是放宽准入政策、取消相关限制、开放国内市场的过程，或者说，它是一个国家积极主动地扩大与各国之间的经济交流与合作，持续不断地融入经济全球化的过程。

具体来说，对外开放主要包括九个方面的内容：一是注重发展对外贸易，积极占领国际市场。二是引进国外先进技术和设备，特别是有利于企业发展的先进适用技术。三是有效利用外资，包括吸引外商直接投资，积极兴办合资、合作和外商独资企业。四是

学习和借鉴外国先进经验。五是积极开展对外工程承包和劳务合作。六是开展互利合作并合理进行对外经济技术援助。七是科学设立经济特区和保税区、自贸区等对外开放载体。八是努力争得在国际上的话语权和规则制定权。九是维护和保障本国利益，积极承担应尽的国际责任。

2. 对外开放的拉动作用

对外开放是中国的基本国策。实行这一基本国策，是由我国社会主义初级阶段的基本国情和经济全球化趋势决定的，也是建立社会主义市场经济体制和促进国民经济发展的必然要求。1978年之前，我国长期处于封闭半封闭状态，极大地限制了生产力的发展，致使经济社会发展大大滞后于发达国家，远远落后于世界潮流的后面。1978年以来，我国对外开放取得举世瞩目的成就，不仅有力地促进了经济社会发展，而且有效地推动了经济体制改革，还使我国的国际地位和影响力得到较大提升。我们应当始终坚持对外开放基本国策不动摇，更大力度地推进落实对外开放战略，不断拓展新的开放领域和空间，努力提升开放型经济水平。

开放与改革，两者相辅相成，不可偏废。1978年以来中国发展的进程，就是一个冲破自我封闭走向世界的过程，也是一个积极参与全球化的过程。把国内改革与对外开放有机地结合在一起，反映出中国决策者对所处时代的深刻理解和准确把握。在经济全球化的背景下，国内事务与国际事务已经不可分割地联系在一起，对内改革和对外开放其实是一个硬币的两面。我们正在着力完善的社会主义市场经济体制，是我国社会制度与市场机制有机融合的产物，它既要符合中国的基本国情和广大人民群众的意愿，又要符合市场经济规律和经济全球化趋势。要符合前者，必然要求在坚持和完善社会主义制度的原则下，大力推进经济体制为牵引的各个领域的改革；要符合后者，必然要求大力推进全方位对外开放，建立开放型经济体制。因此，对外开放与经济改革同等重要，绝不能忽视对外开放拉动经济体制转型的重大作用。

3. 对外开放不能停步

历史经验和现实生活都告诉我们，无论是资本主义国家还是社会主义国家，无论是发达国家还是发展中国家，要更好更快发展，就必须实行对外开放政策，就必须持久地推进对外开放。尽管我国的对外开放已在诸多方面取得重大进展，但在开放广度和深度上仍然存在较大差距，仍然具有很大空间，并且经济全球化是一个世界趋势，只有持之以恒地扩大开放，才能顺应这一趋势，不断推进我国经济持续发展。

从目前看，扩大对外开放至少需要在四个方面下功夫：一是拓展开放领域。应在巩固和发展现有开放领域的基础上，逐步拓宽到能源、交通等基础产业以及金融、保险、科技、教育、文化、服务业等领域。二是放宽投资准入。需要在统一内外资法律、法规，保持外资政策稳定、透明、可预期的基础上，推进金融、教育、文化、医疗等服务业领域有序开放，并逐步放开育幼养老、商贸物流、电子商务等服务业领域外资准入限制。

三是加快建设同有关国家和地区合作发展的区域经济组织。在世贸组织谈判陷入僵局、全球贸易体系日趋碎片化的今天，欧美发达国家及部分发展中国家都在高度重视和发展区域经济组织，我国应该加快海陆丝绸之路谈判进展，大力提高对外开放的深度和广度。四是加快自由贸易试验区建设。要在着力建设中国（上海）自由贸易试验区的同时，积极创造可复制可推广的经验，尽快选择若干具备条件的地区开辟新的自由贸易园（港）区。

二、经济改革的基本概念和拉动作用

1. 经济改革的基本概念

我们通常讲的改革，是指改掉那些存在明显问题的、落后的、不合理的、不合时宜的部分，使之更加合理完善、更加符合发展趋势。这里讲的经济改革，是指为完善现行经济乃至政治制度而对不适应生产力发展要求的经济基础和上层建筑所进行的变革。更具体一些说，经济改革就是革除现行经济体制不适应生产力发展要求的东西，使其更加符合生产力水平和发展要求，从而达到解放和发展生产力的目的。

改革和革命有着本质的区别。改革的社会背景相对平和，而革命的社会背景处于动荡；改革是执政党和政府积极推进的变革行动，而革命则是群众自发的暴力方式；改革是为了巩固和完善现行的社会制度，而革命则是为了推翻现行制度；改革有利于解放和发展生产力，而革命则会对生产力造成破坏。

人类社会从来没有一成不变的经济制度，变是绝对的，不变总是相对的。这是因为任何社会制度都有一个共性的顺应生产力发展要求的任务，都必须根据生产力发展的要求调整与其不相适应的生产关系。社会主义社会也不例外，也必须根据生产力发展的要求不断进行改革。正如恩格斯所说："社会主义社会'不是一种一成不变的东西，而应当和任何其他社会制度一样，把它看成是经常变化和改革的社会'。"

实现由传统计划经济体制转为社会主义市场经济体制目标，需要革除计划经济体制的种种弊端；而要革除计划经济体制的弊端，必须依靠经济体制改革。

2. 经济改革的拉动作用

中共十一届三中全会以来，我们运用经济体制改革这一手段，打破了"一大二公三纯"的经济制度，初步建立了"以公有制经济为主体，多种所有制经济共同发展"的基本经济制度；打破了人民公社"三级所有、队为基础"的农业体制，初步建立了以家庭联产承包责任制为主要内容的农业体制；打破了分配上的平均主义"大锅饭"，初步建立了以按劳分配为主，资产、技术、管理等要素参与分配的分配制度；打破了政府包揽一切的命令式管理体制，初步建立了市场配置资源为主、政府弥补市场缺陷的宏观调控体系。更为突出的是，十四届三中全会确定建立社会主义市场经济体制目标以来，经济改革对经济体制转型起到了巨大拉动作用。正像习近平总书记在中共十八届三中全会上指出的："20多年来，我们围绕建立社会主义市场经济体制这个目标，推进经济体制及其他各方面体制改革，使我国成功实现了从高度集中的计划经济体制到充满活力的社会主义市场经济体制、从封闭半封闭到全方位开放的伟大历史转折，实现了人民生活从温饱到小康的历史性跨越，实现了经济总量跃居世界第二位的历史性飞跃，极大调动了亿万人民的积极性，极大促进了社会生产力发展，极大增强了党和国家生机活力。"

习近平总书记既讲到了经济体制改革及其他方面体制改革对建立社会主义市场经济体制的巨大拉动作用，又讲到了对外开放对打破封闭半封闭体制而实现的伟大历史转折，还讲到了改革开放带来的历史巨变。由此可见，实现建立完善的社会主义市场经济体制目标，必须充分发挥经济体制改革的拉动作用；同时，也必须充分运用对外开放这一拉动手段。

3. 经济改革永无止境

从目前情况看，我国经济体制改革正面临多种挑战。好改的，过去都改了；难改的，像收入分配、政府职能、垄断行业和企业、要素市场化等问题，都是一些难啃的骨头，都是一些绕不开、回避不了的重大难题。与改革之初相比，当前改革面临的问题与挑战确实是前所未有的。如果说，改革开放之初的主要阻力来自于认识层面，那么今天的改革则会遭遇价值观多元化、利益诉求异化、利益格局固化等方面的制约与牵绊。而这样的矛盾和问题绝不是短时间内可以解决的。更应该看到的是，老的矛盾和问题解决了，还会出现新的矛盾和问题。因此，改革永无止境，改革不能停步。

我们说改革永无止境，绝不意味着可以慢慢来，长期拖下去。我国生产力水平还比较低，要解放和发展生产力，就必须加快全面深化改革步伐，不能因为改革跟不上发展的要求而影响甚至阻碍生产力发展。中共十八届三中全会通过的《关于全面深化改革若干重大问题的决定》（以下简称《决定》），不仅提出了全面深化改革的指导思想、目标任务、战略重点、重大原则及推进方式，而且强调以深化经济体制改革为重点，牵引政治、文化、社会和生态文明体制改革。我们应该按照十八届三中全会的决策部署，以只争朝夕的精神和持之以恒的韧劲，着力推进经济体制改革，努力使经济体制改革与政治、文化、社会和生态文明体制改革协同前行。

三、经济管理的基本概念和拉动作用

1. 经济管理的基本概念

管理的本义，是指合理地进行疏与堵的思维和行动。"管"，原意为细长而中空之物，其四周被堵塞，中央可通达，使之闭塞为堵，使之通行为疏。"理"，本义为顺玉之纹而剖析，即代表事务的道理和规律，含有合理、顺理的意思。将"管"和"理"合在一起，即为管理，意思为疏堵结合、顺应规律。

这里讲的"经济管理"，主要是指为了实现经济体制转型的预期目标，依据规则进行的组织和协调活动。具体来讲，主要包括四个环节：一是制定法律、规章、规范、标准和政策等规则的过程。二是组织实施法律、规章、规范、标准和政策等规则的过程。三是检验法律、规章、规范、标准和政策等规则实施情况并总结经验教训的过程。四是根据经验教训和发展趋势修订完善法律、规章、规范、标准和政策等规则的过程。

政府在经济管理中，通常运用的是经济、法律和行政这三种手段。经济手段，是指国家运用经济政策和规划、计划等对经济利益进行调整的手段；法律手段，是指国家通过制定和运用经济法律法规等规则调控经济活动的手段，主要包括经济立法、经济执法和法律监督；行政手段，是指国家通过行政机关，依靠行政组织的权威，采取行政命令、规定、指示等行政措施来调节和管理经济的手段。

改革开放之前，我国各级政府管理和调控经济主要运用行政手段，经常忽视法律手段和经济手段。改革开放以来，这种状况虽然有了较大转变，但在诸多重大问题上仍然习惯沿用行政手段。在市场经济条件下，政府对经济的管理必须符合经济规律的要求，必须以法律手段为主，辅之以经济手段，非特殊情况一般不应运用行政手段，这是因为市场经济是法治经济，法治经济即是依法管理的经济，如果继续沿用行政手段就有悖于市场经济要求。由此可见，衡量传统计划经济体制是否真正转为社会主义市场经济体制的一条重要标准是有没有建立市场主体之间权力平等的契约关系，有没有形成完备的法律体系和严格的执法系统。

2.经济管理的拉动作用

加强经济管理，对经济体制转型具有特别重要的拉动作用。36年来，开放和改革相伴而行有力拉动了经济体制转型。然而，经济管理手段却没有充分发挥应有的作用。

实践证明，管理手段的作用是巨大的，也是开放、改革须臾不可离开的。之所以这样说，主要因为三个理由：一是开放和改革等相关领域都需要管理统筹。开放与改革，开放、改革与发展稳定，乃至开放、改革与政治、文化、社会、生态文明体制改革，都必须运用统筹兼顾的管理方法、统筹谋划、统筹安排、统筹协调，任何一个领域、一个环节、一个举措统筹不当都会影响其他方面，甚至关乎全局和长远。二是开放和改革必须依靠管理组织实施。我们在实践中都会看到，无论是开放行动还是改革举措，管理都在如影随形，并起着重要的保障作用。管理搞好了，开放和改革进展就顺利；反之，就可能流于形式甚至导致失败。科技水平和经济实力差不多的企业，有的在竞争中一路高歌、迅猛发展，有的却败下阵来甚至销声匿迹，人们解剖和对比的结论即是开放、改革力度尤其是管理水平差异所致。三是开放和改革的成果需要通过管理来巩固和发展。市场经济是法治经济，法治经济是靠经济法律体系的建设和有效实施实现的，而法律体系的建设和有效实施正是经济管理的题中应有之义。如果不通过管理手段把开放、改革过程中积累的成功经验和做法上升到法律层面，不通过管理手段去组织实施法律法规，开放、改革成果就难以巩固和发展，建立完善的社会主义市场经济体制就无从谈起。因此，必须高度重视管理在经济体制转型中的拉动作用，切实将其放在重中之重的位置，注重用足用好管理这一手段。

习近平总书记在中共十八届三中全会上指出:"国家治理体系和治理能力,是一个国家制度和制度执行能力的集中体现。"毫无疑问,经济管理体系和管理能力即是国家治理体系和治理能力的重要组成部分。推进国家治理体系和治理能力的现代化,必须特别注重推进经济管理体系和管理能力的现代化。

3. 管理是个永恒主题

我们说管理是个永恒主题,并不仅仅是因为它渗透于宏观经济运行和企业生产经营活动中,这只是管理作用一个方面的体现。从人类社会一切有组织的活动看,它都是须臾不可离开的基本手段。

管理作为一门科学,它由管理理论、管理原则、管理形式、管理方法和管理制度等一系列内容组成,并具有诸多鲜明特征:一是实践性,它是在实践中产生,又是为解决实践中遇到的问题而进行的。二是综合性,它是社会科学、自然科学和技术科学相结合的产物,是多学科交叉的科学。三是层次性,如经济管理学,它不仅由一系列具体学科组成,而且可以分为宏观经济管理学和微观经济管理学等层次。四是动态性,管理是随着实践的发展而发展的。五是普遍性,它涉及人类社会经济生活的各个方面,一切社会经济生活都离不开管理。

管理,在人类一切有组织的活动中须臾不可离开。那么,它在开放和改革这两种手段拉动经济体制转型过程中可以离开吗?回答是绝对不能离开的。开放和改革不仅不能离开管理,而且它是两者行进中的一个永恒主题。开放和改革,需要管理渗透其中,发挥其规划、组织和协调作用;开放、改革创造的成功经验和做法,需要通过管理总结提炼和上升为法律法规;在经济体制转型接近目标阶段,必须集中运用管理手段完善法律法规;在建立起完善的社会主义市场经济体制之后,更加需要运用管理手段促其巩固和发展。因此,必须始终突出管理这个永恒主题,始终注重发挥其在巩固和完善社会主义市场经济体制中的重大作用。

第二节 经济体制转型原理的有机构成

三驾马车拉动经济体制转型原理与其他原理或理论一样,都是自然科学和社会科学中具有普遍意义的基本规律;都是在大量观察、实践基础上,经过归纳、概括而得出的;都是既能指导实践又必须经受实践检验的。三驾马车拉动经济体制转型原理的构成,也与其他原理或理论一样,都是由其本质规律和符合规律的方法论构成的。本节主要论述经济体制转型原理的构成要素、目标模式和实现形式,其他章节尤其是下一节再进一步阐述其方法论。

一、经济体制转型原理的构成要素

马克思主义哲学原理是由世界观和方法论构成的，世界观即是人们对世界本质规律的认识，方法论即是人们认识和改造世界方法的总和。世界观和方法论是不可分割的"两位一体"关系，一般有什么样的世界观就有什么样的方法论。通俗地讲，这里讲的世界观和方法论，就是"是什么"和"怎么办"的问题。

三驾马车拉动经济体制转型原理，实际上就是由"是什么"和"怎么办"这两个要素构成的。"是什么"，就是回答经济体制转型指什么、转型是由什么因素决定的、转型过程有什么基本特征；"怎么办"，就是回答依靠什么力量和怎样组织这些力量去拉动转型。

中国的经济体制转型原理用一句话表述，就是在传统计划经济体制基础上，由生产力水平和发展要求决定，坚持中国特色社会主义和市场化取向，以开放、改革、管理三驾马车为拉动力，朝着建立完善的社会主义市场经济体制目标不断前行过程的本质规律和方法论。这句话包括四个含义：一是转型目标，即由传统计划经济体制转为完善的社会主义市场经济体制。二是转型决定因素，即由生产力水平和发展要求决定。三是转型基本特征，即坚持中国特色社会主义和市场化取向。四是转型拉动力，即开放、改革、管理三驾马车。用马克思主义哲学原理对号入座的话，前三个含义主要解决"是什么"的问题，即回答经济体制转型的本质规律；后一个含义主要解决"怎么办"的问题，即研究经济体制转型的方法论。

1. 经济体制转型的目标

这里讲的"转型"，指的是由传统计划经济体制向社会主义市场经济转变的过程。对这一过程，有人称之为"转轨"，即由传统计划经济体制转入社会主义市场经济体制轨道；有人称之为"转换"，即将传统计划经济体制转换为社会主义市场经济体制；还有人说，传统计划经济体制转为社会主义市场经济体制是一个转变过程，可以称为"转变"。我赞成更多学者的说法，还是将其称为"转型"更合适一些，这是因为传统计划经济体制和社会主义市场经济体制是两种不同性质、不同类型的经济体制，由前者转为后者的过程，称之为"转型"更加贴切。

这里讲的"转型"和"转为"是有明显区别的，"转型"是进行式，即转型的过程；"转为"是指传统计划经济体制已变为社会主义市场经济体制，即实现了建立社会主义市场经济体制目标。

计划经济体制和市场经济体制是两种完全不同的经济体制。计划经济体制，又称计划经济或指令型经济。这种体制排斥市场配置资源的作用，生产什么、怎样生产、怎样分配，都由中央政府通过计划安排和组织实施。市场经济体制，又称市场经济或自由经济，是指由市场起资源配置决定性作用、企业依据国家法律、法规自由组织生产经营、国家依法进行宏观调控的经济。计划经济体制和市场经济体制的根本区别在于：前者以计划作为资源配置的主要方式，后者以市场作为资源配置的主要方式；前者依据中央政府的安排配置资源，后者通过市场价格机制配置资源；前者企业没有生产经营自主权，后者企业拥有完全的生产经营自主权；前者依据计划经济要求建立计划指标体系和宏观调控体系，后者依据市场经济要求建立市场体系、运行规则和宏观调控体系。

在战争期间和国民经济恢复时期，因为计划经济体制能够集中人、财、物力上马重大项目、集中力量办必须要办的大事，所以曾发挥过推进国民经济快速发展的重大作用。但是，在正常条件下，其固有的诸如企业缺乏积极性和创造性、市场供求信息不对称、容易滋生权钱交易等腐败现象的弊端，就会严重阻碍生产力的发展。市场经济体制，是当今世界解决计划经济弊端、促进生产力发展的最有效体制。因此，中国由计划经济体制转为社会主义市场经济体制是大势所趋、势在必行。

2. 经济体制转型的决定因素

马克思主义基本原理告诉我们，生产力决定生产关系、决定生产关系的性质及其发展变化的方向，生产关系的变化归根结底取决和服从于生产力发展的客观要求。经济体制属于生产关系的具体实现形式，经济体制的转型正是经济体制取决和服从于生产力水平和发展要求的具体体现，这也正是我国经济体制转型的理论依据。

改革开放之前，我国忽视生产力水平和发展要求，一味追求"一大二公三纯"的经济制度；忽视市场配置资源作用，一直实行政府配置资源方式；忽视企业市场主体地位，一律把企业作为政府的附属物，致使经济制度和经济体制脱离生产力实际水平，并严重束缚了生产力发展。在此背景下，我国才不得不顺应生产力水平和发展要求，果断做出改革开放基本国策，并开启经济体制转型征程。

上述可见，我国的经济体制转型是生产力与生产关系矛盾运动的必然结果，说到底是由生产力水平和发展要求决定的。应该说，我国目前的生产关系是基本适应生产力状况的，这正是它能够推动生产力发展的主要原因。但是，这一生产关系也还存在着诸多不适应生产力发展的弊端，这也正是我国继续推进经济体制转型的基本理由。

3. 经济体制转型的基本特征

研究这个问题，首先需要明确经济制度和经济体制的关系。经济制度是指一个国家依据基本国情尤其是生产力水平和发展要求，通过法律形式对生产资料归谁所有等内容做出明确规定的制度。经济体制是经济制度的具体组织形式和管理体系，又称生产关系的实现形式。经济制度不仅决定着经济体制的根本性质和基本特征，而且决定着经济体制的发展方向，无论选择何种经济体制，都不能背离经济制度的要求。当然，经济制度也要通过与之相适应的经济体制反映自己的本质要求，并通过变革经济体制使自身得以巩固和完善。然而，经济制度也不是一成不变的，它也必须根据生产力发展要求而发展和完善，但经济制度由基本国情决定，具有相对稳定性，一旦确立就不会经常变更。

正因为如此，中国的经济体制转型，也就必须坚持和完善基本经济制度；坚持和完善中国的基本经济制度，也就必然体现中国特色社会主义。实践证明，一定的经济制度可以采取多种经济体制，这是因为经济体制的选择既受经济制度的制约，也受生产力发展水平、历史文化传统等诸多因素的影响，这正是世界各国相同经济制度选择不同经济体制、不同经济制度选择相同经济体制的根本原因。中国选择的是社会主义市场经济体制。这一体制是中国社会主义条件下的市场经济体制，它既要体现中国基本经济制度的个性特征，又要体现市场经济的一般特征。因此，在经济体制转型中，必须坚持中国特色社会主义和市场化取向。

有人认为，我国的经济体制转型转偏了方向，理由是公有制经济的比重越转越小了。国有经济被大大削弱了，因而主张回到过去的经济体制上去。也有人认为，中国的改革方向应该是私有化，并将其称之为"人间正道"。这两种观点都是不正确的。由于中国处于并长期处于社会主义初级阶段，中国必须坚持公有制为主体、多种所有制经济共同发展的基本经济制度。改革开放前后的实践都证明，中国只能实行这样的基本经济制度，而不能搞单一公有制，也不能搞全面的私有化。否则，就会束缚生产力发展甚至破坏生产力，这已被东欧国家的实践所证明。公有制经济所占比重少了，并不等于国有经济被削弱了，国有经济的带动力和影响力增强了，民营经济得到发展壮大了，正是基本经济制度和经济体制转型作用的体现。

4. 经济体制转型的拉动方法

经济体制转型的拉动方法，不是凭空设想出来的，而是根据转型本质规律确定的。也就是说，它取决于人们对经济体制转型规律的认识程度。认识到位，就会找到符合转型规律的方法，就能有力有效拉动经济体制转型；否则，就难以找到正确的方法，就无法实现经济体制转型目标。

我们在现实社会中看到，有些国家已由生产力水平和发展要求决定而必须进行经济体制转型了，但其决策者依然极力维持不适应生产力发展要求的经济体制。如果这种状况长期持续下去，必然会更加严重阻碍生产力发展，甚至会引发暴力革命，以推翻包括经济体制在内的经济制度及其上层建筑，建立新的适应生产力发展要求的经济制度和上层建筑，这就是马克思和恩格斯过去论述的生产力与生产关系、经济基础与上层建筑矛盾运动的必然结果。然而，随着时代进步和社会文明的发展，解决这一矛盾的办法越来越多，而最有效的办法是通过主动调整那些不适应生产力发展要求的生产关系和上层建筑，适时、有序、有力地变革经济体制，顺应生产力发展的要求。换言之，就是要在深刻认识经济体制必须适应生产力发展要求规律的基础上，积极寻找和运用经济体制转型的方法论。

应该肯定地说，中国已经较好地认识到了经济体制转型的本质规律，并找到了全新的方法论，这就是开放、改革、管理这三驾马车。中国由传统计划经济体制转为社会主义市场经济体制，必然要求通过对外开放比较和鉴别两种体制的利弊得失，学习借鉴发达国家发展市场经济的成功经验；必然要求通过深化改革，革除原有体制机制的弊端，吸取市场经济体制的长处；必然要求通过强化管理，组织协调开放、改革举措的落实，将开放、改革成功经验和做法上升到法律法规，并据此巩固和发展开放、改革的成果。否则，离开开放、改革、管理这三驾马车，甚至离开三驾马车中的任何一驾，都无法拉动经济体制转型，也就无法实现建立社会主义市场经济体制目标。因此，由传统计划经济体制转为社会主义市场经济体制的方法论，必然是也只能是开放、改革、管理这三驾马车。

二、经济体制转型应选的目标模式

中国的市场经济模式，应是脱胎于传统计划经济体制，吸取成熟市场经济国家现代模式的长处，依据中国的基本国情，通过三驾马车拉动而创建的具有中国特色的市场经济模式。选择中国的市场经济模式，需要对传统计划经济模式和现代市场经济模式进行比较分析与深入研究。

1. 苏联式的传统计划经济模式

苏联是传统计划经济的发源地和终结者，研究传统计划经济模式，应当重点剖析其传统计划经济模式。苏联建立并实行高度集中的计划经济体制，具有一定的必然性和合理性。这一体制曾对医治战争创伤、恢复国民经济、打破资本主义包围发挥过重大作用。但是，在国民经济得到恢复并进入正常经济建设时期，计划经济体制的固有缺陷就明显暴露出来了。

第一，完全排斥市场作用。苏联在组织经济发展中主要采用了两种办法：一种是无所不包的指令性计划；一种是高度集中的行政手段。无所不包的指令性计划，即全部包揽国民经济整个生产和分配过程；高度集中的行政手段，即严格控制着企业的一举一动。在这种完全排斥市场作用的体制下，企业缺乏竞争力，科技人员缺乏创新精神，工人丧失积极性和创造性，导致整个经济发展失去动力和活力。

第二，所有制形式背离生产力水平。苏联经过几年的艰苦努力，虽然较快地恢复了国民经济，但社会生产力仍然十分落后，人民群众也非常贫困。由于"左"倾错误的影响，过高估计了生产力水平，一味追求单一的所有制形式，致使所有制形式背离了生产力发展要求，严重阻碍了经济社会的发展。

第三，经济结构严重失调。在国民经济恢复之后，苏联仍然沿用战时经济政策，片面强调和发展重工业，忽视农业和轻工业生产，致使国民经济各部门间的比例严重失调，不仅造成了资源的巨大消耗，而且严重影响了人民群众的基本生活。

辩证地看，苏联的计划经济体制也不是一无是处，正像我国参照苏联模式建立起来的计划经济体制一样，也有许多长处。一是能够在较短时间内动员各种生产要素，迅速启动经济发展。二是能够集中各方面力量办大事，较快地攻克经济和科技难关。三是能够避免扯皮，迅速做出决策。对于传统计划经济体制的这些长处，我们不应和其缺陷一起抛弃，而应在创建中国特色市场经济模式中认真吸取。

2. 发达国家的市场经济模式

美国、法国、德国等发达国家的经济都属于市场经济，但它们的经济模式各不相同。分析研究这些国家的市场经济模式，对于创建中国特色市场经济模式，具有十分重要的比较和借鉴作用。

第一，美国的自由市场经济模式。美国现行市场经济模式的建立，经历了一个较长的发展过程。从1776年到19世纪90年代，随着农业主导向工业主导的转变，美国由封闭的自然经济转向自由竞争的市场经济。19世纪末20世纪初，美国市场经济从自由竞争走向垄断，政府开始对经济进行适当管制，经过近一个世纪的调整，才确立了自由市场经济模式。

美国的自由市场经济模式，具有以下五个特点：一是奉行自由企业制度。崇尚私有制、强调经济自由，是美国经济模式的突出特点。最能反映这一特点的是自由企业制度，即企业自由组建、市场自由进入、经营自由决策、价格自由确定、经济自由竞争。二是限制垄断、保护竞争。美国经济虽然崇尚自由竞争，但实际上却是垄断资本占统治地位的市场经济。为了限制垄断和支持中小企业平等参与市场竞争，美国政府通过法令、法规和政策，积极干预和诱导企业的市场行为。三是实行宏观经济调节。20世纪30年代的经济大危机之后，美国开始对经济活动实行较大力度的控制。这主要包括：建立一定规模的国有经济，运用宏观政策进行政府干预，建立社会福利制度等。四是建立完善的法律制度。美国虽然实行的是自由企业制度，但企业必须在法律允许的范围内活动，政府对企业的管理和干预也必须依法行事。美国的市场经济法律，主要适用于调整和处理企业之间关系，调整和处理企业与雇员关系，保障公民权益和社会利益等方面。五是市场体系高度国际化。美国的企业非常注重对国外市场的发掘，它们依靠国际分工，进口廉价产品，集中发展具有优势的产品并努力占领国际市场。与此同时，外国的商品、劳务和投资持续不断进入美国市场，商品和劳务的进出口贸易不断扩大，加上资本的大量输出和输入，使美国市场经济的国际化程度不断提升。

美国自由市场经济模式的成功，主要得益于四个方面：一是建立适合自由市场经济的企业制度和发达的市场体系。二是政府通过调节市场参数特别是运用财政和货币政策等手段参与并引导经济活动。三是不断扩大对外开放，持续推动经济国际化。四是建立完善的法律体系。

美国的经济模式尽管对经济发展起到了重大推动作用，但也存在着诸多矛盾和问题。一是大企业和小企业的地位不平等，垄断企业对弱小企业存在排挤甚至剥削现象。二是在宏观调控上缺乏长期的、指导性的计划，容易造成不必要的浪费和损失，形成经济波动甚至频繁的经济起落。三是收入分配不公，贫富差距较大。

第二，法国有计划的市场经济模式。法国的经济模式是建立在自由与竞争、集中与分散互为补充、相辅相成的理论基础上的。这种经济模式的主要特征有三个：一是不仅有较大的国有企业，而且有较多的私有企业。二是中央政府对国有企业实行集权，对私有企业实行分权。三是市场和计划同时调节经济的运行。

法国有计划的市场经济模式，是一种计划与市场相结合的新型模式。

这种模式，既有长处，也有不足。其长处在于：一是对国有企业分类明确且管理严格。他们按照作用和性质的不同把国有企业分成非法人性质的公共事业机构、工商业性质的公共事业机构和国有化企业、政府掌握一部分股权的股份有限公司等三种类型，对不同类型的国有企业实行不同的管理政策。二是注重发挥市场配置资源的作用。市场机制居于主导地位，计划在市场主导基础上发挥作用。三是把指导性计划作为实现计划与市场结合的重要手段。

法国有计划的市场经济模式，对其经济的增长起到过重要的拉动作用，但也显现出诸多弊端。比如，计划民主化的局限性问题、利益集团之间的矛盾难以协调问题、政府对国有企业控制的逐步弱化问题等。

第三，德国的社会市场经济模式。这种模式是战后德国取得经济长足发展的钥匙。正是在这把钥匙的推动下，德国得以在一片废墟中站立起来，并出现过被称为"经济奇迹"的高速发展阶段。

社会市场经济的主要特点是，既充分尊重市场经济规律，发挥市场的竞争作用；又通过立法建立经济秩序，推动和维护正常竞争，保障利益分配公平，促进宏观经济协调、稳定运行。这种模式集中体现了经济自由与经济效率、社会公正与经济安全的辩证关系。

德国的社会市场经济模式自1948年建立至今已有70多年的历史。其间，为完善这一模式，德国政府制定实施了一系列行之有效的战略策略和法律、法规。具体包括：一是整顿财政、压缩赤字、实行税制改革。二是改革社会保障制度和劳动市场。三是推动东部经济的发展，尽快缩小东西部差距。四是针对政府规制过于僵化问题，不断进行放松规制的调整。五是加快结构调整，着力支持企业重组和信息产业发展。六是加强国际经济和金融政策的协调与合作。七是积极推进环境保护。

目前，德国的经济发展和社会市场经济模式既面临重大的历史机遇，也遇到了严峻的挑战。欧洲的一体化进程，虽然给德国经济社会的发展拓宽了空间，但也带来了更多的麻烦和更大的包袱。

3. 中国特色市场经济模式

从上述分析研究可以看出，无论是传统计划经济模式，还是现代市场经济模式，它们的形成和变化都有其深刻的历史背景，也都各有长短。我们所要创建的中国市场经济模式，应该是既取它们之长又符合自己国情的中国特色市场经济模式。

中国特色市场经济模式主要由以下六个方面的内容构成：

第一，社会制度与市场机制有机融合。这是建立完善的社会主义市场经济体制的必然要求，也是中国特色市场经济模式的一个重要特征。

把社会主义和市场机制融合起来，建立社会主义市场经济体制，是中国的正确选择和伟大创举。从1978年中共十一届三中全会召开不久开始承认社会主义社会仍然存在商品生产和商品交换，到1982年中共十二大提出计划经济与市场调节相结合，再到1987年中共十三大提出有计划的商品经济，最后到1992年中共十四大确定建立社会主义市场经济体制目标，前后经历了15年艰难曲折的不懈探索，终于找准了在坚持社会主义制度条件下，推进经济体制转型的正确方向。从这15年的探索进程可以看出，坚持社会主义制度是我们党一以贯之的坚定主张，而对其结合对象则是在不断探索中逐步确定的。实际上，社会主义制度与这些结合对象的探索过程，就是社会主义市场经济模式的选择过程。

社会制度和市场机制有机融合，既坚持了社会主义制度，又采用了市场经济手段；既有别于社会主义计划经济，又有别于西方国家的市场经济。也就是说，中国特色市场经济，既不是社会主义制度下的计划经济，也不是资本主义制度下的市场经济，而是社会主义制度下的市场经济。

中国社会主义制度下的市场经济，是有计划的市场经济。我国一直强调经济体制改革的出发点和落脚点是为了增进人民福祉，我国的基本经济制度中包含的国有经济必须由代表人民利益的政府行使管理权，这就决定了政府需要通过计划指导来实现增进人民福祉的目的。在各国普遍承认并程度不同地运用政府干预手段的现实经济生活中，根据政府干预经济的范围、强度和方式，市场经济已经形成有政府调节的市场经济模式和有计划指导的市场经济模式。这两种模式的主要区别在于：前者没有常设的政府计划机构，通常不编制统一计划，没有确定必须完成的计划指标和保证计划实施的全套制度；后者则有常设的政府机构，编制年度和中长期计划，确定计划指标并有实施计划的全套制度。法国与美国、德国相比，因为其国有经济成分相对较多，所以实行了有别于美国和德国的有计划市场经济模式。我国实行以公有制为主体、多种所有制经济共同发展的基本经济制度，因而在创建的市场经济模式中，计划特征就会比法国更为突出一些。

第二，市场决定资源配置。市场在资源配置中起决定性作用，既是完善社会主义市场经济体制的重要标志，也是中国特色市场经济模式的一个重要特征。

资源配置是指各种生产要素如何配置到各种商品的生产之中，以及所生产的商品如何分配到各个市场主体的过程。怎样有效配置资源是所有经济活动最根本的问题。不同的资源配置方式，就会产生不同的配置效率，从而就会获得不同的经济利益。市场经济之所以能够使资源配置以最低成本取得最大利益，是因为在市场经济体制下，有关资源配置和生产的决策是以价格为基础的；而由价值决定的价格，是生产者、消费者和生产要素所有者之间在市场自愿交换中发现和形成的。市场决定资源配置的优势在于：作为市场经济基本规律的价值规律，既具有通过市场交换形成分工和协作的社会生产的机制，又具有通过市场竞争激励先进、鞭策落后和优胜劣汰的机制，还具有通过市场价格自动调节生产和需求的机制，从而可以引导资源配置符合以最小投入取得最大产出的价值规律要求。因此，市场决定资源配置的本质要求，就是在经济活动中遵循价值规律；使市场在资源配置中起决定性作用的实质，就是让价值规律及竞争规律和供求规律等市场经济规律在资源配置中起决定性作用。

在完善社会主义市场经济体制过程中，使市场在资源配置中起决定性作用，其基础在于建立统一开放竞争有序的市场体系，其关键在于加快政府职能的转变。

第三，统一开放竞争有序的市场体系。建立统一开放竞争有序的市场体系，既是使市场在资源配置中起决定性作用的基础和保障，也是中国特色市场经济模式的一个重要特征。

要创立中国特色市场经济模式，就必须加快建设统一开放竞争有序的市场体系。"统一"，是指市场体系运行规则在全国一致，并使得各个要素实现有效衔接，而不是运行规则各异和各个要素相互分离。"开放"，是指市场体系既对国内开放，又对国际开放，而不是对国内开放、对国际封闭。"竞争"，是指市场体系必须遵循竞争规律，因为只有竞争才能形成合理的市场价格，才能引导资源的合理配置，从而才能实现公平和效率。"有序"，是指通过制定和实施符合经济规律的法律、法规，使市场运行保持市场结构的均衡性、市场运行的稳定性和市场行为的规范性。

建立统一开放竞争有序的市场体系，关键在于培育形成三个方面的市场主体。一是企业自主经营、公平竞争。就是说，在国家法律法规允许的范围内，实行企业自主经营制度，即企业自主组建、市场自主进入、经营自主决策、价格自主确定、经济自主竞争。这就必然要求对各种所有制经济一视同仁，切实做到依法平等使用生产要素、公开公平公正参与市场竞争、同等受到法律保护。二是消费者自主选择、自主消费。三是商品和要素自由流动、平等交换。

完善现代企业制度，是增强企业活力、健全市场体系、促进经济发展的基础，也是建立统一开放竞争有序市场体系的必然要求。目前我国最迫切的任务是建立产权清晰、权责明确、政企分开、管理科学的新型企业制度。

第四，科学有效的宏观调控体系。科学有效的宏观调控体系，既是建立完善的社会主义市场经济体制的内在要求，也是中国特色市场经济模式的一个重要特征。

宏观调控体系是为实现宏观调控目标，对宏观经济运行进行干预、调节和控制而综合运用各种手段和措施的总称。宏观调控体系主要包括战略、规划、计划、经济杠杆、经济法规、经济政策和经济组织等内容；主要职能是保持经济总量平衡，促进经济稳定协调发展。

科学有效的宏观调控体系，既要起到防止和打破垄断、维护市场秩序的作用，又要发挥增加公共产品供给、形成公平合理分配格局、确保广大群众共享改革发展成果的作用，还要增强促进经济总量基本平衡、熨平大的经济波动、保障经济持续健康发展的功能。

市场成熟国家的实践证明，市场配置资源是提高经济效益最有效的方式，但因市场存在自发性、盲目性和滞后性，必须进行科学有效的宏观调控。宏观调控的对象不是静止不变的，而是动态变化的，这就需要健全宏观调控体系，实施有针对性的灵活调控措施。

我国的社会主义市场经济体制是脱胎于传统计划经济体制而逐步建立起来的，在传统计划经济体制下形成的政府包揽一切的弊端时常反弹，有些部门和工作人员甚至仍在沿用过去的手段干预市场主体。因此，在建立科学有效的宏观调控体制过程中，必须正确处理政府与市场关系，切实管住政府这只"乱加干预的手"，努力使宏观调控科学有效。

第五，实现经济法治化。实现经济法治化，既是完善社会主义经济体制的必然要求，也是中国特色市场经济模式的一个重要特征。

法治经济，是指国家通过制定和实施法律、法规，调整经济关系，规范经济行为，维护经济秩序的立法、执法、司法、守法的过程。其目的是使整个经济活动按照法律、法规预定的方式快捷、健康、有序地发展。法治经济的内涵主要包括：完善的市场经济法律体系和健全的法律与经济互动机制，民商事活动和私权利得到充分维护，国家宏观调控法律化，经济社会可持续发展和社会基本公平得到有效保障。

我国的市场经济是从自然经济和产品经济发展而来的，在自然经济和产品经济向市场经济的转型过程中，必然要求把前者所依赖的行政手段逐步转为市场经济所必需的法律手段，也就必然要求实现经济法治化。

第六，形成开放型经济格局。开放型经济格局，既是社会主义市场经济体制的题中应有之义，又是中国特色市场经济模式的一个重要特征。

开放型经济格局，即是经济全方位和全过程的开放。也就是说，各个经济领域都对外开放，每个领域的全过程都对外开放。在开放型经济中，要素、商品与服务可以自由跨国界流动，从而实现最优资源配置和最佳经济效率。开放型经济强调，把国内经济和整个国际市场联系起来，尽可能充分地参加国际分工，同时在国际分工中发挥本国经济的比较优势。

我国开放型经济格局的形成，关键在于适应经济全球化新趋势，建立开放型经济新体制，尽快实现经济法律、法规与国际规则和惯例的接轨。

三、经济体制转型原理的实现形式

三驾马车拉动经济体制转型原理，是通过诸多实现形式而用于实践的。也就是说，只有找到与其相适应的实现形式，才能发挥三驾马车拉动经济体制转型原理的作用。

按照排列组合方式，可将三驾马车拉动经济体制转型原理，列为六种实现形式，其中一种属于基本实现形式、五种属于演化实现形式。

1. 基本实现形式

从中共十一届三中全会以来经济体制转型的行进轨迹可以看出，"开放、改革、管理"，是拉动经济体制转型的基本实现形式。这种实现形式又可细分为"开放、改革、管理"循序渐进和"开放、改革、管理"同步拉动两种形式。

第一，"开放、改革、管理"循序渐进实现形式。这种实现形式，可以表述为"开放打头、改革跟上、管理保障"。因为其运行轨迹是循序渐进的，所以称之为循序渐进实现形式。

"开放打头"，讲的是开放在前，改革在后，开放倒逼改革。就是说，通过对外开放，了解和掌握国际规则和惯例尤其是发达国家市场经济的经验等相关情况和发展趋势，针对我国融入经济全球化过程中遇到的矛盾和问题，反过头来审视我国现行体制机制存在的弊端，找到深化改革的切入点或着力点。

从1977年年初开始，中央派出若干个代表团先后出国考察。1977—1978年，中国对外贸易部长李强对英国、法国、埃及、比利时、卢森堡、联邦德国、新西兰、澳大利亚等诸多国家进行了友好访问。1977年9月，由中国国际贸易促进委员会主任王耀庭率领的代表团应邀访问美国。1978年5月，国务院派出了新中国第一个由国务院副总理带队的西欧考察团，对法国、德国、比利时、丹麦和瑞士进行了一个多月的考察。6月下旬，中央政治局召开专门会议听取考察团团长谷牧同志的汇报。这些海外考察活动开阔了决策层的视野，初步把握了现代经济发展的一些基本经验，从而明确了中国经济发展的方向。同年7—9月，国务院召开关于经济建设的务虚会，充分讨论对外经济合作问题，并在借鉴资本主义的优势、发展对外经济关系方面达成了诸多共识。此后，中共中央和国务院又多次进行讨论研究，最后下定了对外开放的决心，最终做出了以经济建设为中心，实行改革开放，加速社会主义现代化建设的战略决策。

以此为起点，中国对外开放的大幕迅速拉开，接连不断地上演了一幕又一幕波澜壮阔的大型话剧，并开创了以开放倒逼改革的壮丽篇章。由此，一个不可否认的事实摆在了人们的面前，这就是：只有实行对外开放，才能有效推进改革；只有推进开放、改革，中国才有出路和前途。

"改革跟上"，讲的是改革在后，开放在前，改革跟上开放步伐。就是说，根据扩大开放的要求，及时推出有针对性的改革举措，着力革除体制机制存在的弊端，使其逐步适应生产力发展和经济全球化要求。

中共十一届三中全会做出改革开放的战略决策，主要是开放打头的结果，在此之后采取的若干重大改革举措，基本上都是开放打头带来的连锁效应，也就是人们常讲的"开放倒逼改革"。

实际上，我国举办"经济特区"的过程，就是改革跟上开放步伐的过程。没有开放就形不成举办特区的共识，改革跟不上就设立不了特区。

1978年年底，第二汽车制造厂建设指挥部开始与美国通用公司谈判技术引进问题。在谈判过程中，通用公司提出：你们为什么只谈技术引进，不谈合资合作呢？时任二汽重型汽车厂筹备处负责人的李岚清同志将此问题向国务院技术引进领导小组做了汇报，国务院技术引进领导小组据此形成了《关于美国通用汽车公司访华代表团愿意同我国合资经营办汽车厂》的报告。1979年7月1日，五届全国人大二次会议通过了《中华人民共和国中外合资经营企业法》，我国有了第一部利用外资的法律。

从上述过程可以看出，无论是试办"出口特区"还是颁布《中华人民共和国中外合资经营企业法》，都是开放和改革的产物，都包含着"开放打头、改革跟上"的内容。"经济特区"创办之初，就被确定为"对外开放窗口"和"改革实验区"。这表明开放是改革的钥匙，改革是开放的延伸，不搞开放就难以推进改革，不推进改革也难以扩大开放。

在中央确定举办"经济特区"之后的30多年里，我国采取的每一项开放举措，几乎都伴随着诸多改革和管理措施的出台，走的基本都是开放打头、改革跟上、管理保障的路径。

"管理保障"，讲的是开放和改革在前，管理寓于其中并强力跟进。就是说，根据开放和改革的要求提供相应的管理保障，并把开放、改革成功的经验和做法及时上升为法律法规，进而依据法律、法规巩固和发展开放、改革的成果。

举办经济特区，需要采取相应的改革举措，也需要跟上相应法律、法规等管理手段。如果法律法规跟不上，经济特区就行不通、办不好。广东省是经济特区的先行先试者，特区法律法规的草创与广东省的努力密不可分。

在创立经济特区后不久，广东遇到了一个迫切需要解决的重大问题，这就是只有红头文件，没有法律、法规依据，难以与外商打交道、搞合作。为了解决这个问题，国务院委托广东起草一个法规性文件。于是，广东紧锣密鼓地开始了《广东省经济特区条例》（以下简称《条例》）的起草工作。为了论证"资为社用"这一命题是否站得住脚，起草人员查阅了大量马列经典著作，编写了《马克思、列宁论对外经济政策》，获得了诸多较为充分的依据。同时，通过各种渠道搜集了出口加工区的资料，包括斯里兰卡、菲律宾、北爱尔兰、墨西哥和我国台湾地区的，还有一些促进经济发展的法令、法规和政策措施。通过认真学习研究这些资料，从中吸取了大量有参考价值的东西。

在草拟文件过程中，涉及若干具体而又敏感的问题，这主要包括：要不要跳出国家现行的管理体制赋予特区充分的自主权；对海外投资者的优惠待遇怎样确定；"地租"与"租界""收租"有什么联系，该如何确定。另外，外商投资企业录用职工，是不是国外资本家来华剥削工人阶级、会不会动摇工人阶级的主人翁地位等。经过一个月夜以继日的工作，《条例》的初稿终于完成，但始料未及的是，《条例》初稿在香港知名人士座谈会上遭到了尖锐批评。与会者认为，《条例》的起草者思想不够解放，对投资者怀有太多戒备心理，唯恐国门打开之后，外商来了就乱套。有人甚至直言不讳地说："这不是一个鼓励外商投资的法规，而是一个怎样限制投资者的办法。"这些中肯的批评意见，使《条例》起草者的思想观念得到很大转变，重新开始了起草工作。在此期间，谷牧同志多次亲临指导，其他领导同志也就特区的发展方向、管理体制和经济立法等问题提出了诸多指导性意见。

此后，国务院还责成国家进出口管理委员会组织有关人员，专门研究成立特区涉及的方针政策，并召开了深圳、珠海、汕头三市市委书记和广东省有关部门负责人参加的座谈会，随后向中共中央、国务院提交了《关于建立经济特区几个问题的汇报提纲》。1979年12月，广东省第五次人民代表大会第二次会议审议并原则通过了《条例》。接着，国家进出口管理委员会组织相关同志，对《条例》进行了十几次修改。1980年1—2月，全国人大常委会开创了讨论地方条例的先例，专门讨论了这个《条例》。讨论后，广东省特区筹备组根据人大常委会的意见再次对《条例》做了认真修改。这个仅2000多字的《条例》，前后草拟了13稿。从研究起草、征求意见，到省人大审议、国务院讨论修改、全国人大常委会批准公布，前后整整用了一年时间。随后，全国人大常委会又批准了同样费了诸多周折的《厦门经济特区条例》。

从以上叙述可以看出：广东、福建经济特区条例的出台一直是沿着"开放、改革、管理"的脉络展开的，始终贯穿着"开放打头、改革跟上、管理保障"这条主线，尤其是"管理保障"一直发挥着重大作用。因此，我们应该特别重视管理在拉动经济体制转型中的地位，充分发挥"管理保障"的重大作用。

第二，"开放、改革、管理"同步拉动实现形式。这种形式的基本特征是：把"开放、改革、管理"内容一同决策部署，把"开放、改革、管理"举措放在一个平台，把"开放、改革、管理"手段协同运用，使"开放、改革、管理"浑然一体，同步推进。

2013年9月27日，国务院批准的《中国（上海）自由贸易实验区总体方案》（以下简称《总体方案》），完全体现了"开放、改革、管理"同步拉动形式。

对"开放、改革、管理"同时决策部署。《总体方案》开宗明义指出，试验区肩负着我国在新时期加快政府职能转变、积极探索管理模式创新、促进贸易和投资便利化，为全面深化改革和扩大开放探索新途径、积累新经验的重要使命。接着提出，要紧紧围绕国家战略，进一步解放思想，坚持先行先试，以开放促改革、促发展，率先建立符合国际化和法治化要求的跨境投资和贸易规则体系，使试验区成为我国进一步融入经济全球化的重要载体。同时确定，经过2~3年的试验，基本完成《总体方案》提出的既定任务，为加快经济体制转型，完善社会主义市场经济体制开辟新路子。

对全方位开放相应做出具体规定。一是扩大服务业开放，选择金融服务、航运服务、商贸服务、专业服务、文化服务以及社会服务领域扩大开放，营造有利于各类投资者平等准入的市场环境。二是探索建立负面清单管理模式，构建安全高效的开放型经济体系。

三是改革境外投资管理方式，构筑对外投资服务促进体系。四是提升我国在全球贸易价值链中的地位。五是探索形成具有国际竞争力的航运发展制度和运作模式。

对深化经济改革一并提出明确要求。一是深化行政管理体制改革，探索建立与国际高标准投资和贸易规则体系相适应的行政管理体系。二是加快金融制度创新，探索建立与自贸区相适应的金融管理体制。三是创新促进投资和贸易的税收政策，探索建立与国际接轨的投资和贸易税收管理制度。

对完善法治、强化监管同步拟定行动措施。完善法治保障包括：加快形成符合试验区发展需要的高标准投资和贸易规则体系、按规定程序办理停止实施有关行政法规和国务院文件的规定、及时解决试点过程中的制度保障问题。同时，要求上海市通过地方立法，建立与试点要求相适应的试验区管理制度。创新监管服务模式包括：推进实施"一线放开"，适当放宽进出口检验模式，探索构建相对独立的以贸易便利化为主的货物贸易区域和以扩大服务领域开放为主的服务贸易区域，探索建立货物状态分类监管模式，允许在特定区域设立保税展示交易平台，推行"方便进出，严密防范质量安全风险"的检验检疫监管模式等。

总之，在《总体方案》的所有条文中，都清晰可见体现"开放、改革、管理"这三驾马车的基本内容和"以开放促改革、以改革促管理、以管理促开放"的具体要求。这不仅验证了开放、改革、管理同步拉动实现形式的可行性，而且为完善这种形式提供了良好平台。

2. 演化实现形式

在三驾马车拉动经济体制转型过程中，每驾马车的地位和作用不是固定不变的，而是动态变化的。这种变化，是由需要解决的问题决定的。在完善社会主义市场经济体制攻坚阶段，更加需要针对存在的矛盾和问题，采取与之相适应的实现形式。现在看，依据问题导向原则，可将上述基本实现形式，演化为以下五种实现形式：

第一，"开放、管理、改革"循环拉动实现形式。这种形式的基本路径是，通过扩大开放，促进经济管理；通过强化管理，促进改革深化；通过改革深化，促进对外开放。

打破垄断行业的垄断，应该运用这种实现形式。

中国垄断行业的改革是从20世纪80年代中期开始的。当时，在不改变垄断行业基本体制框架基础上，国家逐步放松了价格管理和市场准入，并赋予国有企业更多的自主权。从20世纪90年代中期开始，垄断行业的改革进入了以政企分开、引入竞争和加强监管为主要内容的阶段，并取得了明显成效。但是，从现实情况看，仍然没有真正打破垄断行业的垄断。要打破垄断行业的垄断，需要运用"开放、管理、改革"的循环拉动形式。

在已经推行诸多改革措施的基础上，必须加大开放力度、积极引入竞争。20世纪90年代中期，我国曾提出引入竞争、打破垄断的要求，但进展一直比较缓慢。到目前，仍然存在三个方面的突出问题：一是专业性垄断和区域性垄断明显存在，有效竞争格局尚未形成。二是垄断行业中的国有企业改革滞后，法人治理结构尚未建立健全。三是打破垄断的立法跟不上形势发展要求，监管工作也不到位。这些问题的存在，一方面严重影响了垄断行业和企业效率的提高，从而拖累了全国资源配置效率的改善；也造成了行业间收入分配差距的扩大；另一方面严重阻碍了民营企业的进入，引发了社会的强烈不满，清除"天花板""玻璃门""弹簧门"和"旋转门"等现象的呼声越来越高。在这样的情况下，最有力的破解办法是加大开放力度，积极引入竞争。扩大开放，引入竞争，当前的首要任务是把国务院已经出台的两个"36条"和实施细则落到实处。然后，需要对每个垄断行业的现状进行认真梳理，进一步找出存在的矛盾和问题，并有针对性地拿出放宽准入、保护竞争的措施。同时，必须跟上强有力的监督办法，确保出台措施落实到位。

在扩大开放、引入竞争基础上，必须紧紧跟上完善法律法规和强化监管。对垄断行业放宽准入和开放市场后，要不要强化监管，国内外学者的看法不尽一致，有些意见甚至完全相悖。有人认为，在放宽准入、引入竞争之后，对垄断行业的干预完全可以按《反垄断法》的规定来规范，没有必要建立专门监管机构进行监管。有人则认为，垄断行业监管的存在是短期的，其作用是促进它们从垄断到竞争的转变，一旦竞争格局形成，监管就可以放弃了。还有一些人认为，不仅放宽准入、开放市场的过程需要监管，而且竞争格局形成后也需要进行监管，监管是一项永久性工作。从理论上讲，监管与竞争（反垄断）各有各的边界，形成新的市场竞争格局，监管不会被反垄断替代。在中国垄断行业的竞争格局还没有形成的情况下，监管只能加强，不能弱化，更不能取消，就是在垄断行业"政企分开"基本实现后，也不能放弃监管的实施，这是由市场监管的功能和目的决定的。市场监管是指监管主体依据法律法规对各类市场主体准入和准入后的行为进行的规范、约束等活动，是维护经济秩序的必然要求。无论是市场准入还是市场监管行为，都必须依据统一的监管制度，通过统一的监管部门来实施。特别需要强调的是，监管部门不能实行"政监合一"的体制，必须实现"政监分离"。也就是说，政府只负责制定政策和提供服务，具体监管任务必须交给专门的监管机构。目前，中国垄断行业的监管政策和服务、监管的具体实施都是由政府有关部门统一负责的。例如，信息产业部既是民航局的主管部门，又是监管部门。其他一些行政部门也在市场准入、定价与价格监督检查、反不正当竞争等方面行使监管职权，这就必然会导致监管职能交叉、多头监管弊病。中共十八届三中全会通过的《决定》，针对市场监管中存在的问题明确指出，要改革市场的监管体系，"实行统一的市场监管"当前，应该按照《决定》精神，抓紧清理和废除妨碍全国统一市场和公平竞争的各种规定，建立健全社会征信体系，健全优胜劣汰市场化退出机制，完善企业破产制度，特别要注重搞好监管职能的调整与整合，建立职能单一的监管机构和统一监管制度，使监管机构按统一制度进行独立、专业、透明化的监管。

在完善法律法规和强化监管基础上，必须抓紧深化国有垄断企业产权制度改革。打破垄断的关键在于深化国有企业产权制度改革。在引入竞争、强化监管的基础上，必须及时跟进垄断企业产权制度改革。这是因为放宽准入、引入竞争，只是解决了垄断行业准入的问题，而没有解决国有垄断企业自身存在的产权单一或一股独大问题。如果不改革国有企业产权制度，不实行产权多元化，所有国有企业的产权仍然属于一个利益主体，就难以避免政府偏袒国有企业，已经进入垄断行业的其他企业也就难以与国有垄断企业进行平等竞争。因此，必须通过国有企业上市改革或吸收民营企业、外资企业等市场主体入股等形式，使国有垄断企业转变为混合所有制企业。十八届三中全会通过的《决定》提出"要积极发展混合所有制经济"，同时指出：混合所有制经济有利于国有资本放大功能、保值增值、提高竞争力，有利于各种所有制资本取长补短、相互促进、共同发展。从过去的实践看，混合所有制经济已经发挥了推进国企和民企共同发展的重要作用。今后，更加积极发展混合所有制经济，对于打破国有垄断企业的垄断、促进各种所有制经济共同发展将发挥更大作用。

从放宽准入、引入竞争，到完善法规、强化监督，再到深化产权制度改革、发展混合所有制经济，都是环环相扣、密切相连的。也就是说，归属于开放范畴的放宽准入、引入竞争必须先行，归属于管理范畴的完善法规、强化监管必须紧紧跟上，归属于改革范畴的国有企业产权制度改革、发展混合所有制经济必须紧随其后。这样，从扩大开放入手，跟上监管保障，再到改革深化，再由改革促进开放，就形成了"开放、管理、改革"三者之间的良性循环。

第二，"改革、开放、管理"循环拉动实现形式。这种形式的循环方式是，通过改革，促进开放；通过开放，促进管理；再通过管理，促进改革。

根据问题导向原则，中国的金融体制转型，应当运用"改革、开放、管理"这种循环拉动形式。

目前，要把金融体制转型着力点放在利率和汇率市场化改革上。这是因为，使市场在资源配置中起决定性作用，客观上要求完善主要由市场决定价格的机制，凡是能由市场形成价格的都应交给市场，政府不应进行不当干预。利率和汇率作为发展市场经济的重要因素，理应由市场对其进行配置。稳步推进利率和汇率市场化改革，不仅有利于优化资金配置效率，而且有利于加快推进经济发展方式转变。推进利率市场化改革，必须以建立健全由市场供求决定的利率形成机制为方向，以完善市场利率体系和利率传导机制为重点，以提高央行宏观调控能力为基础。同时，必须健全反映市场供求关系的国债收益率曲线。推进汇率市场化改革，必须着力完善人民币汇率市场化形成机制，发挥市场供求在汇率形成中的决定性作用，提高国内国外两种资源的配置效率，促进国际收支平衡。

要在深化利率和汇率市场化改革过程中,加大对外开放力度。这是因为,中国金融已经走向世界,世界金融处在重大而又深刻的调整期,如果在深化改革中不跟上扩大开放,就会与世界金融调整相脱节,就难以使中国金融更好地走向世界。因此,在推进利率和汇率改革过程中,应该更大力度地推进对外开放。通过扩大开放,借鉴发达国家完善利率市场化、债券市场化和汇率市场化的经验,尽快实现中国金融与世界金融的真正接轨,切实提高中国在国际金融市场上的竞争能力。

要在推进改革和开放过程中,紧紧跟上强化监管。加强和改进金融监管,是维护金融稳定的基本措施。十八届三中全会做出的《决定》,针对中国金融监管机制不健全、监管不到位等问题,特别强调了强化金融监管的迫切性和重要性,明确提出"完善监管协调机制,保障金融市场安全高效运行和整体稳定"要求。金融监管始终是金融体系建设的永恒主题,在金融改革和开放力度不断加大的情况下,更加需要加强金融监管。

第三,"改革、管理、开放"循环拉动实现形式。这种形式的主要安排是针对存在的体制弊端进行改革,根据改革的需要强化管理,通过扩大开放推进改革深化和管理水平提升。

中国农业体制转型和"三农"发展当属这种形式的范例。

我们先从农村改革说起。中国的经济改革首先是从农村开始的,农村的改革首先是从"包产到户"发端的,"包产到户"是在农民难以维持生计的情况下逼出来的。为什么1957年、1959—1961年、1964年的三次"包产到户"遭到了扼杀,而1978年安徽凤阳小岗村发起的"包产到户"成了气候,并在全国各地开花结果呢?这是因为,以往的"包产到户",是在"左"倾思想盛行的背景下发起和被扼杀的,而小岗村的"包产到户"则是在全国改革开放大潮中存活下来、发展起来的。由此可以说,没有全国改革开放的大背景,就没有"包产到户"的生存和发展。

同样的道理,没有属于管理范畴的中央方针政策的指导和法律、法规的保障,也不会有农村改革的不断深化和"三农"的蓬勃发展。1982—2000年,中央为了指导和支持农村的改革与发展,先后出台了五个1号文件。1982年1月,中共中央批转的《全国农村工作会议纪要》,第一次明确肯定了"包产到户"的社会主义性质,消除了人们的思想顾虑,促进了"包产到户"的发展。1983年1月,中共中央在《当前农村经济政策的若干问题》文件中,高度赞扬包产到户"是我国农民的伟大创举",明确提出着力推进人民公社体制改革。到1983年年末,全国实行家庭联产承包的生产队已占到生产队总数的97.8%。1984年1月,中共中央下发《关于1984年农村工作的通知》,明确要求积极推进农村商业发展。1985年1月,中共中央、国务院印发《关于进一步活跃农村经济的十项政策》,明确提出了农产品统派购制度改革的政策措施。1986年1月,中共中央、国务院发出《关于1986年农村工作的部署》,要求各级各部门摆正农业在国民经济中的地位,着力支持农村经济发展。

2004年至今，中共中央、国务院每年制定发布一个1号文件，分别侧重推进农民增收、提高农业综合生产能力、新农村建设、发展现代农业、加强农业基础建设等内容。与此同时，全国人大根据中共中央和国务院出台政策性文件的实施情况，特别是"三农"发展的实际需要，修订和制定了若干支持与保护"三农"发展的法律、法规。这主要包括：《中华人民共和国农业法》《中华人民共和国农产品质量安全法》《中华人民共和国农村土地承包法》《中华人民共和国农民专业合作社法》《中华人民共和国农业技术推广法》《中华人民共和国种子法》《中华人民共和国畜牧法》《中华人民共和国合伙企业法》以及《基本农田保护条例》等。

在农村改革和管理不断推进的同时，农业的对外交流与合作尤其是引进技术和对外贸易也随之得到拓展，从而使中国实现了由以接受援助为主转变为向其他发展中国家提供援助，由引进为主转变为引进和输出并重，由全球多边规则的被动接受者转变为国际规则制定者、主动参与者。同时，中国农业对外开放服务国内农业发展的水平也得到较大提高。

上述情况表明，农村改革的发端和成功，是得益于全国改革开放大背景的；农村改革发展的推进，是与中央方针政策支持和法律、法规保障分不开的；农村改革的深化和管理水平的提高乃至整个"三农"的发展进步，是与学习借鉴发达国家成功经验和引进先进技术直接相关的。这不仅体现了"三农"长足发展的历史轨迹，而且证明了"改革、管理、开放"循环拉动形式的可行性和有效性。

第四，"管理、改革、开放"循环拉动实现形式。这种形式的主要特点是：针对管理弱化问题，强化管理；根据强化管理要求，深化改革；适应强化管理和深化改革的需要，扩大开放；再根据扩大开放的要求，进一步推进管理和改革。

这种循环拉动形式，主要适用于目前正在着力推进的法治中国建设。

社会主义市场经济是法治经济，没有完善的法治体系就没有完善的社会主义市场经济。改革开放以来，伴随着经济体制的转型，法治体系的建设明显加快。但是，也存在着诸多亟待解决的矛盾和问题。一是轻视法治的思想还没有得到根本转变。不少人习惯于依靠道德规范和约定俗成的惯例，来约束自身的行为和调整相互之间的关系，而不习惯通过契约等现代法律方式解决遇到的问题；奉行"精英政治、贤人政治"等传统人治方式，而不信奉"法律至上、法律面前人人平等"的现代法治模式；不少公务员甚至包括一些高级干部，在工作中习惯于依赖政策和运用行政命令等方式，即使是在法律已有明确规定的情况下，也置法律的权威于不顾，依然以执行上级政策或指示为借口来拒绝法律的要求。二是法律体系的建设仍然滞后。法律的制定跟不上实践的要求，诸多方面的立法依然稀缺，有些已经公布的法律也不完善，甚至存在相互"打架"的条文。三是法律的实施仍不到位。有法不依、执法不严、违法不究的现象时常可见。

解决上述矛盾和问题，需要深化改革、强化管理、扩大开放，而最紧迫最根本的是强化法治管理。也就是说，需要从强化法治管理入手，紧紧跟上法治改革和开放等相关措施。

从目前看，强化法治管理，应该着力抓住三个重点：一是加强法治教育，牢固树立法治意识。近年来，我国经常组织开展一些法治宣传和教育活动，但大都没有收到预期效果，一方面是因为轻视法治的思想根深蒂固，另一方面是宣传和教育形式欠佳。应当认真总结过去的经验教训，积极采用干部群众喜闻乐见的方式强化法治宣传和教育。同时，需要动员各种新闻媒体，在全社会进行全覆盖式的普法宣传。另外，应该分门别类地选择一些案例，采取多种形式的案例剖析教育。二是加快立法步伐，着力提升法律体系的完备性。当前，应该针对公共权力约束弱化、行业和企业垄断尤其是公权力泛用等迫切需要解决的问题，加快立法步伐，努力做到有法可依、有据可循。同时，需要抓紧完善维护社会公平、健全社会保障、优化公共财政、完善生态保护和加强社会管理等方面的法律。三是维护法律的权威性，确保法律的有效实施。应该针对有法不依、执法不严、违法不究，特别是行政干预和司法腐败等问题，进一步完善司法体系，确保实现法官的独立审判和公正执法。同时，着力加强对法官的培训，努力提升法官的素质，特别要尽快完善监督机制，切实加强人民群众的监督，更加严厉地惩处司法腐败。

在强化法治建设尤其是解决有法不依、执法不严等问题的过程中，必然会遇到政府公权力的异化和既得利益者的阻碍，这就需要通过深化改革来革除体制机制弊端、清除各种障碍，拓宽法治体系建设的通道。2013年2月，中央政治局在依法治国集体学习时，习近平总书记从立法、执法、司法以及干部选拔四个方面对法治中国建设做了深刻阐述：在立法上，要完善立法工作机制和程序，扩大公众有序参与；在执法上，要加强宪法和法律实施，行政机关要带头严格执法，坚决防止和克服地方保护主义和部门保护主义；在司法上，要重点解决影响司法公正的深层次问题，加大司法公开力度，回应人民群众对司法公正公开的关注和期待；在干部问题上，要求各级领导干部带头依法办事，带头遵守法律，各级组织部门要把依法办事、遵守法律作为选拔干部的重要条件。这四个方面的改革对法治中国建设至关重要。如果行政部门的内部之"法"，不让位于国家立法机关制定的法律，就难以加快法治体系建设；如果行政机关不带头严格执法，就难以建设法治社会；如果不公正司法，就难以树立法律权威；如果干部不遵守法律、公权力得不到有效约束和监督，就难以做到依法行政，也就难以解决由此产生的寻租问题。因此，只有大力推进这些方面的改革，才能加快法治中国建设。

在强化法治管理和深化法治改革的过程中，需要通过扩大对外开放，积极借鉴其他国家法治管理和改革的经验。同时，为进一步融入经济全球化，更加有效地参与国际竞争和合作，也迫切需要搞好国内法律、法规和国际通用法律及规则的衔接。

从上述内容可以看出，加强法治中国建设，迫切需要强化法治管理；强化法治管理，必须抓好政府和司法改革；强化管理和深化改革，应该通过扩大开放，学习借鉴国际经验，推进国内与国际法规衔接；学习借鉴国际经验和推进国内与国际法规衔接，必然促进法治管理乃至整个法治体系建设，这正是"管理、改革、开放"循环拉动形式在法治中国建设过程中的实际运用。

第五，"管理、开放、改革"循环拉动实现形式。这种形式的行进安排是：从注重管理开始，到管理、开放并举，再到"管理、开放、改革"协同推进。这种形式也可表述为：通过强化管理奠定发展基础，通过扩大开放提升发展水平，通过深化改革创新发展机制，通过创新机制增强发展活力。

这种循环拉动形式，主要适用于发展壮大过程中的民营企业。

从2013年中国企业联合会、中国企业家联合会发布的中国企业500强排行榜显示，民营企业在500强中的数量已扩大到191家。纵观这些民营企业的发展轨迹可以看到，多数企业是沿着"管理、开放、改革"的路径发展壮大起来的。

十一届全国政协经济委员会副主任、新希望集团董事长刘永好曾对改革开放以来的产品供求变化做过"三个阶段、三种对策"的研究。第一个阶段是产品供不应求阶段，主要对策是加强企业内部管理。当时，只要认认真真抓管理，一板一眼造产品，就一定能把企业办好，也一定能够赚钱。第二阶段是产品供求基本平衡阶段，主要对策是强化管理和扩大开放。通过积极引进发达国家先进技术、设备和管理经验，努力降低生产经营成本，就能够达到提高经济效益的目的。第三个阶段是产品过剩阶段，主要对策是在强化管理和扩大开放过程中，着力深化体制机制改革。通过学习借鉴先进经验，审视自己存在的体制机制问题，有针对性地革除家族式管理弊端，并着力改革不适应国际规则和惯例的规章制度。

刘永好的研究是很有道理的。在产品供不应求情况下，不管生产多少产品，甚至不管质量优劣，都能卖出去，只要企业生产出来就行；在产品供求平衡条件下，市场竞争压力增大，生产效率直接决定赚钱的多少，企业只有进一步强化管理和推进技术进步，才能取得更大的效益；在产品过剩背景下，企业必须加快"走出去"步伐，积极拓展新的市场。在企业走出去过程中，必然会遇到诸多矛盾和问题。而矛盾和问题的根源不在国外而在国内，在于体制机制的制约，这就必然倒逼企业进行有针对性的改革。于是，企业自然而然地走上了"管理、开放、改革"的循环路径。新希望集团、华为集团和吉利集团等一大批民营企业的发展壮大，走的正是这样一条路径。

第三节　经济体制转型原理的方法论

研究经济体制转型的方法论，首先需要弄清三驾马车之间的逻辑关系，进而弄清怎样把握三驾马车的行进方向，然后探讨三驾马车的牵引作用。

一、三驾马车的逻辑关系

如前所述，开放、改革、管理这三驾马车，分别都对经济体制转型具有重要拉动作用。然而，它们的拉动作用却不仅仅体现在每驾马车的拉动力上，更重要的是体现在三驾马车的合力拉动上。这是因为，三驾马车是一个有机联系的整体和系统，整体的力量和系统的功能是任何一个个体所不能比拟的。

为了说明三驾马车的逻辑关系及其拉动特点，现绘如下总图和三个分图以做具体阐述。

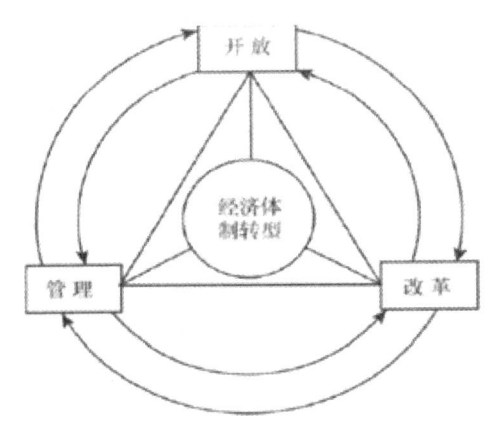

图 2-1 三驾马车拉动经济体制转型总图

1. 三驾马车是个整体，不能顾此失彼

分图，即中心圆圈和三条直线连接的长方形框内所标注的内容。讲的是经济体制转型必须依靠开放、改革、管理这三驾马车拉动。之所以这样讲，是因为在拉动经济体制转型过程中，既离不开开放，又离不开改革，还离不开管理。开放、改革、管理是一个有机整体，同处一个转型平台，都是为了实现一个共同目标、达到一个共同目的，这就是由传统计划经济体制转为完善的社会主义市场经济体制、解放和发展生产力。这就要求我们在制定经济体制转型规划中，务必注重三驾马车的整体性。

中国政法大学原校长、著名法学家江平同志，在《中国改革开放的成功经验是市场+法治》一文中指出：市场的法律制度主要包括两大部分，一个叫作市场权力的法律制度，一个叫作市场秩序的法律制度。从市场权力的法律制度来说，国家应该更少干预，让市场主体有更多的自由；市场秩序的法律制度，恰恰应该需要更多的国家干预。这篇文章的题目和内容至少包括三层含义。一是"市场+法治"是中国改革开放的成功经验，即没有改革开放就没有"市场+法治"的经验。二是市场法律制度包括市场权力的法律制度和市场秩序的法律制度，即两个法律制度是有区别的，两者的作用是不一样的。三是市场权力的法律制度，国家应该更少干预；市场秩序的法律秩序，国家应该更多干预。即对市场权力和市场秩序的干预应该按照更少、更多的要求进行变革。这三层含义所讲的内容正与三驾马车的整体性对应，无论是在题目中，还是在内容中，都讲到了"开放"。就是说，成功的经验来自于开放，经验的内容包含着开放和其成效。就是说，成功的经验来自于改革，经验的内容包含着改革和其成效；无论是在题目中，还是在内容中，都讲到了"市场+法治"。就是说，成功的经验，既包括"市场"，也包括"法治""市场"需要管理，"法治"本身就属于管理范畴。

实际上，我国44年来的经济体制转型历程，就是三驾马车整体拉动的过程，这正与江平同志所阐述的观点相吻合。首先，从市场经济角度看，市场经济是发达国家创造的经济模式，我国只有通过开放才能学习借鉴发达国家的经验，才能创建包括开放型经济体制在内的具有中国特色的社会主义市场经济体制。如果不实行对外开放，就无法建立社会主义市场经济体制。其次，从国家干预多与少的角度看，在传统计划经济背景下，国家包揽一切，即使在现行体制下，国家干预市场主体仍然过多，而对应该管理的市场秩序却没有管住管好。要搞市场经济，政府就必须对市场权力更少进行干预，把应该回归市场的权力回归市场，以使市场起到配置资源的决定性作用；就需要对市场秩序更多进行干预，以建立健全统一开放竞争有序的市场体系。这里讲的"更少"和"更多"，讲的就是改革，即通过改革来划清政府和市场的边界，来搞好政府的简政放权，来发挥市场配置资源的决定性作用。最后，从立法和执法尤其是政府依法行政的角度看，这里讲的都属于管理的内容，如果加上立法的依据，就会前伸到开放、改革积累的成功经验和做法。

2. 三驾马车是个系统，不能将其分割

分图，即三角形连接的长方形框内所标注的内容，讲的是开放、改革、管理这三驾马车构成一个完整的系统，这个系统能够发挥比单驾马车更大的拉动作用。系统论告诉我们，任何一个系统都是由若干要素以一定结构形式连接构成的具有某种功能的有机整体。三驾马车拉动经济体制转型正是这样一个完整系统：开放、改革、管理，是这个系统中的三个要素；三个要素构成的三驾马车，是这个系统的结构；拉动经济体制转型，是这个系统的功能。每驾马车都在这个系统中发挥作用，三者的合力自然要比将其分割开来大得多。这就要求我们在谋划经济体制转型方略中，必须注重三驾马车的系统性。

在以往的经济体制转型过程中，我们时常看到：有的时候对外开放进展较快，而改革措施跟不上；有的时候改革进展较快，而管理严重滞后；有的时候管理搞得好，而开放和改革动作慢。导致这种状况的原因在于没有把开放、改革、管理作为拉动经济体制转型缺一不可的三个要素，没有将这三个要素有机构成为三驾马车，也没有将三驾马车统一于拉动经济体制转型之中，因而形成了开放、改革、管理不协调、不同步的问题，这就必然会影响三驾马车拉动经济体制转型的效果，搞不好还会发生相互掣肘的现象。正是因为认真总结了这些方面的经验教训，所以中共十八届三中全会才明确提出要注重全面深化改革的系统性。

3. 三驾马车相互影响，不能厚此薄彼

分图，即外圈顺时针和内圈逆时针所连接的三个长方形框内所标注的内容，讲的是三驾马车中的每一驾都相互联系和相互影响。任何一驾马车顺时针方向都会直接影响前一驾马车，逆时针方向都会直接影响后一驾马车。也就是说，无论是从顺时针还是逆时针方向看，任何一驾马车都会直接影响与其相连的另外两驾马车。这就要求我们在实施经济体制转型规划中，特别注重三驾马车之间的协同性。

一驾马车拉不好而影响另外两驾马车的现象，在实践中也不少见。有的地方注重开放，而忽视改革，从而使改革拖了开放的后腿；有的地方注重改革，而忽视开放，又使开放拖了改革的后腿；有的地方重视开放和改革，而忽视发挥管理的作用，而使管理拖了开放和改革的后腿。因此，没有充分发挥出三驾马车的应有作用，直接影响了经济体制转型的进程。这也正是中共十八届三中全会强调全面深化改革协同性的意义所在。

4. 三驾马车动态平衡，不能平均用力

三驾马车在拉动经济体制转型过程中是动态平衡的，其地位和作用不是一成不变的，也不是一直平均用力的。这是因为经济体制转型面临的主要矛盾变化了，每驾马车的地位和作用就必须相应变化。十一届三中全会召开的前一年，我们工作的着力点主要放在了对外开放尤其是外出学习考察上，此后若干年主要放在了深化改革上，目前则应主要放在制度创新特别是法律、法规建设上，这就要求我们根据问题导向原则，适时调整每驾马车的位置和着力点，尤其注重驾驭三驾马车的灵活性。

总之，开放、改革、管理这三驾马车相互联系、相互影响、相辅相成，构成一个闭环。对三驾马车，顾此失彼不行、相互分割不行、厚此薄彼不行、平均用力也不行，必须将其作为一个整体、一个系统、一个协同动作平台，注重发挥合力拉动效果。

二、三驾马车的行进方向

三驾马车拉动经济体制转型原理能否正确运用，关键在于三驾马车行进方向是否正确。三驾马车行进方向正确，就会呈现正向拉动态势；行进方向偏离正确目标，就会呈现偏向拉动态势；行进方向错误，则会呈现逆向拉动态势。三驾马车是正向拉动，还是偏向拉动或逆向拉动，不是由三驾马车自身决定的，而是由三驾马车的驾驭者（集团）决定的。也就是说，三驾马车的驾驭者决定着三驾马车的行进方向是否正确，决定着三驾马车拉动经济体制转型原理能否成功运用。

1. 对经济体制转型的正向拉动

总的来看，中国改革开放44年，三驾马车拉动经济体制转型的行进方向是基本正确的，拉动的成效也是非常突出的。之所以这样讲，主要是因为三驾马车的驾驭者的战略决策是正确的，三驾马车基本上是朝着正确目标前行的。自1978年中共十一届三中全会确立改革开放基本国策，到1987年11月中共十三大确立"一个中心、两个基本点"

（一个中心，指以经济建设为中心；两个基本点，指坚持四项基本原则，坚持改革开放）的基本路线之前，三驾马车在探索中前行，基本没有背离正确决策。在此之后，一直到1993年11月中共十四届三中全会确定建立社会主义市场经济目标之前，三驾马车基本上是沿着基本路线拉动经济体制转型的。中共十四届三中全会之后，三驾马车基本上沿着中国特色社会主义和市场化取向不断前行，并于2003年10月初步建立了社会主义市场经济体制。此后至今，特别是中共十八届三中全会以来，三驾马车一直朝着完善社会主义市场经济体制目标奋力前行。

三驾马车能否走上成功之路，关键取决于三大因素：其一，有没有一个具有政治勇气和智慧而又与时俱进的领导集体。如果有这样的领导集体，就能科学谋划和正确把握三驾马车的行进方向，及时矫正偏离目标问题，使其按照既定目标前行。反之，如果没有这样的领导集体，三驾马车就会在重大问题上迷失方向，或是停滞不前，或是走上邪路。其二，能不能得到广大群众的拥护和支持。如果得到群众的拥护和支持，三驾马车就有底气，就有较为稳定的社会基础作保障，就会产生强大的拉动力。反之，如果得不到群众支持，甚至遭到群众反对，就无法保持稳定，三驾马车就会因失去社会稳定环境而无力拉动经济体制转型。其三，是不是符合本国的基本国情。如果从本国国情出发，设置转型目标，创新转型理论，制定转型方略，就会使三驾马车闯出一条符合本国国情的路子；反之，如果不顾自己国情，硬行照搬他国模式、刻板照抄经典著作，三驾马车就会偏离正确方向，甚至发生逆转。中国的经济体制转型，正是因为具备上述三个因素的正能量，才使三驾马车走上了一条成功之路。

2. 对经济体制转型的偏向拉动

三驾马车在拉动中国经济体制转型过程中，虽然没出现逆向拉动现象，但偏向拉动的问题却屡见不鲜。

20世纪90年代中期，由于法律、法规和政策不配套，加之许多地方和企业不按规范程序操作，致使部分国有企业在改制中造成国有资产严重流失。有的地方进行暗箱操作，将国有资产卖给不符合购买条件的人；有的地方不顾企业债权人和职工利益，硬行卖掉国有企业，造成债务悬空和职工利益受损；有的地方财务审计不严、资产评估不实，低价贱卖国有资产；有的地方采用半卖半送甚至"零"价出售方式，将国有资产贱卖乃至送给个人；有的企业负责人通过内外勾结、隐匿转移资产等手段，侵占私吞国有资产。诸如此类的改制方式，打的是推进经济改革的旗号，行的却是损害国家和职工利益的勾当。尽管中央及时发现并坚决纠正了这些问题，但也造成了许多国有资产的流失。这种偏向拉动的教训值得认真汲取。

在推进城乡发展一体化过程中，也存在许多三驾马车偏向拉动问题，并且直到现在有的问题仍然没有得到根本解决。在20世纪90年代初，中央就明确提出城乡发展一体化要求，在此之后不断加大推进力度，并在诸多方面取得重大进展。但是，由于城乡二元体制障碍一直没有根除，致使城乡一体化发展一直受到严重阻碍。推进城乡发展一体化，首先需要全面实行对内开放。但是，我国的对内开放却难以推进。上海的同志算过物流运费账，同样的商品从上海运到北京，运费居然比运到美国西海岸还要贵；省际、市际、县际、城乡的"断头路"时常可见；至于城乡之间的壁垒更是重重叠叠，这既表现在户籍、土地和公共服务制度上，还表现在城乡管理观念、方式和政策等诸多方面。通过44年的对外开放，我们在很大程度上打破了国界；而在国内，却没有从根本上打破城乡之界乃至县界、市界和省界。破除城乡二元体制障碍，需要在统一对内开放思想和行动中，紧紧跟上相应改革举措。但是，长期以来户籍制度、公共服务体制、土地征收和交易制度等改革，一直没有真正破题。管理制度创新更是严重滞后，《户口登记条例》是1958年出台的，改革开放以来虽然采取了一些调整措施，但仍然没有从根本上改变原有户籍制度。对城市住户和农村居民的房屋拆迁补偿，也仍然按照原来的《城市房屋拆迁条例》和《土地管理法》来确定，两种不同的补偿方式导致了土地收益的天壤之别。这些偏向拉动问题，直到十八届三中全会才拿出了破解之法，才开始逐步破题。

在经济体制转型过程中，还出现了开放、改革、管理三个方面的安排相互脱节，政策措施相互矛盾，具体行动不协调不同步等问题。这既表现在农村改革与城市改革、国企改革与民企改革等诸多矛盾上，又表现在微观发展与宏观调控、经济体制转型与政府职能转变等诸多问题上，还表现在经济体制改革与政治、文化、社会和生态文明体制改革相互脱节上。正是为了有针对性地解决这些矛盾和问题，中共十八届三中全会才明确提出切实增强全面深化改革的整体性、系统性和协调性。

3. 对经济体制转型的逆向拉动

从新中国成立到中共十一届三中全会前的近30年来，我国不是没有搞过对外开放，也不是没有推进经济改革，更不是没有注重经济管理。只不过，那时的开放仅是对社会主义阵营国家的开放，那时的改革仅是放权收权式的改革，那时的管理仅是命令式计划管理。正是因为这种意义上的"开放、改革、管理"构成了三驾马车，所以形成了对经济体制转型的逆向拉动。

第一，在对社会主义阵营国家的开放中，照搬苏联计划经济模式。1917年十月革命胜利之后，苏联在世界上首创了高度集中的计划经济体制。这种体制曾成为后来所有社会主义国家照搬的理想模式，也曾成为西方思想家对未来社会的美好憧憬。中国也不例外，也是照搬苏联计划经济模式并改造利用其战争期间的做法，从而建立自己的计划经济体制的。在建立计划经济体制过程中，我们不仅以苏联创立的计划经济理论为指导，而且一直紧跟其重大政策甚至照搬其做法，最为典型的是所有制结构的改造和调整。

第二，放权收权式的改革，不仅没有拉动经济体制转型，反而成为南辕北辙的行动。改革开放前，我国进行过多次放权收权式改革，每次放权后都会因为出现混乱局面而收回所放的权力，一直难以跳出"一放就乱、一乱就收、一收就死、一死再放"的怪圈。

实际上，我国传统计划经济体制的弊端和根源与苏联模式一样，主要体现在三个方面：一是完全排斥市场配置资源的作用。通过建立无所不包的指令性计划经济体系，全部包揽国民经济整个生产和分配过程；通过实行高度集中的行政手段，严格控制和调节企业的生产经营。在这种完全排斥市场作用的体制下，企业和职工必然丧失积极性和创造性，整个经济也就相应失去动力和活力。二是所有制形式与生产力水平相背离。虽然经过全国人民的艰苦奋斗，国民经济得到了较快恢复，但社会生产力水平依然非常落后。在生产力水平非常落后的情况下，一味追求纯而又纯的公有制形式，就背离了生产力发展的要求，必然严重阻碍生产力发展。三是注重发展重工业而忽视农业和轻工业生产，导致经济结构严重失调，从而造成资源的巨大消耗，并严重影响人民群众生活水平的提高。

可惜的是，我们只看到了传统计划经济体制存在的表象问题，而没有看到实质性弊端和其根源。更为突出的是，一直认为计划经济是社会主义优越性的特征之一，因而一直力图坚持和完善计划经济体制，这就使放权收权式改革成为南辕北辙的行动，必然形成计划经济体制越改越固化的局面。

第三，僵化的经济管理，不可能起到拉动经济体制转型的作用。无所不包的指令性计划和高度集中的行政手段，不仅窒息了经济发展的活力，而且使得经济管理一直处于僵化状态，经济管理水平也一直难以提高。僵化的管理和较低的管理水平，自然不会起到拉动经济体制转型的作用。进入"文化大革命"十年内乱之后，管理这驾马车也被彻底打烂，也就更谈不到管理拉动经济体制转型作用了。当然，这样的管理也不是一无是处，它在集中全国人、财、物办大事和提高决策效率等方面曾起到过重要作用，但总体而言，这样的管理必然影响甚至阻碍生产力发展，必定起不到拉动经济体制转型的作用。

第三章　经济转型目标模式的选择

经济转型目标模式的选择问题是经济转型过程中的首要问题。实践表明，谁选择了正确的目标模式，谁的经济转型的推进就会顺利，否则会遇到挫折。因此，研究经济转型的目标模式的选择就成为必要的了。本章从理论与实践的角度探讨了经济转型的目标模式，在分析影响市场经济目标模式选择因素的基础上，介绍了几种有代表性的市场经济模式，回答了经济转型国家应该转向什么样的市场经济的问题。

第一节　经济转型的目标选择与影响因素

一、经济转型目标选择是一个动态化的过程

转型的目标是属于未来的东西，具有不确定性，我们只能借助预见来努力捕捉想象中的未来。但是，人们对不确定未来的预见能力是有限的，而且不可能一开始就通过有限的预见力来准确把握未来的改革目标。事实上，在体制改革之初，人们只能认识到应该离开传统体制的"此岸"，却不知道所要到达的新体制的"彼岸"是什么样的情景，以及应该如何到达"彼岸"。这个"彼岸"不是一开始就明确和定型化的，而是弹性和动态的，经历了一个逐渐深化、逐渐明确的过程，"摸着石头过河"是这个过程的生动写照。在对传统经济体制批判中引申出新体制的基本方向，即市场化改革的基本取向。这种市场化取向在改革实践过程中不断得到提炼和升华，从而形成不断演进的改革目标。我们在改革之初的1979年提出发展"以市场调节为辅的计划经济"，1984年进一步提出"有计划商品经济"的改革目标，1987年演进为"国家调节市场，市场调节企业"，1992年再进一步发展到"有中国特色的社会主义市场经济"目标。可见，由于有限理性，因而造成目标的选择过程是一个动态的过程，不可能一开始就确立一个非常合适的明确的目标，这个过程是个不断探索、不断完善的渐进的过程。

转型的过程是分阶段进行的，因而转型也有阶段性的目标。这些阶段性的目标或许与最终的目标有出入，甚至是相悖的，但是正是这样的一些过渡目标，减少了转型的阻

力，使得大多数人能够有正的收益，从而支持市场化的进程。这些过渡性的目标也是在未来不确定的情况下采取试着看态度的结果，从而也留有了改正的余地。中国的转型过程可以说是一个过渡性目标和措施不断替代不断向最终目标演进的动态的过程。

不同市场经济模式的形成，是市场经济实践的产物。在此过程中，始终存在着一个选择问题。从某种意义上讲，之所以会形成不同的市场经济模式，是因为人们在市场经济实践中一直在不断地选择。没有哪一个国家在搞市场经济之初就已确立了某种模式，并按其来实施的。相反，恰恰是在人们不断地选择中，才形成了某种模式。当然，在这种不断地选择中，主观能动性是必不可少的，尤其是政府的重大决策，可能对某种模式的形成产生较大的影响。但一种比较成功的市场经济模式，总是主观能动性得以正确发挥，从而是正确选择的结果。所谓正确选择，无非就是依据各种实际情况和条件所作的适合自己国情的选择。因此，在一定意义上讲，这种选择实际上是历史的选择和现实的选择。

二、影响经济转型目标选择的因素

市场经济模式的形成是由一系列因素决定的。归结起来，大致有以下一些主要因素在市场经济模式形成中起决定性作用。

（一）历史因素对市场经济模式选择的影响

一种市场经济模式的形成总带有某种历史延续的色彩，任何国家都不可能割断历史来选择和创造市场经济模式。如果一种市场经济模式形成有某个起点，那么当时的历史条件就构成其初始条件。在不同的初始条件下发展起来的市场经济，就具有明显的不同模式特征。我们以日本为例来说明这一点。在二战以前，日本的市场经济就是在政府的直接扶植和保护下逐步发展起来的。二战期间，日本军国主义出于侵略战争的需要，实行"战时管制经济体制"，国民经济完全置于政府的统一控制之下。二战结束后，与德国不同，日本是被美军单独占领和接管的，因而没有被分割成几部分。这样，在日本，政府本身没有崩溃。从战时到战后，体制具有连续性。当政者虽然交替更迭，但没有失去政府。当然，当时的政府已失去了领导力。美国占领日本的目的也不是摧毁旧制度和变革资本主义本身，而是要解除日本的武装和消除潜在的战争能力。过分削弱日本的结果将造成与美国人不同意识形态的政治势力掌握政府，或在经济上长期依靠美国。显然，这是违反其目的的。所以，美国占领军司令部既要控制，又要利用日本政府，让其集中统一地控制国民经济。

当时的日本，与德国不同，除冲绳以外大部分国土上虽然没有遭遇陆上作战，但主要城市几乎都被轰炸，整个经济处于虚脱和混乱之中。在1945—1949年间，日本经历了有史以来最为严重的恶性通货膨胀。为了抑制通货膨胀，使生产走向复兴的轨道，政府的作用和地位就显得十分重要。在1946年，币原内阁连续发布了"金融紧急措施令"（强制在金融机构存款，严格限制提取存款）"粮食紧急措施令"（包括征购米、麦等主要粮食）"隐匿物资紧急措施令""物价统制令"等紧急对策和"战后物价对策基本纲要""紧急就业对策纲要"等。虽然这些措施并没能抑制通货膨胀，反而使物价上涨更加激烈，但政府的作用得到了体现。以后在石桥大藏大臣的主持下，又提出了救国储蓄运动，用修改日本银行法来设立通货发行审议会，用制定金融机构资金融通准则来加强限制融通资金等一系列政策措施。因此，在日本战后经济复兴中，日本的官僚机构起了特别大的作用。这样，当日本转向市场调节为基础的自由竞争体制时，政府主导型的宏观经济管理的历史传统没有改变，一直延续到现在，只不过是政府控制宏观经济的手段和方式发生了变化。这样，在日本市场经济模式中也就有了政府控制大部分税收，直接从事金融活动，领导中央银行，强有力地实施产业政策，对企业进行行政指导等特色。

另外，在日本市场经济模式形成过程中，还有一个历史因素起着重要作用，那就是农业社会和财阀。虽然在美国占领军当局推动下进行了农地改革和解散财阀的运动，也取得了成功，但并不能完全抹去历史的旧痕迹。农地改革之后的农村社会所呈现出的面貌是极为日本式的，即因袭习惯的秩序，具有封闭的、排他性的部落社会。虽说地主的控制力已经消失，但可以说，部落或多或少地继承了近代的村落共同体的形式重新起步了。通过解散财阀的社会政策，否定了企业集团内向中枢企业的持股集中，削弱了少数资本所有者强有力的和广泛的企业控制力，实现了经营者的革命，创造了企业间展开竞争的新条件，但政府与企业的密切关系（当时四大财阀是与政府进行协商并采取明显的合作态度的）和家族式企业制度等还是延续下来了。这些在日本市场经济模式形成中得到了反映，诸如法人互相持股为主的股份经济、企业集团化和系列化、众多的中介组织、官民一体化等。

与此不同的是，美国在历史上没有经历过类似日本那种统制经济的特定时期。它是从自由竞争制度自然过渡到垄断竞争制度的，而且，还具有联邦制的历史传统。因此，在美国的市场经济模式中，政府的权力被分散化了，联邦政府无权直接干预地方政府的活动；政府主要通过立法形式和运用财政金融手段在宏观领域对经济活动进行干预，不对企业经济活动进行直接的干预；企业之间通过市场竞争形成垄断竞争格局，以垄断经济占据主导地位；职工与企业之间是一种市场性的契约关系。这一切在很大程度上带有较深刻的历史痕迹。

（二）经济发展阶段对市场经济模式选择的影响

一种模式的选择往往受其经济发展阶段的制约。经济发展阶段对市场经济模式形成的影响主要体现在两个方面：一是市场经济发育程度，二是经济发展水平。一般而言，两者之间有较大的关联，但也有个别除外。通常，在市场经济发育程度不高、经济发展水平较低的情况下，政府在市场经济中的地位和作用比较突出。因为政府既要培育市场发展，又要弥补市场不足，组织经济活动。而在市场发展较成熟、经济发展水平较高的情况下，政府的作用就有所下降。

韩国和新加坡在工业化刚开始时，看到了自己的市场机制不健全并且作用微弱的实际状况，认为在市场机制作用还不能有效分配资源的条件下，应该实行强有力的政府干预，以保证经济的高速发展，于是都建立了突出国家干预的硬政府与软市场相结合的经济运行机制。但是当它们的经济起飞以后，市场得到繁荣，市场机制的作用变得越来越重要时，它们就根据变化了的情况，重新选择经济运行机制，采用最大限度的市场调节与最小限度的政府干预相结合的经济运行机制，并且根据经济发展的要求调整政府的作用，使市场机制释放出更大的能量。

日本在统制经济转向市场经济时，经济发展阶段也处于较低水平，为实施与其发展阶段相适应的发展战略，政府在市场经济中起着特殊的作用。日本政府具有经济实力和高度权威，行政部门权力较大，大多数经济法规不是由立法部门制定，而是由有关经济省厅制定。政府的政策及行政指导，不仅影响企业的投资形式，也影响储蓄、利润和经营风险。但随着市场经济发育成熟和经济发展水平的提高，它也在不断调整和完善管理经济的行政组织和内部结构。当初它以通商产业省取代原来工商省和贸易厅，发挥其对工商业的指导作用和对外贸易方面的管理职能。20世纪70年代石油危机后，日本政府又改组了各级职能机构，通产省的内部机构改按物质类管理的纵向机构为产业部类管理的横向机构。20世纪80年代，日本又对10个省厅和20个局进行改组，使这些管理部门能够把工作重心转移到政策制定、统筹规划、综合协调和服务监督上来。

相比之下，美国的经济发展处于较高水平，政府的经济职能比较偏重于为充分发挥市场机制的功能，创造适宜的经济环境，制定保持市场正常运作所必需的法律和规则。因此它有强大的立法管理部门、发达的监督机构以及具有较强的综合性职能、管辖范围较宽的政府机构，而不存在编制国民经济计划的统一机构，政府主管部门中也没有统一的工业管理机构来干预企业的经营管理活动。

（三）国际经济环境对市场经济模式的制约

从更大的范围来看，市场经济模式形成所依托的国际经济环境也很重要。特别是在世界经济日益一体化的情况下，一国市场经济模式的形成越来越受制于国际经济环境的影响。具体表现在两个方面：一是通过影响发展战略而制约市场经济模式，二是通过国际竞争方式而制约市场经济模式。

我们知道，现代经济增长是一个世界性过程。进入这一过程的先后，对一国经济发展战略有重大影响。先行国在其自身经济社会充分发育后开始经济起飞时，它在国际上处于领先地位，享受着先发性的优势。与此不同，后起国往往是在自身内部未充分发育的情况下步入现代经济增长进程中,它要借助于外部先进技术和资金等后发性优势来使经济起飞。因此,后起国面临的国际经济环境,决定了它必须而且有可能实施跨越式的赶超战略。在实施这一发展战略过程中,政府在市场经济中的特殊地位和作用就显现出来了。与英、美诸先行国相比,日本等国家进入世界性的现代经济增长进程是比较晚的。它们面临的国际经济环境及世界市场已被瓜分完毕,一些先行国已有很高的经济发展水平,因而它们只有实行赶超战略才能进入世界市场,跻身于世界强国之列。实现这一发展战略,单凭市场调节的力量是远远不够的,必须要配之强有力的政府对经济活动的深刻而有效的干预。

另外,国际经验还表明,一国市场经济发展初始阶段所面临的国际竞争条件,对其市场经济模式的选择及形成也有重大影响。英、美诸国在当时所面临的国际竞争条件是,国际分工合作水平较低,以商品贸易为主,依赖于资源的比较优势,国际竞争集中在对商品、劳务市场的占领上。在这种特定的国际经济环境条件下,英、美等国依赖其自身较高的发展水平和强大的经济实力,主要是向外扩张,抢占和分割世界市场。在此过程中,只要求企业具有国际竞争力就行了,政府只是为提高企业的国际竞争力创造相应的条件和规则。与此不同,日、德两国二战后转入市场经济所面临的国际经济环境已发生了重大变化。国际分工合作水平大大提高,不仅商品、劳务贸易量大增,而且资金、技术、人才的国际流动也有较大发展,国际竞争日益复杂化和白热化,进一步演化成综合国力的竞争。为了适应这种国际经济环境的要求,提高国际竞争力,重新分配市场份额,日、德所选择的市场经济模式都比较强调政府与企业的共同合作关系和企业之间一致对外的协调关系。

(四)非经济因素在市场经济模式中的作用

一种市场经济模式的形成,取决于包括经济、政治、文化等在内的整个社会环境。不同的政体和政治、社会组织结构、人际关系、习俗文化等非经济因素同样为市场经济模式打上民族的烙印。

在美国社会,分权自治的联邦制度,政府、国会、法院"三权分立"的政体,传统的"个人奋斗"信条等在经济行为和市场运作上都得到充分体现。例如,在股权结构中,个人持股居多;企业自有资金比重高,独立性较强;劳动力流动性强,对企业的依附较小;政府提供社会保障不多,个人养老和保险居多等。德国也是各州拥有较广泛自治权力的联邦制国家。国家政权按"三权分立"原则构成,但与其他国家不同的是,联邦参议院并不是严格意义上的议会,它既是立法机关,又是行政机关。联邦总统不拥有行政权力,也不属于联邦政府成员,他只是国家权力的象征性代表,没有实权,其法律地位无法与美国、法国的总统相提并论。联邦总统在国内政治生活中自称中立,不参加任何政党活动,以超脱的身份凌驾于各政党之上,利用其重要的地位和权威,对国内政治施加一定的影响。这些特点在其社会市场经济模式中都有所体现。另外，德国推行社会保障政策的传统和在20世纪30年代初开始形成的新自由主义学派，对市场经济模式也有重大影响，当初"社会市场经济"的构想基本上是根据新自由主义学派的经济与社会政策蓝图制定的。

日本的市场经济模式所受的非经济因素影响，则完全是另外一番情景。在它社会中，存在着政治专制与经济自由的二元结构。经济相对充分自由，很少受政局波动、政治方针变化和政治家个人沉浮左右。这是因为注重民生的国策意识根深蒂固，尽管政治斗争风起云涌，但这种意识从未动摇过，与非洲或拉美的某些政权形式形成鲜明对照。同时，在日本存在着高度协调、贯之首尾的民族文化。推崇儒家伦理精神，强调历史与现实不可割裂，在发展过程中有意识地寻找二者的结合点，使民族的东西发扬光大。这种高度整合的传统文化在其市场经济模式形成中起了重大作用。如东亚崇尚集体主义，强调个人服从集体，这在社会化大生产中起到了相当大的凝聚作用，整个社会比较容易围绕国家的计划目标运转，政府的经济计划对企业和个人都比较容易产生导向作用。如享乐的推迟，规划的长期性加速了对现代工人和官员的培养；忠孝观念培养了对企业的忠诚和奉献精神；民主自由观念的淡薄反倒有利于强权政治下政局的稳定；权威主义则有助于公司里严明的劳动纪律实施。日本的经济生活中受东方文化的影响很深，因此，东方社会的文化背景是形成日本政府导向型市场经济的不可忽视的因素。相较之下，西方的历史和文化则较为强调个人的自由，反映在美国的市场经济模式中，经济活动主体的调节手段一般就不采用。

总之，非经济因素对市场经济模式的影响力也是相当深刻的，它为市场经济运作注入了特有的国民性，使其具有非同一般的特色。

第二节 几种典型的市场经济模式

一、美国政府微调型市场经济模式

美国是个典型的自由竞争的市场经济国家，历来强调自由竞争和市场机制的自发调节作用，主张经济活动按照经济规律自发运行，使资源在市场机制作用下得到优化配置。美国又是个产权高度集中的国家，拥有大量生产资料的巨型垄断组织，在产业结构中占主导地位。各类大公司和跨国公司左右着数量庞大的中小企业乃至美国经济。在当代经济生活中，美国政府作为"总垄断资本家"，在维护垄断资本家利益的同时，还要顾及其他阶级和阶层，尤其是占企业数目极大比例的中小资本家，以维护资产阶级的整体利益。随着生产力的发展，生产社会化程度越来越高，垄断资本家追逐垄断利润的目的和手段，会导致生产的无政府状态更加激化，周期性的危机会变得更深刻，这些与国民经济协调发展的客观要求是相互矛盾的，现代化大企业发展需要的巨额投资与私人资本数量有限的矛盾也会不断加剧。这就说明，国家必须干预经济生活，政府的宏观调控在市场经济发展中起着不可低估的重要作用，因此形成了美国微调型的市场经济体制模式。美国模式的主要特点表现在以下几个方面：

（一）市场机制是调节经济运行的基本形式

在美国的经济运行过程中，市场机制发挥着广泛的调节作用。直到如今，美国依然基本上是依靠市场机制来分配稀缺资源的。资本—效率—利润的程式是企业自我运行的动力和自我约束的原则。企业主要依靠质量管理、产品价廉物美在市场上参与竞争。商品价格随供求关系的变化而波动，价格反过来又调节产品的供求。经济决策权分散在广大的生产者、经营者手中。绝大多数的生产、销售和分配等活动都是由企业、公司自主决策的，这些决策主要是以价格机制提供的信息为基础，一般说来，政府不对它们进行直接的干预。在美国，自由竞争被认为是经济活动的准则，几乎任何人都可以随时加入市场竞争的行列，进入市场是相当自由的。如要登记注册一个企业或公司，只要符合有关法律条文，手续十分简单。除了少数根据国家规定要由政府批准才能提供的产品和服务以外，一般公司的经营项目、经营方式以及向市场提供的商品和服务的价格，都是在市场机制的支配下由企业自主确定的。

（二）激烈的市场竞争形成了大中小并存的企业组织格局

当今美国的企业组织格局是由三部分构成的：一是核心大企业。这是作为美国工业标志的大制造公司，约由500家大的垄断企业组成。其最大特点是高度集中、规模巨大，可以控制市场的主要工业甚至金融业。如四家最大的汽车工业公司生产的汽车数量占全国汽车生产量的93%。二是核心企业周围的中型企业。它们是一些从事卷烟、药材和食品等方面生产的企业。三是外层边缘的小企业。它们从事小规模的生产和经营，其中不少是核心企业的外围企业，专为大公司的生产提供配套服务。核心大企业—中型企业—外层小企业，组成了美国当今的企业格局。

美国的现代企业格局是激烈市场竞争的产物。正是激烈的市场竞争加速了企业本身的商品化，形成了大、中、小并存的企业组织格局。美国的企业兼并十分活跃，20世纪80年代以后，收买和兼并企业的交易数量大幅度增长。一些大公司一方面致力于收买、兼并其他企业，扩大自身的实力；另一方面又出售盈利甚微或是不能盈利的企业，趁机强化自己的经营管理机构，以增强主要产品在市场上的竞争能力。几百家大垄断公司在市场经济中居于统治地位，在社会政治、经济生活中起决定性作用。同时，还有大量的中小企业存在。它们以灵活性高、适应性强、决策快的优势，在市场经济中寻找各自的生存点。

（三）法律制约着市场经济活动

美国的企业虽然拥有充分的自由经营权，但必须在法律允许的范围内活动。所以，实际上美国的市场经济体制也并非是完全自由的市场经济体制。美国政府通过立法对国民经济运行进行宏观管理。政府的各种法律、法规规定得非常详细，大体可分为几个方面：一是反对垄断、保护自由竞争的法律，如《反托拉斯法》等；二是有关环境保护的法律；三是保护消费者利益的法律；四是行业、职业控制的有关法律，如有关医生、律师从业资格的法律规定；五是关于劳工权利和福利方面的法律，如《社会保障法》等。

完备的法律制度和严格的执法，是保证市场公平竞争以及经济运行规范化的重要条件。通过立法和执法，排除经济运行中的障碍，为经济活动创造良好的环境和秩序。美国企业在从事生产、经营、销售和分配的过程中，一方面必须根据市场情况；另一方面必须按照有关法律规定才能自主决策。在进行具体经济活动中又必须严格依法办事。从这个角度讲，当今美国的市场经济早已不是传统意义上的完全自由的市场经济了，而是包含了国家干预指导的市场经济体制。

（四）政府的干预和指导在市场经济中起着不可缺少的作用

美国政府在实施经济的宏观调控指导过程中，采用了多种政策和手段，以保证市场经济较为稳定的运行。美国与其他发达国家相比，在宏观调控方面有一个特点，就是承认国家的指导与干预，但又不采用国家计划的手段，把国家干预与国家计划区分开来。他们认为，国家对经济的干预，是为了克服市场机制调节所产生的经济波动，是对私有经济保护的一种手段；而国家计划却是扩大了政府在经济发展中的作用，不利于私有经济的发展。因此，尽管日本、法国等国家都实行经济计划，而美国一般不采用国家计划调节的手段。金融政策主要由联邦储备局（中央银行）实施，主要有三方面的内容：一是公开市场业务，这是政府调节金融市场的主要手段；二是变动贴现率；三是改变存款准备金比例。财政政策中最主要的是税收政策。政府利用税收杠杆，通过制定不同的税率、税种以及免税、减税等政策来调节国民收入的分配。另外，政府预算开支也是调节经济活动的一个重要手段。美国政府的开支约占国民生产总值的20%。巨额的政府支出，从宏观上对经济的运行产生着直接的影响，政府用增大或是紧缩财政开支的办法来调控经济活动。

二、法国计划引导下的市场经济模式

法国的市场经济模式是一种较为独特的模式，是实行市场调节与国家计划相结合的国家主导型的市场经济模式。这种模式的基本特征是国家与企业、国有经济与私营经济、计划调节与市场调节有机地结合在一起，共同发挥着调节资源配置的作用。

（一）所有制结构

法国市场经济的双重调节机制是以混合型所有制结构为基础的。所谓混合型的所有制结构，是以私有制为基础的私人企业、国有企业以及合作企业并存的混合经济。它们在市场经济的运行中具有不同的地位，与国家的关系不同。

法国市场经济是以私有制为基础的，尽管战后法国在左翼政府领导下，曾多次推行国有化政策，但国有经济仍始终占据劣势。何况法国的国有企业在本质上也是服务于私人资本的资本主义性质的企业。法国的国民经济是以私人资本为主导和基础的，尤其是私人垄断资本占有特殊的突出地位。1976年法国最大的500家工商业公司的控制结构表明：国家控制占12.4%，私人垄断控制占60.2%。

法国的国有企业在整个国民经济发展中虽然不占主体和支配地位，但与其他西方资本主义国家比较起来占有比较大的比重，也有比较悠久的历史传统。1990年，全国拥有国家直接控制和国家控股50%以上的国有企业为2268家，其中由国家直接控制的国有企业为108家。国有企业产值占国内生产总值的18%，投资额占全国的27.5%，出口额占25%。法国国有企业分布部门和经营范围很广，多数是规模大、实力强的大型企业，在欧洲和世界居一定地位。法国处理国家与国有企业之间关系的基本准则是，既要保证国家对企业的所有权和领导权，又要保证企业拥有比较广泛的经营自主权。

法国的合作企业既不同于资本主义私人企业，也不同于国有企业，而是由合作社社员集体拥有资产、民主参加管理并共同享有劳动成果的经济组织。它是法国混合型经济体系的重要组成部分，遍布于生产、消费、供应、销售、运输、信贷、保险和旅游等各个领域，涉及法国四分之一人口的经济生活，因此是一个不可忽视的重要经济力量。许多全国规模的合作社联盟是最大的农产品、食品出口公司。在法国最大的100家农业—食品企业中，合作集团就占40家。合作社与私人企业、国有企业一样遵守法国的所有法律，遵守政府根据合作社的特点而制定的法律条例。合作组织和国家之间的关系是很微妙的，这体现在当国家为了解决一些它不愿意直接参与的问题，或要抵制某些私人利益而不愿采取直接干涉的办法时，常常借助于政府立法机构的措施来保护和促进合作运动。

（二）计划与市场相结合的资源配置方式

法国市场经济最主要的特点是：市场在资源配置中发挥基础性作用，国家以计划的形式加强干预。法国政府认为，作为基本协调机制的市场体系很重要，其优点是：第一，市场机制的本质是竞争机制，它的一些刺激因素能诱发企业之间的竞争。第二，市场机制以市场主体的利益为动力，能够使企业处于主动地位。它还可以通过价格、利率、汇率、工资、税率等价值形式，实现利益的再分配，调节不同主体的经济利益，促使经济主体行为的合理化和最优化。但是，这种自发的市场机制有其局限性：第一，市场较难协调宏观经济的综合平衡，有些重要的经济活动如运输、国防、环境保护等，是市场难以调节的，而且自发的市场调节还具有滞后性。第二，市场较难预测长远的发展要求。法国前计划总署主任马塞认为，市场只能对日常经营和短期投资提供信号，但在进行长期投资时，不能提供任何自动信号。因此，为了保证整个经济更加平衡协调发展，必须由国家运用计划手段对经济进行必要的指导和调节。这种计划有两个基本职能：第一，它在市场机制不能达到预定目标时，诱导企业做出合乎政策期望的决策。这种诱导主要是以指明市场的发展方向、控制企业资金来源以及提供优惠待遇等方式来进行的。第二，制订计划的过程同时就是传播信息的过程，它使企业决策者对所有其他市场主体的计划有比较清楚和及时的了解，弥补市场机制调节滞后的缺陷，刺激和支持市场经济。

　　法国宏观经济计划的有效性是值得特别重视的。这种计划只是"指导性"而非"指令性"的，因而除对少数垄断性的国营企业签订具有法律效力的合同外，对于大多数企业，尤其是私营企业不具有法律约束力。但是，由于计划的编制经过了官民对话，民主协商，有着广泛的社会基础，各部门、企业主以及各方人士实际上也就基本遵循计划的要求去贯彻执行。政府还有促使计划实现的各种干预手段，其中包括使用财政税收、投资、信贷补贴、奖金、基金、物价、折旧、工资、储蓄、社会福利等政策，对符合计划的予以鼓励，否则予以限制。此外国家还通过与地区、企业签订合同的方式来保证计划的落实。自1983年推行合同方式以来，全国22个大区和许多国有及私营企业相继签订了计划合同，并取得了较好效果。因此，法国的宏观经济计划，虽然是"指导性"的，却具有相当的权威性，这是法国经济的一个显著特点。

　　法国的计划合同作为贯彻落实宏观经济计划的一个重要手段，主要是由政府与国有企业签订的。因此，国有企业也就成为国家实施计划的重要基础。当然，政府并不是与所有国有企业都签订合同，签订合同的主要对象是那些与国民经济发展战略有密切关系而自身又有新的发展目标的企业，如信息工业、宇航工业、原子能工业等国家战略重点工业企业，以及电力、铁路、邮电等基础设施的行业。如果企业本身没有新的发展目标，而只进行日常经营管理，就没有必要签订合同。

　　目前在法国，与政府签订计划合同的国有企业占全部国有企业的50%左右。计划合同的期限一般为3~5年。合同的内容有三个方面：一是企业的发展目标，必须落实政府的政策目标；二是企业的具体发展计划，包括发展战略、投资计划、财务计划，以及在研究与开发、外贸平衡、维持就业、加强培训、支持中小企业等方面应承担的义务；三是政府作为国家股东对企业应该承担的财政支持和提供的预算资金。企业签订合同后通常又将计划的任务层层分解到各单位，并相应地建立各级严格的责任制，以保证任务的完成。这样便使计划合同成为贯彻落实国有计划的手段，它也是法国计划调节的一个重要特点。

三、德国社会市场经济模式

"社会市场经济"这个概念是经济学家阿尔弗雷德在 1947 年提出的。他解释社会市场经济"不是放任不管的自由主义市场经济,而是由社会加以有意识指导的市场经济""是按市场经济规律行事,但辅之以社会保障的经济制度,它的意义是将市场自由的原则同社会公平结合在一起"。

德国社会市场经济包含着社会和市场两大因素。市场因素强调充分发挥市场机制在经济运行中的基础性作用,使社会资源得到优化配置,使经济结构合理调整。社会因素强调国家在经济运行中的宏观调控作用,通过对经济运行的必要干预调节,以保障经济稳定增长和社会稳定发展。因此,市场自由竞争原则和社会平衡原则相统一,就是社会市场经济的核心内容。社会效益和社会公平就成为社会市场经济追求的两大目标。社会市场经济可以概括成一种"市场经济 + 国家调节 + 社会保障"的模式。社会市场经济体制的这些特征,主要体现在以下几个方面:

(一)重视竞争,建立竞争秩序是社会市场经济的关键

德国政府认为竞争是市场经济的关键,是最内在的要素,在经济运行中起着不可替代的重要作用。因此,德国政府制定了一系列有关法律来保障竞争的进行。其中一类是关于维护竞争秩序的法律,如《反对不正当竞争法》,对各个领域内的竞争秩序做了具体明确的规定;另一类是有关保护竞争的法律,如《反对限制竞争法》即卡特尔法,规定了各种预防措施以反对企业或个人阻碍竞争的行为,包括禁止妨害或破坏市场的企业兼并、禁止垄断对外贸易等内容。德国政府还建立了权威性的监督垄断机构——卡特尔局。它的具体任务是实施各类监督:第一类是横向监督。它是指在同一生产、流通部门或同类商品生产企业之间,如果达成了影响市场竞争的协定,卡特尔局就要依法对此进行限制并处以罚款。第二类是纵向监督。这是对不同部门的生产或经营中出现的限制竞争行为的监管。第三类是对事实上已经形成的限制竞争行为的监督。法律尽管规定了允许企业有权获得控制市场的地位,但如果有的企业滥用了控制市场的地位,如排挤或阻止竞争者进入市场,卡特尔局就要立即禁止此类行为并处罚有关部门。

通过制定、实施有关法律,加上卡特尔局的监督活动,德国政府较有效地抑制了垄断活动,保障了自由竞争的进行,建立起了正常的竞争秩序,使市场机制能充分发挥调节经济的功能。

(二)政府实施有效的货币政策以保障经济稳定发展

出于对战时法西斯式的中央集权经济的反思,德国政府对经济运行的看法是既反对高度集权和垄断,又不赞成完全自由放任,而是主张通过政府的干预,为经济的正常运

行创造条件。政府调控经济的手段和措施,除了上述的制定有关法律并严格监督执行以外,还通过制定或调整有关经济政策,以引导经济活动朝预定的方向运行。其中典型的是建立和实施的货币政策。

德国是两次世界大战的发动者,战后国内曾爆发过恶性通货膨胀,这是为了弥补战争赔款的财政赤字,政府操纵银行滥发货币和债券而引起的。在当今德国市场经济发展过程中,为了排除政府对货币政策的干扰,法律赋予联邦银行(中央银行)独特的地位和职权:它独立于联邦政府,在行使职权时不受政府指令的影响;首要职责是保卫币值的稳定。在宏观经济的调控中,政府和中央银行实施分工:政府主要负责运用财政和税收等手段以解除经济停滞和解决低就业问题;中央银行则负责运用货币和信贷政策以防止出现过高的货币贬值率。

为了保障币值的稳定,联邦银行根据对经济形势的预测和对市场行情的分析,通过采取利息政策(包括贴现、抵押贷款等政策)、储备金政策、公开市场政策、外汇市场政策等手段,来决定收缩或是放松货币的发行量,以保持币值的稳定。

(三)建立完善的社会保障制度,实现社会平衡原则

把市场的自由原则同社会平衡原则结合在一起,是德国社会市场经济的一大特色。

市场的自由原则,主要是指政府通过宏观调控手段,组织和促成经济活动主体能自由活动的经济秩序,也就是要建立公平的竞争秩序实现社会的效率原则。社会平衡原则主要体现为社会公正和公平,只有把效率与公正相统一、社会经济发展与社会平衡相结合,才能实现社会的更高目标。德国的社会平衡原则具体表现在:一是协调劳资双方的关系;二是社会福利制度,包括社会照顾和社会救济两部分;三是社会保障制度,完善的社会保障制度是德国社会市场经济的一个重要内容。它是针对私有制基础上的竞争必然会引起社会不公平的一种国家调节手段。

德国的社会保障体系主要包括失业保险、医疗保险、养老保险和工伤事故保险等。失业保险是全体职工的义务保险,凡依靠工资生活的职工都有义务参加。失业保险由联邦劳动局负责管理。它的一项任务是对失业者给予补贴,保障他们的生活;另一项任务是采取各种鼓励劳动措施创造劳动就业机会,防止或减少失业。医疗保险是全社会人员的义务保险,社会人员因缴纳不同金额的保险费,从而享受不同等级的医疗服务。企业主或雇主主要承担职工投保者保险费的一半,约占职工收入的9%。自主经营者与大学生的保险费则全部自理。养老保险是为了保证就业者在离开工作岗位后能继续维持适当的生活水平。由雇主和职工各承担一半,约占职工工资的9.3%。被保险者一般要交纳60~180个月的保险金之后才能享受各种形式的养老保险。

德国的社会保障制度对德国经济发展产生了双向作用。其积极作用表现在:一定程度上克服了竞争带来的社会不公平现象,安抚了德国的民心,成为创造安定的经济发展环境的一个重要因素。这一制度确保了劳动力能在较为稳定的有保障的环境下再生产,

这对提高劳动者的素质，最终促进生产力的发展起到了有效的作用。社会保障制度还推动了医疗、保健、职业培训、旅游服务等第三产业的兴旺。在认识社会保障制度产生的上述积极作用的同时，也应看到，由于社会福利规划中制定的福利增长不受社会经济状况的约束，这就难免与经济发展产生一定的离心倾向。如果社会福利负担过重的话，会给经济发展带来阻力，造成财政负担过重以致削弱国家调节经济的实力。

四、瑞典社会福利市场经济模式

瑞典实行的是独具特色的资本主义市场经济体制，被称为"瑞典模式"，是所谓资本主义"福利国家"的典型。所谓的瑞典模式，一般是指瑞典所实施的福利国家的经济政策。这种模式的核心实际是社会民主党占统治地位的国家与私人资本主义之间的一种"历史性妥协"，其基本特征是在"混合经济体制"的基础上实行社会民主主义和广泛的社会福利政策，瑞典便因此而被认为是西方社会福利国家的典型。

（一）混合经济体制

瑞典与其他资本主义国家一样，实行的是资本主义市场经济体制，而且是混合经济的市场经济体制。"混合经济"的最主要成分是以生产资料私有制为基础的现代资本主义经济；其次是与其现代资产阶级国家的某些经济活动相联系的所谓的公共经济；再次是合作经济。前者处于支配的主导地位，后二者处于从属地位。一个社会政体的性质，是由其占统治地位的经济性质决定的，因此瑞典的所谓"混合经济"的社会毫无疑问是资本主义社会，而绝非"社会主义"经济和"社会主义"社会。它与西方其他资本主义国家稍有区别的是，"公共经济"部分在整个国民经济中占有较大的比重，而且还有不完全与私有制经济相同的"合作经济"成分。

从公共经济所经营的产业内容来看，主要是矿业、邮电、交通运输等基础产业和公用事业以及烟酒、医药等需要实行专卖或垄断的企业。这里需要强调指出的是，私人垄断资本企业在瑞典国民经济中占有特别突出的主导地位。如在20世纪70年代初，瑞典工业产量的近50%是由100家最大的私营公司提供的，5家最大的工业公司产值占国内生产总值的9%，22家大企业垄断了瑞典50%以上的产品出口。同时在瑞典还出现了一些著名的特大型垄断企业，如ASEA中型电气设备公司、SKF滚珠轴承公司、沃尔沃汽车公司、爱立信电气公司等，它们在瑞典经济中占有举足轻重的地位。瑞典除了上述公私经济外，还广泛存在着合作社经济的成分，其主要形式是消费合作社和生产合作社，还有信用合作，合作经济在瑞典是一个不可忽视的经济力量。

以上说明瑞典是一个以私有制为基础，私人垄断资本占据主导地位，但公有经济与合作经济也有重要影响的多种所有制并存的混合经济的市场经济国家。这种混合经济便构成了瑞典模式的经济基础。

（二）瑞典的社会福利政策

瑞典的福利政策是所谓瑞典模式或社会民主主义理论在对内经济政策方面颇具特色的重要内容。它强调要在国内居民中实行收入均等化和"从摇篮到坟墓"的社会福利保障制度，

收入均等化政策，主要是指利用累进所得税以及转移性支付，施行社会福利措施，使社会各阶级、集团之间的收入和消费水平通过再分配后趋向均等化。瑞典社会民主党1932年上台执政后，借助于国家干预，推行改良主义路线，实施一整套标榜"从摇篮到坟墓"的在战后更有所发展的社会保障福利措施，具体体现了政府促使收入均等化的政策。这些社会保障福利措施主要有下列各项：

1. 失业救济。瑞典政府在长期实行所谓"充分就业"的宏观经济政策下，失业率是比较低的，战后一般保持在2%左右。但政府为了缓和阶级矛盾，对为数不多的失业者仍给予相当的关注。对那些未参加培训、社会工程或受庇护工程的失业者给予救济。瑞典的失业救济有两种：一是为那些参加了失业救济保险社的工人而设置的失业救济，他们一旦失业便可从失业保险社领取救济金；二是为那些未参加失业保险的工人而设置的劳动市场现金救助。

2. 养老保险。瑞典对65岁以上老年人实行退休与养老保险制度。退休养老金分为基本退休金和补充退休金两部分。基本退休金是指对所有退休公民一律发放同等数额的为保障其基本生活需要的退休金。补充退休金是与退休前工薪收入水平相联系而获得的退休金，这是为了反映职工退休前不同贡献的退休金。包括基本退休金、补充退休金在内，其主要来源是按月缴纳的保障税，这笔保障税由企业负担，企业再作为成本计入产品价格中，转嫁给广大消费者。瑞典还为老年人安度晚年设置了养老院和提供家庭服务。瑞典各城市都设有足够老年人使用的养老院，经费由入院的老人缴纳和政府的部分津贴构成。

3. 住宅福利。住宅是战后瑞典人民最关心的一件大事，也是瑞典政府推行福利政策的重点。改善居民住宅水平最根本的措施就要扩大住宅建筑面积，提高住宅建筑质量。据统计，瑞典在20世纪70年代新建的现代化住宅共有74.62万座，其中属于单家独户的住宅数有了大幅度的增加，而且每座住宅也愈来愈宽敞，设备愈来愈完善，政府为了减轻居民的住房负担，设置了住房补助的福利津贴，由中央政府和地方政府共同出资，此外政府还对老年人住房费用给予特别补充津贴。

4. 医疗保险。医疗保险是与人人相关的全国性的一项社会保险事业，也是瑞典政府特别重视的一项保险制度。就医疗机构的设置来说，瑞典已在全国形成了由中央到地方以至基层的医疗机构网络。就医办法是，每个居民均按居住地区到指定的医疗单位就诊。根据规定，政府向全国居民和入境外籍居民提供医疗保险。国家负担住院病人两年以内

的全部医疗费。医药费用的来源由居民交纳的医药保险税承担。此外,还有病休津贴和工伤保险。病休津贴是对生病职工因为不能上班所受工薪收入损失给予的现金补助。工伤保险有医疗费补助、伤病津贴、终身津贴、死亡抚恤金等。不论是雇员还是雇主,只要因工负伤,均可享受工伤保险,使损失的收入得到补偿,一般工伤者可以得到原来的收入水平的补助。

5. 其他各种社会福利设施。瑞典的社会保障制度,除了以上各主要项目外,还有其他若干福利设施,如学生奖学金、护婴家长津贴、子女抚养补助等。

瑞典的社会福利保障制度,在一定意义上对广大劳动群众的生活是有利的,但是这种"从摇篮到坟墓"的福利政策也有很严重的后果。首先,庞大的社会福利设施必然伴随着庞大的社会福利支出和高额消费,其数额之大超过了国民经济正常的承受能力。其次,公共支出增长的速度超过了国民生产总值的增长速度,从而公共开支所占 GNP 的比重不断增大。因此,尽管政府征收过度的高额税收,但仍入不敷出,财政赤字不断增加。在庞大赤字面前,不可避免地要靠发行钞票来渡过难关,从而会更直接地引发通货膨胀。再次,瑞典的高福利、高消费、高税收、高赤字、高通胀政策,最后的结果就是生产增长率下降。随着生产滑坡,经济不振,失业人数也就增加了。最后,由于高福利政策的刺激,留在工作岗位上的职工生产积极性也没有充分发挥出来,出现了缺勤、怠工现象普遍而严重的局面,这些情况是摆在瑞典政府面前的一大难题。

五、日本政府导向型市场经济模式

日本是个后起的资本主义国家,20世纪50年代以后,日本的经济开始腾飞,至今已成为世界第三经济大国。日本经济的高速发展,反映了日本市场机制和行政干预的结合,即政府导向型的市场经济体制的成功。

政府导向型的市场经济体制的主要内容是:以私人企业制度为基础,资源按市场经济原则进行配置,政府以强有力的计划和产业政策对宏观经济运行实行导向,以达到经济发展的预期目标。日本经济体制模式最大的特点是:政府在对经济的宏观调节中,比其他资本主义国家更多而且更有效地运用了计划手段,并实施了卓有成效的产业政策。具体表现在下列几方面:

(一)实施经济计划为企业决策作导向

日本政府导向型的市场经济是以私人企业制度为基础的,私营企业是日本经济的支柱。在市场经济中,社会资源配置的决策是由无数企业做出的。但从体制角度来看,企业自主做出的决策已经包含了大量政府指导的因素,政府制订的经济计划在其中起了重要的作用。

日本政府的经济计划是指导性的,其目的是指明经济的走向,向企业界提供可靠的消息，表明政府的政策主张，协调各方利益关系，力求达成各界认识上的统一。

经济计划大体上有三种：一是中长期计划。计划期一般为 5~7 年，个别为 10 年。主要提出计划期间所要达到的经济目标以及所采取的政策手段，并对计划要达到的各项发展指标做出科学预测。二是年度经济计划。这类计划主要提出狭义年度政府的重要经济目标，通常被作为政府编制预算、安排各方面工作的依据。这两类计划，都是由总理府经济企划厅负责制订的。三是国土开发和地区开发计划。主要对综合开发利用土地作全面指导。制订这类计划的目的是解决经济发展中出现的地区差距过大、地区发展不平衡等问题。

日本的经济计划按其性质可分为两类：一类是专门为公共部门的经济活动编制的带指令性的计划，如财政投资贷款计划、公共事业计划等。另一类是专门为民间经济部门制订的经济计划，是指导性计划。如前面所述的三种计划基本上都是指导性计划，一般不具有法律的强制性，但这类计划具有强有力的指导作用。其原因是：第一，计划中表明的政府政策走向和预测的经济指标，对企业经济决策有很大的参考价值。第二，计划中比较重视决策的民主化和合理化。一般情况下，计划是通过官民合一的审议会制订的。审议会是由经政府任命的学术界、企业界、舆论界及群众团体的知名人士组成的。在计划制订过程中，政府和民间充分协商交流，从而使制订的计划更具有科学性，在实施中对企业有更大的指导力。第三，计划是以强有力的经济手段为基础的。为确保计划目标的实现，政府辅之以奖惩的经济措施。按不同企业执行计划的情况给予不同的奖励，如政府奖给有关企业财政补贴、低息贷款或是减税等好处；反之，则可能受到政府的经济制裁。因此，每当政府有关经济计划一出台，各私营企业纷纷自行调整自身的投资方向、经营方针，这就说明了政府经济计划对企业经营决策产生着不可低估的指导作用。

（二）产业政策在宏观经济调控中发挥重要作用

卓有成效的产业政策，是日本政府宏观经济调控中发挥指导作用的又一个有效的工具。产业政策是日本经济政策的核心。政府根据不同时期的经济发展目标，及时调整产业结构来引导和加速产业结构的合理化。同时，从产业结构和产业组织两方面，向社会各部门分别指出属于需要扶持的、加强的或是调整的产业部门的范围，以对社会经济运行作明确的指导。

恢复时期产业政策的方向是挽救当时濒临崩溃的经济并使它向市场经济过渡。当时产业政策的要点之一就是为重振日本工业，实行倾斜式的政策，扶持煤炭、钢铁两大基础产业。倾斜式的扶持政策体现在：在当时资金极度匮乏的条件下，优先将大量资金注入这两大基础产业；在产业组织方面允许这两大产业部门、企业采取共同行动而不受反垄断法的限制。

20 世纪 50 年代后期，日本经济步入高速增长时期，政府的产业政策在这一过程中发挥了积极的作用。当时政府产业政策的要点是：第一，加强政府与从事支柱产业的企业间的恳谈制度，协调企业的设备投资，推动产业结构的调整。第二，政府规定有关法规，促进中小企业改善结构。第三，改善金融制度，对汽车、化纤、有色金属等支柱产业给予金融政策上的优惠。第四，推行产业税制政策，其目的是通过对企业合并给予税收上的优惠，来促进产业结构的改善。第五，实行产业技术政策，增强企业技术开发能力，对民间的重大技术开发项目提供政府补助金等。上述各项政策中，政府通过银行提供长期低息贷款或是政府通过给予税收上的优惠来扶持重点基础产业是较为典型的政策。如20世纪50年代，银行对电力、海运、钢铁和煤炭四大基础产业重点贷款。贷款数占其全部贷款量的85%左右；60年代中期，贷款重点转向电子计算机等新兴产业和船舶、成套设备等出口产业。庞大的长期低息贷款，有力地扶植了新兴的、重点的产业部门，这对促进日本工业的迅速发展，起到了极其重要的作用。

20世纪70~80年代，日本政府的产业政策为适应新的国际环境有了较大的调整。其主要特点是：在产业结构政策方面，除了鼓励传统产业向新兴产业转换以外，还重点促进了防止公害产业部门的设立。70年代中期，面对世界性的石油危机，在日本政府的产业政策中，对能源替代产业的发展给予了更多的优惠。80年代，日本出现了巨额外贸顺差，日本政府对此又采取了以内需代替外需的国际协调型产业政策。

日本政府历来把产业政策放在宏观调控经济的首要地位，重视随着不同时期经济发展的现状和目标来调整产业结构，日本经济从50年代后期开始高速增长，证实了日本政府以产业政策为调控经济运行的主要手段是卓有成效的。

第三节 转向什么样的市场经济

一、现代市场经济是国家干预的市场经济

早在200多年前，亚当·斯密就已经指出，市场像一只"看不见的手"引导经济发展。在市场经济条件下，大多数经济决策都是在价格机制作用下决定的，市场价格起着信号的作用。企业生产什么、如何生产、生产多少，完全取决于企业对信号做出的反应。企业灵敏地对信号做出反应必须遵循几个条件：第一，价格要依据市场供给和需求关系自由波动，而不是由政府机构和官员任意制定。第二，企业必须拥有获取利润的动机，也就是说，产权应当是清晰的，公司或企业应当是归私人所有的，他们可以获取利润并对损失承担责任；否则，公司或企业是不会关心价格涨落的。第三，应当存在生产者竞争。如果市场上不存在同类产品的竞争者，那么该种产品就会形成垄断，垄断者是不会对市场信号做出反应的。因此，只有打破垄断，才会有竞争，竞争者都会对市场需求的变化做出及时的反应。由此看来，灵活的价格、私有产权和竞争是市场经济的核心。

实行市场经济，就是要放开竞争，就是要使企业自由安排自己的生产经营。在市场经济条件下，由于企业间的竞争会出现无序竞争、过度竞争、恶性竞争，因此造成了过高的竞争成本。同时，在市场经济运行中客观上也存在着降低竞争成本的机制，即合作。竞争与合作相配合，便可降低竞争成本。古典学派的代表人物亚当·斯密所描述的市场这只"看不见的手"就是起组织和协调的作用。市场调节面对的是各个追求自身利益的竞争者，市场调节的功能是对各个竞争者的活动进行协调，从而在各个竞争者之间建立起一定的合作关系，达到资源在各个竞争者之间最佳配置的目标。市场制度实际上是对竞争和合作的一种制度安排，如新自由主义的代表人物弗里德曼所说："价格制度使人们在他们生活的某个方面和平地合作，而每个人在所有其他方面则是各行其是。"在市场制度下，卖者和买者之间的交易是自愿的，交易的双方都有好处。在这种市场上出现的价格能够协调千百万人的活动，人们各自谋求自身利益，却使每个人都受益，这就是市场的协调作用。这种协调作用形成了市场机制自我调节的神话：（1）供给为自己创造需求，市场经济不会发生需求不足的经济危机；（2）市场经济有趋于充分就业均衡的自然倾向；（3）利息率能调节储蓄和投资达到均衡，政府不应干预生产资源的配置。

1929年发生的席卷资本主义世界的经济危机，打破了市场经济的神话。现代经济学认为，完全竞争的市场是一种抽象，市场的调节功能是以完全竞争的市场为假设前提和分析的出发点的。而在现实中，这种完全竞争的市场是不存在的，特别是随着资本主义自由竞争阶段向垄断阶段的发展，使得建立在完全竞争基础上的市场理论与实际情况不符，不完全竞争才是现实市场的常态。正如萨缪尔森所言："一旦抛弃了完全竞争，那个推断自由放任的作用很可能导致以最有效率的方式来满足需要，'看不见的手'的原理就不复存在。"因此，古典学派和新古典学派所描述的市场经济实际上是市场经济发展的早期阶段。现代市场经济与早期的市场经济尽管在有些规则上是一致的，但在许多方面已有新的变化，现代市场经济是国家干预的市场经济。

二、经济转型的目标是现代市场经济

从高度集中的计划经济向市场经济过渡，是要解决资源由市场而不是由政府配置的问题。这是否意味着放弃国家对经济生活的干预呢？不是的。在现代市场经济中，政府干预经济活动的范围基本上同市场失灵的范围相适应。在向市场经济过渡中，不是要降低政府的经济作用，而是要转变政府的经济职能，使政府经济职能处在恰当的位置上，这是非常重要的一个问题。

从计划经济体制向市场经济体制转型必然要求政府职能发生相应的转变，但是在转型过程中各国对政府职能转变的认识是有差异的。"激进"转型国家的官方和学术界存在一种普遍倾向，即认为过去之所以把经济搞得半死不活，就是因为在经济生活中，事无巨细全由政府包揽,指令性计划被认为是当然的法律,谁也不能更改。因此,他们把政府视为经济和社会危机的元凶并在经济转型过程中听取了西方某些经济学家关于"政府离经济越远越好"的建议,骤然取消或大大削弱了政府的经济管理职能。其结果是,从"休克疗法"一开始,各国政府职能就被排除在经济活动之外,不法商人和黑社会成员乘虚而入,大肆侵吞国家财富,加重了经济转型的难度。由于政府职能的取消或减弱,无法保持本国经济利益,西方产品源源不断地涌入并占领本国市场,因此几年间便出现巨额贸易逆差。这对资金短缺、经济持续下降的国民经济而言更是火上浇油。经济不佳又导致政局动荡,反过来又恶化经济,政治斗争在各国此起彼伏,民族矛盾加剧直至引发战争,将多年的经济成果毁于一旦。

与之相反,中国的经济改革是在政府主导下进行的一场经济转型。它体现在中国的经济改革一直是在中国共产党和中国政府领导之下有步骤有秩序地进行。为了能够充分利用已有的组织资源,保持制度变迁过程中社会的相对稳定和新旧制度有效衔接,对改革的出台时机、步骤的把握、利弊的权衡、变迁过程的调整,政府都起着决定性的组织和领导作用,它使得中国的经济转型虽然有一些起伏,但能够持续稳健地进行下去。

从上述的比较可以看出,在经济转型过程中,作为经济改革的设计者和主要推动力量的政府对经济转型的顺利实施起着不可或缺的作用。政府的宏观经济管理职能不仅不应当削弱,反而应当加强。当然,强调政府在经济转型中的作用并非让政府坚持原来的计划经济管理模式,而是要使政府转变职能,成为适应市场经济发展要求的宏观调节者。

三、经济转型的理想目标

清楚地勾勒出转型国家的基本目标,在理论上和实践上都有着重要的意义。1996年世界银行发展报告《从计划到市场》提出经济转型的长期目标是"建立一种能使生活水平长期得到提高的繁荣的市场经济",并认为只有当"转型中的问题逐步转化为成熟市场经济中的正常问题"时,转型的进程才算完成。许多转型国家也都表达了类似的强烈愿望。如捷克的克劳斯提出,后转型时期应该是自由进入政坛、建立私人所有制基础和政府权限受到限制的成熟的市场经济。马其顿经济学家K.博戈耶夫认为:经济转型的最终目标是"从中央计划管理的公有制占主导地位的社会主义制度转变或变成市场经济的和私有制占主导地位的社会制度"。可见,打破旧的体制,建立新的体制,由传统的计划经济体制走向市场经济体制是转型国家经济转型的最终目标。

一些经济学家指出,转型国家转型已有十余个年头,但转型后要到达的终点是什么,至今仍无明确的说法,只有"市场经济"这样一个模糊的概念,因而影响它们制定正确的战略方针。

已经有经济学家开始关注转型的基本目标问题，他们认为给转型要走向的经济和社会制度冠以什么名称并不重要，但它应当是一种既优于传统社会主义又优于发达资本主义国家现有制度的经济和社会制度。这一制度应有以下基本要点：

第一，这一制度要保证一切活动的经济效益有大幅度的提高。欧洲社会主义国家在20世纪70年代和80年代都出现经济效益不高、甚至下降的现象。要改变这种情况，必须进行产业和部门的结构改造，跟踪当代科技进步的新动向，重视经济生活的信息化，以提高本国人力、技术、物资及财产资源的利用水平。

还要对所有制和经济关系进行改造，使产权主体多元化，这将激发公民对于企业活动的积极性和责任感，关注经济活动成果。

第二，这一制度应使一切经济活动的参与者和全体公民得到尽量公正的待遇，在这方面，应该保留社会主义时期的一些公正因素，特别是确保一切有劳动能力的公民有劳动的权利和义务，保证公民在受教育以及文化和保健等方面的权利；同时，要消除有关经济成果分配和公民收入等方面的平均主义倾向。

转型国家需要引进发达资本主义的这一公正原则，即一切参与经济活动的人员（所有者与雇员，买者与卖者，贷款人与债务人），均根据其活动的成果获得收入。按照这一原则，公民在取得同等经济成果的情况下，所获得的收入也大致相同。这不仅保证了公正，而且还能促使他们关注经济成果。

第三，这一制度应在符合生态要求的条件下取得经济效益，从而确保合理利用现有自然资源，并在此基础上实现经济的可持续发展。在这方面，前社会主义国家降低能源和原材料消耗已成为极其迫切要解决的问题。这些国家的高消耗造成了自然资源的极大浪费，严重影响着经济活动的效益。1992年，中东欧前社会主义国家为取得1美元的国民生产总值而消耗的一次能源，与德国相比要大得多：匈牙利为4倍，波兰为6.1倍，罗马尼亚约为10倍，保加利亚为10.8倍。同时，这些国家还需要特别注意防范和治理自然环境的污染问题，保持人类不可缺少的资源（空气、水、土）的质量。

第四，这一制度必须具备高效运转的特点。这就是说，每个转型国家都要建立并实际运用一种以市场为中心、尊重市场经济客观规律、国家适当参与经济和社会生活的经济体制，从而使经济和社会生活有组织、自觉地开展。当然，转型国家应当采用的经济体制必须是当今发达资本主义国家存在的那种类型，是现代的市场经济模式，而不是这些国家曾经采用的那种类型。高效运转的体制还必将对实现这一经济社会制度的其他特点产生积极影响，如提高经济效益、确保社会公正等。

转型国家应将传统体制时期积累下来的积极因素同发达市场经济国家发展进程中出现的积极因素结合在一起，消除传统体制所造成的消极因素，避免吸收当代资本主义表现出的消极因素，完全有可能在转型国家建立起符合现代市场经济要求的也符合各自国情的市场经济模式。

第四章 经济转型方式的优化和模式比较

从经济转型的方式来看，可以分为"激进式"转型与"渐进式"转型两种。前者主要是苏联和东欧各国采用的转型方式，它试图在短期内快速、彻底地摧毁计划经济体制的各项制度安排，然后通过一整套激进的转型措施（如财产私有化、经济自由化以及宏观经济稳定化）迅速建立起市场经济的制度框架，从而实现从计划到市场的一步跨越，因而也被称作"休克疗法"或"大爆炸"（BigBang）；后者则为中国和越南采用，它体现出一种相对谨慎的态度，即在暂时不破坏旧体制的条件下，通过培植新体制因素，以达到体制的转换，从而最终过渡到市场经济。两种不同的经济转型方式引发了不同的转型路径和经济绩效的差异。

第一节 经济转型的休克疗法

一、休克疗法的理论和方案

（一）"休克疗法"的由来

所谓"休克疗法"，本来是医学上临床使用的治疗方法。其原意是：像治病一样对病体注入大剂量药物，杀死有病毒细胞，使健康细胞处于休克状态，然后复苏，使病人逐渐康复；后来被移植用于治疗经济"综合征"——通货膨胀。这种方法的基本出发点是：以严厉的金融财政政策和压缩消费的手段，强行弥合总供给与总需求之间的缺口，达到遏制恶性通货膨胀的目标。因为上述措施具有强烈的冲击性，整个经济和社会在短期内受到极大震荡，甚至处于"休克状态"，所以人们借医学上的"休克疗法"加以类比。"休克疗法"的主攻方向很明确，即遏制通货膨胀，创造比较稳定的经济环境，而它本身并不直接解决经济体制转型的问题。但俄罗斯、东欧国家的"休克疗法"却肩负着上述双重使命。

提起"休克疗法"，人们自然会想起它的倡导者，他就是20世纪80年代中期声名鹊起的美国经济学家萨克斯。萨克斯出生于1954年，18岁就读于美国哈佛大学，1980

年以优异成绩通过博士论文,获得博士学位。80年代中期起,一些发展中国家受高通货膨胀和巨额外债双重的困扰,经济陷入极度混乱的危机之中。此时萨克斯怀才得遇良机,开始施展自己的才能和检验自己的学识。1985年他受聘于拉丁美洲的玻利维亚政府,出任该国的总统顾问。针对玻利维亚的现实情况,萨克斯根据货币主义理论制定了一个"激进的稳定经济纲领"。这一纲领的主导思想是,对通货膨胀特别是恶性通货膨胀,采取"快刀斩乱麻"的办法,即以"休克疗法"坚决加以制止,结果这一套激进的反通货膨胀政策成功地遏制了该国的通货膨胀,使通货膨胀率从1985年的天文数字降至1987年的15%,创造了玻利维亚的经济奇迹。玻利维亚实施这一纲领取得的成功,不仅使萨克斯一鸣惊人,而且使他倡导的"休克疗法"更具吸引力。苏联及东欧国家的社会经济体制发生剧变后,萨克斯教授来到华沙,向当时的波兰政府推销其政策,建议波兰政府实行"休克疗法"。这时的"休克疗法"已经具有了和原来不同的含义,即主要不是治理通货膨胀,而是以推进计划经济向市场经济过渡为目的。当时的波兰副总理兼财政部长巴尔采罗维奇采纳了他的方案,并付诸实践。在此之后,独联体的一些国家和多数东欧国家纷纷效仿。从此,"休克疗法"在苏东地区可谓大行其道。

(二) "休克疗法"的理论和方案

"休克疗法"是在新古典经济学指导下所实施的一种激进的转型方式。大致有以下几点理由可以作为这一方式的理论支持。

1. 转型是一种涉及制度、体制和机制转变的全面改革,它们是相互联系、相互制约的,局部的、零碎的改革是不起作用的,甚至会起反作用。

2. 转型过程是利益的重新分配过程。为了避免处于收缩部分的既得利益集团的阻力,必须实行足够迅速的并且是根本性的变革,以形成支持新体制的既得利益集团,它比原来的既得利益集团要更强大。

3. 转型是规则的再造。新的游戏规则必须尽可能迅速、清晰、规范地建立起来,填补因旧体制消失而产生的制度真空,以避免不确定性、不一致性和社会经济的混乱。

4. 市场力量必须规避官僚政治。局部改革使得新旧体制并存,摩擦与冲突增强,经济租金范围日益扩大,导致寻租活动盛行,乃至产生权钱交易,腐败滋生。

5. 剧变后新政府应充分利用选民给予的一段短暂的时间尽可能快地采取有效措施树立形象,并使变革过程不可逆转。

在这种理论的指导下,"休克疗法"制定出一套相互支持的政策方案,作为激进转型国家的指导纲领。这一纲领的主要措施和方案是:

第一,采取严格紧缩的货币财政政策,严格控制社会的货币信贷规模,削减政府补贴,减少财政赤字,以此抑制社会总需求,强制地消除总供给和总需求之间的缺口,并以此遏制通货膨胀的发展。

第二，私人产权必须得到确立，否则企业不可能对市场信号做出正确的反应。具体的政策含义是，原计划经济中的传统国有生产部门必须大规模关闭，转型过程中要建立以私有制为基础的混合经济。

第三，增长要通过使价格信号变得正确才能达到。根据主流经济学的逻辑，除非价格能自由地对市场供给与需求做出相应调整，否则市场将不会发展起来，对于原计划经济国家，价格的完全自由化是重要的。

第四，要与世界经济充分一体化，否则经济发展将会受到梗阻。与世界经济的一体化意味着尽快在外汇和贸易方面与世界市场接轨，汇率要迅速调整到市场水平，大多数部门要加入世界市场的竞争。总之，要实现货币自由兑换，取消对外贸易限制，建立自由贸易体制。

由上可见，休克疗法是围绕着三个核心内容设计的，即稳定宏观经济、经济自由化和产权私有化。三者之间，稳定宏观经济是必要条件，产权私有化是基础，而经济自由化是核心。三者构成一套完整的体系。

"休克疗法"实际上将经济转型看作是一项"社会工程"，这项工程的建设思路就是快速而彻底地推倒旧制度的藩篱（计划经济体制的各项制度安排），然后在旧制度的废墟上迅速而果断地建立起市场经济的高楼大厦。因此，激进式转型的设计者们像工程师一样事先为经济转型规划出一整套包括主要构成要件（如市场化、私有化和政治变革等）的宏伟蓝图，然后按图索骥，进行转型。这种转型方式的轨迹可以归纳为：确立目标模式—制作蓝图—选择路径—列出步骤—具体推行，这种思路透出一种浓重的理性主义气息，即认为人的理性是强大的，它可以预先为人类规划出美好的未来，准确无误地指导人类实施社会制度的变革。当然，理性主义有其积极的一面，但是如果它被推崇到极致就会演变成一种傲慢的唯理论，它否认人类理性具有一定的界限，忽视了客观世界的复杂程度和不确定性，从而只能凭借"伟大的理性头脑"幻想出一些脱离实际的"乌托邦"式的社会规划，结果不但不能正确指导人类的社会变迁，反而带来巨大的社会灾难，这就是哈耶克所说的"理性的自负"。从"休克疗法"的实施效果与原来设想间的巨大差异，我们不难看出这一点。

二、选择休克疗法的原因与结果

（一）选择休克疗法的原因

苏联和东欧各国在经济转型初期纷纷选择"休克疗法"作为本国的转型方式是有一定原因的，其中既有历史和现实的客观因素，也有人们主观认识上的偏差。

目前社会主义国家历史上曾经采取的局部的、渐进式改革的失败，使人们对渐进式改革失去了信心，这是采取"休克疗法"的历史原因。

传统的计划经济体制在社会主义经济发展的历史上曾经起过积极的作用,它在短期内促进了社会主义国家经济的快速增长,加速了国家工业化进程。但是,随着经济与社会的发展,计划经济体制内在的矛盾不断激化,弊端日益显露,形成了难以医治的制度危机。为了缓解这种危机,经济转型国家在历史上曾经采取过局部的改革,如20世纪50年代南斯拉夫的"自治社会主义",60年代苏联的柯西金改革以及波兰和匈牙利的行政分权性质的改革。尽管各国改革的内容各不相同,改革的步伐有快有慢,但都是围绕着如何在社会主义制度中发展商品关系和发挥市场的作用而展开的,社会主义国家的经济改革虽然从50年代开始就断断续续地进行,但是,这些改革都只是在计划经济体制的旧框架内做相当次要的修改,而未能触动计划经济体制的根本,因而收效甚微。到80年代,许多社会主义国家(如苏联和东欧的一些国家)的经济基本上处于停滞状态。与此同时,广大民众对旧体制的不满日益加重,而国家的领导层在经济体制局部改革无效、经济发展不断恶化的形势下也产生了彻底与旧体制决裂的愿望,因而伴随着苏联和东欧的政治剧变,各国也在经济上采取了激进的转型方式,这在很大程度上是对无效的渐进改革所作出的一种回应。

2. 转型前严峻的宏观经济形势迫使这些国家痛下决心,实行激进式转型,这是苏东各国采用"休克疗法"的现实原因。

如前所述,计划经济体制积重难返,局部的经济改革又收效甚微,结果导致苏联和东欧各国的宏观经济形势严重恶化。主要体现为:

(1)经济增长率低,国民经济基本处于停滞状态;

(2)经济结构严重扭曲:国有制在所有制结构中占绝对优势,对私有制严加排斥,产业结构中收益不高的重工业部门过于庞大.对外贸易严重依赖经互会;

(3)宏观经济严重失衡:价格体系高度扭曲,通货膨胀居高不下、国外债务负担沉重。

严峻的宏观经济形势又引发了各国的政治动荡,各国共产党政府纷纷倒台,由激进的自由派组成的政府取代。与此同时,在苏联等国家,民族矛盾日益激化,国家分离主义势力日趋强大,各加盟共和国纷纷脱离联邦宣布独立。这一切都使得苏联和东欧各国缺乏一个较为稳定的政治经济环境,难以给予政府一定的时间和机会去实施相对缓和的改革。

3. 苏联和东欧各国是在作为主流的新古典经济学指导下进行经济转型的。新古典经济学采用的是一种静态或比较静态的分析方法,在制度因素既定的条件下来研究市场经济运作的一般规律。它并没有研究各种经济体制的生成和进化,也忽视了市场经济的演化具有一定的历史性、连续性的特征,因而认为,只要采取一种全面推进的、迅速而彻底的激进战略就可以迅速建立起西方发达国家的自由市场经济模式。这可以说是苏联、东欧各国采用"休克疗法"的主观因素。

萨克斯就曾明言，东欧国家从中央计划经济向市场经济的转变，应当采取果敢而迅速的行动实行一步到位的激进的转型战略。在他看来，所以要采取这种转型战略，主要原因有四个：

第一，经济改革是一个严密的网络，牵一发而动全身，局部的改革不会收到预期的效果，因为总体改革中的每个局部都对其他部分起推动作用。因此，宏观经济和微观经济的改革必须配套进行。

第二，这种转型战略可以削弱庞大的行政体系的主力，在整个东欧，庞大的行政体系仍然存在，并继续对微观经济进行干预。新政府既不能改变其方向，也不能取而代之。解决的方法是，通过市场的力量发挥作用，以避开行政体系。

第三，就体制转型中的产业调整规模而言，也需要实行这种转型战略。在调整中，一些部门特别是受保护的重工业部门必然要收缩，而其他部门和服务业以及住房建设必须加速发展。这些变化无疑是必要的，从长期看也是有益的，但在实行中会遭到利益集团的反对和抑制。因此，在改革初期，确立自由贸易、货币可兑换性和自由经营的原则是至关重要的。

第四，一些东欧国家如波兰、南斯拉夫经济形势严峻，特别是持续的恶性通货膨胀，需要迅速实行体制转型。以往，阿根廷、巴西、秘鲁以渐进的方式制止通货膨胀，被证明是失败的。

除了上述四个原因之外，由于经济转型需要来自西方国家和国际经济组织的经济援助，而采取"休克疗法"则是获得这些援助的先决条件，这在一定程度上也促成了激进的转型方式在苏联和东欧各国的实施。

（二）选择休克疗法的结果

"休克疗法"的实施并未像它的设计者想象的那样，即转型国家的经济只需要经历一个短暂的下滑期就可以伴随新体制的建立和逐步完善而得到恢复，从而呈现出经济增长的 U 形曲线效应。相反，激进转型国家在"休克疗法"的严重冲击下，经济增长率陡然下降，并陷入了一种持久的深度衰退之中，从而呈现出一种"L"形的经济增长轨迹。其结果是实行"休克疗法"的各国不得不被严重的经济衰退、失业增加、通货膨胀、收入不平等扩大等现象困扰。下面我们具体从三个方面来看选择"休克疗法"的结果。

1. 新的区域性大萧条

从 1990 年起，苏东各国经济开始衰退，多数国家国内生产总值大幅度下降，出现负增长。各国经济跌至谷底的年份和累计的降幅如下：俄罗斯 1994 年为 39%，波兰 1991 年为 19.7%，捷克、罗马尼亚和阿尔巴尼亚 1992 年分别为 21.8%、32.1% 和 46.8%，匈牙利、斯洛伐克和保加利亚 1993 年分别为 20.3%、27.7%、和 27.1%。

经过几年衰退后，各国经济缓慢回升。除俄罗斯、罗马尼亚外，各国从 1992 年起经济下滑速度放缓。波兰则首先扭转下滑的状态，国内生产总值实现 2.4% 的增长。到 1993 年，其余一些国家也实现了低速增长。但是 1996 年—1997 年各国在经济发展中出现了显著的差别，相互的差距拉大，中欧各国以不同的速度增长。到 1997 年波兰率先恢复到 1989 年的水平，而东南欧各国又一次出现负增长。保加利亚两年连续大滑坡，物价飞涨，经济发生严重困难。对罗马尼亚来说，1997 年也是艰难的一年。该国的《经济论坛》在发表国家计委的经济年度报告时评论说，这对绝大多数居民来说是极其痛苦的总结。阿尔巴尼亚在这一年的情况最糟，这反映出过渡经济国家的经济脆弱性。

2. 天文数字型的通货膨胀

剧变后，各国先后实现经济转型，首先拿物价开刀，逐步放开大部分商品价格；同时，国家财政收入锐减、中央银行不得不超额发行货币以弥补预算赤字，加之各国消费品短缺，求大于供。这几种因素同时在起作用，致使物价如脱缰之马，节节攀升，出现了恶性通货膨胀现象。波兰 1990 年物价比上年竟上涨 385.8%，创当时各国之最。保加利亚和阿尔巴尼亚也先后上涨至 338.5% 和 226%，而罗马尼亚从 1991 年起，通货膨胀连续几年都保持三位数。

自 1992 年以来，在多数情况下，大部分国家的通货膨胀率逐步回落到两位数，少数年份回落到一位数。近两年保加利亚和罗马尼亚物价回落出现反复。保加利亚 1996 年比上年上涨一倍，达 123%，1997 年更是高得惊人，上涨 8.8 倍，达 1082.6%。中欧四国八年来的通货膨胀率基本上是由高到低，逐步回落，而生产在多数年份则逐步回升，显示出它们的经济状况在不断改善；东南欧三国八年来通货膨胀率的走向是一低一高，而生产的走向是下滑一回升一再下滑，显示出它们的经济状况不佳。

3. 失业问题严重

各国的经济转型和由此引起的经济衰退以及出口的减少，促使各国失业大军的形成。失业成了一个严重的经济和社会问题。其中波兰、保加利亚从 1991 年起，匈牙利、斯洛伐克和阿尔巴尼亚从 1992 年到 1997 年，五国失业率均高达两位数，阿尔巴尼亚 1993 年失业率竟高达 32.5%，足见其失业问题的严重性。这些国家要真正解决失业问题是相当困难的。波兰从 1992 年起生产开始回升，但它当年的失业率却比上一年增加了四个百分点，达 15.5%，以后三年生产回升加快，但失业率仍居高不下。其他国家情况也类似。波兰学者对经济转型国家的失业特点做了如下概括：地域分布广泛、年轻人失业比例高、长期性失业人数多。

三、对休克疗法的评析

"休克疗法"之所以在经济转型过程中没有达到预期的效果，是因为既有指导思想上的误区，也有实际操作过程中出现的偏差。

从休克疗法的指导思想来看，其中存在着很多不合理因素：首先，我们认为，单从经济体制而言，转型国家的原计划模式从20世纪50年代开始，都曾经历了各种各样的改革尝试，因此，原有体制中的某些合理或相对合理的成分应该成为全面转型的基础和起点。但是，"休克疗法"把转型的起点人为地确定在经济制度的废墟上，对已存在了几十年历史的传统体制视而不见，这在思想逻辑上是不合情理的，必然会存在很大的缺陷。其次，用"深渊不能分两步跨过"作为支持"休克疗法"的论据是缺乏说服力的，它完全忽略了修建一座桥梁，要采取一些过渡性的制度安排去跨越制度"鸿沟"的可能性。再次，"休克疗法"这一战略实际上也不可能被真正实行。因为市场不是一对抽象的供给和需求曲线，而是一种制度，市场是通过一系列规则和惯例发挥作用的，在经济改革中，这套规则和惯例不仅要靠设计，更需要发展和成长，大爆炸的变革可以迅速废除旧的规则和惯例，却不能一下子建立新的体制。转型的措施有些可以迅速实施，有些则是必须逐步实施的。最后，"休克疗法"没有考虑到经济转型的社会成本，突然的自由放任会产生巨大的社会成本并会引起公众的强烈抵制，公众不愿以眼前短期的牺牲去换取仍然看不清也摸不到的将来的收益。

从实践方面来看，"休克疗法"在实际操作过程中存在着偏差，以致与预想的效果大相径庭。

1. 激进的财产私有化政策原本打算迅速造就一个广泛的财产所有者阶层，并通过产权变革建立起一套适应市场经济需要的有效企业治理结构，但在实际操作过程中却产生了严重的社会不公平，以及无效的企业治理结构。

（1）在传统计划经济体制下，原社会主义国家形成了庞大的国有资产存量，在转型过程中如何对这些数量庞大的国有资产进行私有化就成了各经济转型国家的首要课题。由于本国居民手中的购买力有限，因而外资购买一方面被强烈的民族主义情绪排斥，另一方面鉴于许多转型国家混乱的政治经济环境，国外投资者也保持一种极为谨慎的态度。因此，为了加快私有化步伐，一些国家（如俄罗斯和捷克）采取了"大众私有化"的激进方案，即通过股权认购证或投资券的形式，无偿或象征性地收取少量费用，将国有资产平均分配给本国居民，以图迅速实现"起点平等"的财产分配格局，然后通过资本市场的产权交易实现资本的有效集中。但是，在"大众私有化"实施的过程中存在着两个问题：一是平均分配的私有化方式导致了企业所有权高度分散，使得公司治理结构软弱无力；而资本市场的发育迟缓又阻碍了资本向有能力的经营管理者手中集中的趋势，结果被"大众私有化"了的企业迟迟不能建立起有效的公司治理结构，延缓了企业经营状况的改善乃至整个经济的复苏。二是在"大众私有化"过程中，企业的经理和内部员工相互勾结形成的既得利益集团把持了企业的大多数股份，他们极力排斥来自外部的投资者对企业进行收购和改组，结果导致了严重的内部人为控制的局面。企业经理控制企业的目的并不是增加投资、引进设备和发展生产，而是想方设法地将企业财产转入自己名下，而企业职工与经理勾结也不过是想避免被解雇的命运以及继续保有原先所享受的福利待遇，这些都无助于企业经营管理的改善。

（2）在一些转型国家，计划经济体制下形成的特权阶层在私有化过程中披着合法的外衣大肆侵吞国有资产，并勾结政府官僚获得各种垄断权力、结果形成了势力庞大的金融－工业寡头集团。例如，在俄罗斯货币私有化阶段的一个突出现象就是金融－工业寡头集团的兴起。这种寡头集团的兴起是在以盖达尔为代表的青年激进改革派"闯关"失败离开决策层后，由一些"稳健"的老经济学家和技术官僚大力提倡、国家大力支持，甚至往往就是由国家授权自上而下地组织起来的。这些在经济领域崛起的新贵与政府官员相勾结采取各种手段将"大众私有化"时期尚未化掉的大量国有资产据为己有。最为典型的就是通过"用贷款换股权"计划。有的经济学家还把它称为抵押拍卖私有化，在这个计划中，俄罗斯银行新贵向政府提供条件比较优惠的贷款，并以此为抵押索要盈利企业的股份。贷款期满后国家归还贷款，赎回股份，否则，银行有权将这部分股份拍卖。实际上，国家的财政状况根本无法偿还这笔债务，结果这个计划就变成实际私有化计划，只是售价更低廉。其次，国家中央银行还把预算拨款、税款"委托"权贵公司管理，受托者便可以利用国家款项进行投机与放贷。除此之外，国家还将国有企业与股份公司中的国有股以承包的方式交给作为"自己人"的寡头集团经营，结果在政府权力的扶植与保护下，金融－工业寡头集团成为控制国家经济生活的巨型经济组织。

金融－工业寡头集团的兴起严重阻碍了自由竞争的市场经济秩序，而且产生了大量的垄断、腐败等社会不公现象。亚夫林斯基曾说过："俄国建立的不是自由市场经济，而是'半犯罪特性的寡头统治'"，这种体制在苏联时期就已基本形成。在苏共垮台后，它只不过改换了门庭，就像蛇蜕皮一样。

2. 实行"休克疗法"的国家在经济自由化和宏观经济稳定化的决策中存在失误。

（1）在经济稳定与经济体制转型的关系上，将财政、信贷双紧与价格自由化视为既可达到经济稳定又可作为向市场经济转型的突破口，以为可收到一箭双雕之效。但是，结果却是使本已不稳定的经济更加不稳定。因为价格的放开是在没有完备的法律依据，没有充分的商品保障，没有健康的市场机制（尤其是竞争机制）没有可靠的社会保障体系等情况下匆忙推出的。价格放开后又未加监控、引导，因而价格似脱缰野马般狂涨。价格狂涨和紧缩银根的结果是连工资也发不出，再生产难以维持，生产必然下降，经济形势更加不稳。

（2）在稳定经济中只注意抑制需求而忽略增加有效供给，即没有兼顾财政与生产相互促进的关系。如俄罗斯推行"休克疗法"的关键性举措是抑制需求，而没有兼顾生产，采取有效措施制止生产下滑，使其回升，并增加供给以达到财政的积极平衡。这种财政片面优先而不顾生产的政策，不仅使生产下降，而且还使通货膨胀更为严重。

（3）在各方面考虑不周的情况下，推动通货膨胀的政策一起出台，加剧了经济混乱和通货膨胀。在价格放开的同时及其后不久推出的有以下几条措施：一是税制改革，重点又是将周转税改为增值税和消费税，这不仅导致征税范围扩大而且税负过重，而且使整个价格水平上升。二是信贷方面，由于不考虑原来金融市场发育不足、市场容量小的特点，而采取西方调控货币的公开市场业务的办法，结果弄巧成拙，更失去了信贷需求，扩大了通货膨胀。如果不考虑证券市场容量发行过量的国库券，为鼓励商业银行购买，允许其可以国库券作抵押获得贷款，那么，贷款数额扩大，将与初衷相悖。三是宣布职工工资不封顶。在价格放开后，物价猛涨，企业大幅度提高职工的工资。流动资金不足，就用贷款甚至变卖固定资产来支付工资，这样反过来推动了通货膨胀。四是私有化证券上市流通，成为变相货币，又加剧了通货膨胀。

3. 实施"休克疗法"的转型国家神话了市场这只"看不见的手"的作用，而放弃了国家对宏观经济的管理职能，结果导致了一系列严重的后果。俄罗斯和东欧国家在推行"休克疗法"时，政府采取了大撒手的做法，将企业一下子推向市场，使企业无所适从，不知如何组织产、供、销活动，为社会上一些骗子、走私犯、奸商提供了钻空子攫取暴利的机会，而企业的正常生产得不到保证；政府盲目推行自由贸易的外贸政策，放弃了对本国企业进行一定程度的保护，结果使企业缺乏国际竞争力，出口锐减，贸易逆差扩大，外国商品充斥本国市场，对国内企业造成严重冲击；政府放开价格后，原本认为扭曲的市场价格借助市场的力量会自然纠正过来而接近价值，可实际上却因为没有政府强有力的监控，处于垄断地位的生产者、中间商乘机涨价，推波助澜，使价格扶摇直上，比原来更扭曲，这就是放弃国家干预的结果。

4. 将西方援助当作"改革的动力"，而不是把改革的动力主要放在国内，挖掘国内的潜力，尤其是投资方面的主动性。西方国家在援助俄罗斯和东欧国家向市场经济迈进的过程中许了不少愿，然而却往往口惠而实不至。对俄罗斯和东欧国家的承诺多而兑现少。

第二节　经济转型的渐进式方法

与实行"休克疗法"的俄罗斯和东欧各国不同，中国在从计划经济向市场经济转型的过程中采取了一种较为稳妥、谨慎的转型方式……渐进式的转型方式。这种方式最初只被人们当作一种权宜之计而未引起理论界的充分重视，只是在激进转型方式造成严重后果之后，人们才逐渐开始从理论上对这种经济转型方式进行总结和探讨，并引起国内外经济理论界的广泛重视。本节就渐进式改革的若干问题做系统的阐述。

一、渐进式改革的理论和方案

（一）渐进式改革的含义

"渐进式"改革开始于传统的社会主义国家所寻求的对市场调节功能的有限度的利用，在经历了较长时期的探索后，最终走上了以建立市场经济为目标的体制变革道路。在"激进式"转型模式出现之前，人们并没有把这一实践称为"渐进模式"，只是到了苏联及东欧国家政治体制剧变之后，人们才注意到中国的转型方式与这些国家的差别，并把中国的转型称为"渐进式"转型。有时人们也把"渐进式"转型称为"中国式道路"。其实，除中国外，匈牙利、蒙古、中亚一些国家以及激进式转型改革失败后的罗马尼亚，采取的也是渐进改革。在这里，我们将渐进式改革定义为在暂时不破坏旧体制的条件下，通过培植新体制因素以达到体制切换目的，从而最终过渡到市场经济的一种方式。

（二）支持渐进式改革的理论

与体现"理性主义"精神的激进式改革不同，渐进式改革体现出一种"演进主义"和"经验主义"的特点。缪瑞尔认为，对渐进改革理论的支持来源于两个不同的理论派别：一是演进经济学，另一个是保守政治学。演进经济学的现代早期代表人物是舒伯特，最重要的发展是纳尔逊和温特。该理论强调实证经济分析，将信息问题置于核心地位。而保守政治学则是一个关于变迁的规范理论，它的代表人物有肖伯克、奥克肖特和波普。这两个流派的基本假设是相似的，它们具有相似的世界观。

演进经济学和保守政治学都把社会经济机制看成是一种信息加工手段，强调个人的局限性和社会秩序的复杂性；都集中注意社会如何有效地利用所掌握的知识和社会经济过程保存并增加社会现存的知识；都认为社会只能利用有限的信息逐步摸索前进。演进经济学认为，理解经济过程，必须承认参与选择的组织和个人都受信息不完全的约束。保守政治学认为，做出政治选择时，必须考虑到人们无力把握社会变革完整过程这一事实。

对于人类知识，这些理论有两个基本假设：一是有限理性假设；二是所谓"边学边干"假设。前者是由赫伯特·西蒙提出的，即"在意图上是理性的，但仅在有限程度上。如此也就是说人类的知识是有限度的，对客观世界的认识是不完备的，因而由具体的人构成的组织的功能也必然存在一个极限。"从经济学角度看，人和组织都不会是无限理性的，其经济行为仅是其有限信息量中的"理性"。从政治学角度看，人和组织是很难支持大规模的社会变革运动的，特别是社会结构的重大调整，因为他们原有的知识存量无法发挥效用。"边学边干"假设认为，人类的知识可以分为两类：一类是技术型知识，它可以用文字和语言来表达，有着一定的规则与程序，人们可以通过接受教育和阅读书籍来掌握它；另一类是实践型或个人型知识，它是无法"言传身教"的，获得它的唯一途径是每个人的身体力行。根据以上假设，保守政治学认为，乌托邦式的激烈变革之所以造成了大灾难，是因为忽视人的现有知识是在旧秩序下获得的，并构成寻找新秩序的基础。因此，一个社会的成就主要取决于它对外部条件做出反应和进行建设性社会变革的实力，对于经济系统来说，革新和适应是成功的关键。一个社会变革在很大程度上是由新结构代替旧结构以及新结构的实验与选择完成的。

渐进改革理论认为，经济和政治决策受到社会知识有限性的制约。如果这种知识是从过去继承来的，那么社会的个别组织和体制的行为会大量保存下来。因为社会经济进程非常复杂，社会的信息储备受到旧秩序的制约，决策者不能为新秩序设计一个固定的完美的变革蓝图，现有组织和体制的行为不可能迅速改变，改革必须接受组织的这些遗产，否则会导致经济的崩溃。渐进改革理论还认为，组织和个人缺乏适应新环境的知识，如果现存经济关系解体，原有知识资本被破坏，它们将花很大力气才能形成新的活动方法。因此必须让组织和个人对新的运行制度有一个学习的过程。在保守政治学看来，必须认清社会内部最紧迫的问题，并通过解决这些问题而不是重新设计整个制度来实现变革。

演进经济学和保守政治学都认为，对于正在过渡的国家而言，应该承认政府在转型过程中的重要作用，拥有一个具有权威的政府将是一个很大的优势，它可以防止生产急剧下滑，使计划经济顺利过渡到市场经济。

这里需要强调一点，上述支持渐进式改革的经济理论并非一开始就成为渐进改革设计者的指导思想，只是在渐进式改革相对于激进式改革取得很大成就的时候，人们才尝试着从理论上对这种特殊的经济社会变迁方式做出总结。在渐进改革初期，改革的设计者可以说并没有一个明确的统一指导思想，在很大程度上是一种经验主义的摸索，人们形象地将之比喻为"摸着石头过河"，在某种程度上许多政策的出台都具有试验性，并且准备好在实践的过程中根据客观环境的变化不断去调整改革的目标和路径。然而正是这种看似松散、零星的非系统的改革方式却在经济转型的过程中披荆斩棘，逐步探索出一条卓有成效的改革道路，这体现出人类社会发展的复杂性。

（三）渐进式改革的方案

渐进式改革的方案和措施主要有以下几点：

1. 对市场的利用是从传统的计划体制之外开始，逐步深入到传统计划体制的内部。从指导思想和社会发展过程来看，渐进式转型国家经历了从计划经济为主、市场调节为辅到有计划的商品经济，再到国家调控市场、市场引导企业，再到最终确立社会主义市场经济体制的改革目标模式的认识过程和发展阶段。从经济运行角度看，这类国家在一段时间中必然存在着计划经济与市场经济并存的双轨体制。从市场主体的培育过程来看，它不是以国有企业的制度创新为起点，而是从鼓励发展个体经济、民营经济、三资企业、乡镇企业等非国有经济成分开始，通过培养以公有制为主体的多种经济成分的混合体制来构造市场经济的主体。与激进模式相区别，人们有时把渐进模式称为从体制外着手的改革。

2. 渐进式改革是在一段时期内的增量改革。所谓增量改革是指，资源配置方式的转变不是从对资产存量的配置开始，而是在资产增量的配置上率先引入市场机制。这样，新的资源配置方式和经济激励机制不是在所有的经济领域同时发挥作用，而是首先在率先改革的部门经济增量中，以及在改革过程中发展起来的一些部门发挥作用。例如，国有企业的承包制的利润部分仍按传统机制配置使用，而利润的留成部分则按新的机制来配置使用。这种增量部分的改革措施，在实践中起到了改善激励机制和提高经济效益的明显效果。又如，传统计划体制之外的乡镇企业，是改革过程中迅速成长起来的经济成分，其决策、生产、销售等行为都是受市场机制的调节。当然，增量改革方式的存在是以允许双重体制的存在为前提的，这正继承了传统计划体制中的合理成分。

与增量改革相联系，首先是对新增国民收入进行再分配。在开始阶段，它不会涉及传统体制中既得利益者的利益，它避免了改革过程中由于利益的再分配造成的一部分人的利益增加而另一部分人利益受损的现象，因而，人们把"渐进式"转型的特征概括为帕累托式的制度演进。应当指出，帕累托式的演进，只能建立在"双轨制"之间不发生冲突的前提下，这个前提在实践中只是在双轨制初期才能存在，而新旧体制冲突在转型过程中是不可避免的。在体制冲突时，帕累托演进必然转化为非帕累托演进，因此，渐进式转型国家的政府必须要做好两件事情：一是设法将利益冲突程度降至最低点，二是对利益损失者进行补贴，这两项任务都要求政府加强干预。

3. 渐进式改革采取的是先试点后推广的方式，即改革是由点到面的逐步展开。对于每项改革措施，先在小范围内进行试验，不断总结和观察，如果它被证明是成功的，则予以推广；如果它被证明是失败的，其危害也只发生在局部领域，而不致引起全社会的不稳定。这种先试点后推广的方式，可以是自下而上的，也可以是自上而下的，如家庭联产承包责任制的推广属于前者，经济特区的建立则属于后者。

先试点后推广的改革方式反映出在制度变迁过程中强制性与诱致性相结合的特点。根据推动者的不同，制度变迁可以分为强制性变迁与诱致性变迁。在政府起主导作用的强制性制度变迁过程中，由于中国是一个大国，各地区、各行业的差别很大，需要改革的方面很多，不确定性因素也就很多，政府拥有的改革知识的不完全性暴露得越明显，改革失控的可能性也就越大。因此，政府趋向于在空间上对改革进行限制，向某地区或行业赋予实行特定内容的制度创新的优先权，并通过设置进入壁垒，把试点地区或行业与非试点地区或行业分开。在取得经验后，合理的就加以推广，不合理的则引以为鉴，不会造成全国范围的影响。中国经济特区的建立就是一个典型的例子。在诱致性制度变迁过程中，一群人由于制度非均衡产生的获利机会而进行的制度创新，一开始并不会为政府承认，因而是一种非正式的制度安排，政府会对其施加一些限制。只有当证明该项制度安排是有效的，或创新者有实力与政府进行交易后，才会被推广。这实际上是一个非正式的制度安排逐步正式化的过程。中国经济改革的大部分措施具有这一特点，因为真正的制度并非是由上层主观想象出来的，而是由下层在实践中创造出来的，因而这些创新必然要经历一个从非正式到正式的过程。中国农村承包责任制的推广是一个典型的例子。

二、渐进式改革的成功条件与内在矛盾

（一）渐进式改革的成功条件

渐进式改革取得了举世瞩目的成就，这一成就的取得是具有一定的主客观条件的。

1. 渐进式改革的成功得益于其有利的初始条件。在研究中国渐进式改革时，经济学家们注意到，相对于俄罗斯和东欧各国的经济转型而言，中国的经济改革是在相对有利的初始条件下进行的，这在很大程度上使中国避免了采取激进转型的做法，同时也为渐进转型奠定了基础。这些有利的初始条件可以概括为以下几个方面：

（1）体制因素。与苏联和东欧各国相比，中国经济体制没有形成一个完整严密的计划经济体系，中国传统的政治体制也没有建立起等级森严的秩序。实际上中国传统的计划经济体制属于动员命令型经济。这种经济体制强调精神的作用，反对物质刺激，具有强烈的理想主义色彩、领导人的个人意志、普通群众的革命热情和以阶级斗争为纲领的政治路线，决定着国民经济运行和发展的轨迹；加之生产力水平低、科学文化落后、社会化程度不高，使中国的计划经济体制具有很大的分散性、盲目性和无组织性。中国的中央集权要比东欧国家和苏联松，中央政府通过向地方放权，在很大程度上调动了地方的积极性，提高了管理的效率。中国的计划经济在其发展过程中曾做过多次局部改革，市场机制在原来的体制中就有一定的作用范围，价格扭曲程度相对较低。这些体制因素决定了中国的计划经济体制远不如苏联和东欧各国的计划经济体制那样根深蒂固，因而一旦放松管制，市场因素就会比较容易地自发成长起来。

（2）生产力水平因素。与苏联和东欧各国相比，中国的生产力发展水平比较低，经济结构比较落后，这表现在中国经济社会发展中存在着严重的二元结构。发达的城市与落后的农村、现代的工业与传统的农业并存。落后的经济结构一方面赋予了中国经济改革以实现工业化和市场化双重转型的艰巨任务，另一方面造成了经济体制和社会结构内部的严重不均衡，从而为渐进改革奠定了物质前提，这使得中国经济增长具有较大的空间，可以通过经济增长带动体制转型和结构调整。

（3）相对稳定的政治经济环境。与苏联和东欧各国相比，中国的经济改革是在相对稳定的政治经济环境中进行的。虽然在经济改革前中国经历了十年"文革"的动荡时期，但是，中国共产党在中国政治中的核心领导地位没有受到动摇，国家的统一和民族

的团结没有遭到严重的破坏，这使得经济改革能够在党和中央政府的强有力领导下稳步推进。中国的经济改革是在相对稳定的宏观经济形式下进行的，当时国家的财政收入和支出基本平衡，没有外债和通货膨胀的压力，因而无须进行"休克疗法"，而需要的是在经济体制不进行大规模变革的条件下尝试着逐步引入市场体制，对原有体制进行边际性的调整。

2.渐进式改革的成功除了得益于上述相对有利的初始条件外，还在于实施渐进式改革的国家采取了一套符合本国国情的经济转型战略。

（1）渐进式改革从中国的基本国情出发，采取了"双轨制"过渡的方式，保持了体制转换的连续性和稳定性。

双轨制过渡是渐进改革的典型形式。在渐进改革中，新旧体制不是完全对立的，而是在一定程度上兼容的；是连续的，而不是断裂的；旧的体制并不因为改革而完全丧失其存在的合理性，新体制是在旧体制仍然发挥作用的条件下逐步成长起来的；既有的利益结构要保持相对的稳定性，新的利益关系要通过边际性调整加以产生。在这样的条件下，经济体制的转换显然不能毕其功于一役，新旧体制的长期并存、摩擦、交替和融合是渐进式改革的必然产物。

双轨制有很多表现形式：

①价格与市场的双轨制，包括商品价格以及工资、利率、汇率、地价等生产要案的价格形成中的双轨制。

②所有制结构的双轨制，主要是国有和非国有两种不同的所有制形式。

③部门结构的双轨制，市场化与非市场化部门并存。

④区域结构的双轨制，不同地区的市场化程度不完全相同，沿海地区市场化快于内陆地区，发达地区快于落后地区。

对于双轨制的地位和作用，历来有不同的看法。不论人们对它的利弊作何评价，都不能否认这样一个事实，即双轨制不是人们主观想象的结果，而是实际对现实改革难题所作出的必然选择。我们以价格双轨制为例来说明这一点。

在传统的价格制度下，价格的决策权高度集中于政府手中，造成价格体系的严重扭曲。突出表现为价格不能反映市场供求，某些商品的价格长期偏低，结果造成严重的短缺。理顺这种不合理价格有三种方式：一是由政府统一调价，使其与市场均衡价格相一致；二是全面放开价格，由市场机制矫正不合理的价格；三是实行政府定价与市场形成价格双轨并存的制度，逐步扩大市场价格比重，最终形成以市场价格为主体的新的价格体制。但是，在微观基础、产业结构和宏观调控体系都不完善的条件下，全面调价和全面放开价格都不是理想的选择。政府按照市场均衡价格统一调价受动力和信息因素的制约不仅难以达到预期的效果，而且还会造成新的价格扭曲；全面放开价格则会引起利益关系和经济秩序的剧烈震动，造成强大的阻力，恶化经济环境和经济秩序。不论是调还是放，一步到位的做法都会破坏正常的经济秩序和利益关系，造成经济生活的严重混乱，导致改革的停滞甚至失败。在这种情况下，实行双轨制的价格改革一方面可以保持现有的经济体制、经济秩序和利益关系的相对稳定性，保证经济的正常运转；另一方面，可以逐步引入新的经济体制，为经济发展提供新的动力机制、信息机制和调节机制，提高资源配置的效率。

采取双轨制过渡的形式，意味着新旧体制并存的双轨经济的长期化，旧体制在相当长的一个时期内还要继续发挥作用，从理论上说，这不仅会降低资源配置效率，还有可能导致旧体制的复归。但是，任何制度都是在一定条件下产生并发挥作用的，计划体制的存在具有自身的历史合理性，市场体制的成长需要一定的社会条件，双重体制在过渡时期是相对有效的体制。从进化论的观点看，没有多样性就没有选择，制度和组织的快速变化，往往会牺牲效率。相反，旧体制的存在，制度变迁中的摩擦，会保留制度的多样性，为新制度的选择和产生提供广泛的空间，从而促进新制度的成长。

（2）渐进式转型国家将体制内改革与体制外推进相结合，既挖掘了旧体制内部的合理成分，又为新体制的成长创造了一个较为有利的空间。

所谓体制内改革主要是对传统的国有经济部门进行改革。在传统计划经济体制下，各社会主义国家都将公有制看作是社会主义生产关系的优势所在，结果建立了规模和数量庞大的国有企业。在向市场经济转型的过程中，如何将国有企业改造为市场经济需要的微观经济主体直接关系到经济改革的成败与否，因而从改革开放伊始，国有企业改革就成为经济体制改革的一个重要课题。与俄罗斯和东欧各国的激进式转型不同，中国没有盲目地采取大规模私有化的改革方式，而是在坚持公有制主体地位和国有经济主导地位的前提下，对国有企业进行市场化改造。这种改革战略的实质是承认国有企业是独立的商品生产者，可以与市场经济融合起来。改革的基本目标是实现两权分离，使企业从政府的行政控制下解脱出来，成为自主经营、自负盈亏、自我积累和自我发展的商品生产者，在市场竞争中得到充分发展。

所谓体制外推进是指，在对国有经济部门进行改革的同时，为了发展生产、繁荣经济，塑造积极的市场环境，国家还积极发展非国有经济，实现所有制形式的多元化。实践证明，中国市场机制之所以能够初步形成，并在资源配置中开始发挥重要作用；国民经济之所以能够快速增长，城乡居民收入之所以能够快速提高，是因为在相当程度上是由非国有经济的发展带来的。时至今日，各类非国有经济对工业总产值做出的贡献已经超过了30%，在沿海地区某些省份甚至超过70%。目前我国国民收入的80%来源于非国有经济。非国有经济在自身蓬勃发展的同时也推动了国有企业的改革。面对来自非国有企业的竞争和挑战，国有企业不得不改革内部经营管理体制，以适应市场竞争的需要。

体制内改革与体制外推进相结合是中国渐进式改革取得成功的一个重要因素。它既保证了社会主义的基本经济制度不变，又促进了市场经济的不断成长壮大，从而有效地将社会主义与市场经济有机地结合在一起,体制内改革与体制外推进相结合的方式对中国渐进式改革来说不是一种权宜之计,而是以公有制为主体、多种所有制经济共同发展这一基本制度对所有制改革方式的内在要求。

（3）政府推动与民间自发相结合的改革方式

中国的渐进式改革是一种政府主导的自上而下的改革。在社会主义宪法制度的框架内,社会制度的进化过程要比资本主义需要更多的理性,需要更多的组织与控制。特别是在市场经济发展的初期,作为改革设计者和主要推动力量的政府需要根据实际中出现的各种情况制定一系列政策和法令,不断调整改革的方向与路径,以保证经济体制改革能够沿着正确的方向稳步前进。在改革过程中,社会利益分配格局发生变化,不同的个人、集体在改革中有得有失,失利集团往往成为改革进一步深入的阻力,这时就需要政府采取积极有力的措施,协调不同利益主体之间的矛盾,推动改革的深化。另外,在积极转型过程中,政府作为宏观经济的调节者还担负着为经济转型提供一个稳定的宏观经济环境的使命,强调政府在经济改革中的主导地位并不意味着政府要事事亲为,包揽改革的方方面面,这样政府就会回到计划经济体制下高度集权的管理体制。在发挥政府作用的同时,充分发挥民间自发性改革作用和基层单位的主动精神。改革的发动虽然是自上而下的,但这不过是对社会生活中早已存在的改革要求的一种承认;改革是在统一领导下进行的,但各具体部门和单位的改革措施、内容和步骤是丰富多样的;改革中提倡大胆创新,大胆试验,有意地允许、特许或默许局部的"犯规"或"违规"行为,并在实践证明合理的情况下,加以普遍推广;个人、企业和其他基层单位为了实现自身利益的最大化而在制度创新中发挥了空前的主动性和创造性。正是这种政府主导与民间自发改革相结合的方式,在政府与民众之间形成一种良性互动关系,从而充分调动了各方面的积极性,为改革提供了多方面的动力。

（4）整体推进与重点突破相结合的改革方式

日本经济学家青木昌彦将经济体制看作是一个由一系列制度组成的制度集合,这些制度之间具有一定的互补性,它们相互支持、相互配合,共同维持着经济体制的运行。从这个角度看,经济体制作为被改革的对象,它是一个有机的整体,必须从体制的整体性出发。经济体制改革作为一项系统工程,必须坚持局部服从整体的原则,部分改革的方面和价值追求,必须以有利于整体改革效应的方式进行。当某些部分的改革偏离了整体改革的要求和宏观调控时,就会对整体改革造成一定的危害,甚至会使整体改革处于无序状态。因此,渐进改革要求对改革方案有一个整体性的设计,在推行一项改革时要兼顾其他配套措施。例如,我们在推进国有企业改革时就需要加大社会保障体制的改革力度,以保证被国企裁减下来的下岗人员能维持基本的生活需要,为国有企业改革减轻压力,并保证社会稳定。

但是,在改革的实践过程中,由于受各方面因素的制约,不可能将所有改革同时付诸实施，因此需要根据客观情况，在不同阶段选择不同的改革作为突破口，由易到难，循序渐进地推动其他各项改革，最终实现改革的整体推进。中国经济体制改革走的就是一条由易到难，由农村到城市逐步展开的稳步发展路子，最终使经济体制改革获得了突破性进展。主要表现在如下几个方面：第一，在农村废除了人民公社，解决了我国社会主义农村管理体制的重大问题；第二，确立了社会主义市场经济体制，国家已由指令性计划为主的直接控制转变为主要运用法律和经济手段的间接调控；第三，改变了传统的单一公有制结构，建立了以公有制为主，多种经济成分并存的所有制结构；第四，建立了与市场经济相适应的经济运行机制；第五，建立了按劳分配和多种分配方式并存的格局。

正是由于中国的渐进式改革注意了改革的整体性推进与重点突破，全国统一部署与因地制宜创造性地结合，因而才取得了举世瞩目的成绩。

（二）渐进式改革的内在矛盾

渐进式改革相对于激进式改革而言存在着很大的优越性，这种优越性在于实施渐进式转型的国家以较小的社会代价，在实现了经济转型的同时，又保持了社会稳定和经济的快速增长。但是，渐进式改革自身也存在着一些矛盾，这些矛盾能否得到妥善的解决将关系到渐进式改革的未来进程。

1.改革的渐进性使旧体制的瓦解和新体制的形成需要一个较长的过渡时期，这导致了双重体制的长期化，经济运行规则双轨制的普遍化。这种双重体制的摩擦具体体现为：国有企业既依赖市场又依赖政府，行为规则和行为方式紊乱；政府既是行政权力的垄断者又是国有资本的所有者，行政等级规则干扰市场；资金的分配既受行政权力的支配又受市场机制的调节，这造成了资金市场和资金价格的扭曲，降低了资金配置的效率；劳动力市场的放开与社会保障制度改革的落后使潜在的失业问题压力增加，制约着改革与发展的顺利进行；收入分配的行政调节和市场调节并存，使不同企业、不同地区、不同阶层之间的收入分配差距不断拉大，影响了社会的公平和稳定等。

这种双轨制的矛盾和摩擦，是导致需求不足、结构失衡、分配不公、宏观失控和秩序混乱的重要根源。这种双重体制潜伏着巨大的危险，即一旦宏观调节失控，政府权威失灵，各种潜伏的矛盾就会激化，将会出现严重的混乱局面。

2.渐进式改革是在党和政府的领导下自觉地进行的，它的起点是高度集中的经济和政治体制。然而，就改革的根本性质讲，它是对传统高度集中的权力和利益结构进行根本改造，是从集中的计划经济体制向分权的市场经济体制转变，这样就形成了一个悖论，即原有的政府机构既是改革的组织者又是改革的对象，这种双重身份对改革的顺利推进造成了许多不利影响。一方面，各级政府管理部门出于自身利益，往往对简政放权、引入市场的各种改革或明或暗加以抵制，或者加以扭曲变形，使庞大的行政管理体制难以打破，市场化进程不断受阻；另一方面，由于政治体制改革相对滞后，因而，随着市场经济的发展，权力货币化进程也在加快，权钱交易、官商不分、以权经商的现象比较普遍，这导致了严重的腐败行为，最终又会影响社会稳定和经济繁荣。

3. 作为国民经济主体和经济改革中心环节的国有企业产权不清、效益不高、活力不足的问题长期得不到解决，严重影响着经济改革的顺利进行和国民经济整体效益的提高，一些核心问题难以解决。在市场化过程中，一方面，个人利益的冲动日益强烈；另一方面，国有财产产权不清，约束力弱化。其结果是内部人为控制现象日趋严重，变相的私有化在悄悄地进行。因此，国有企业改革已经成为渐进改革过程中的一个核心问题，能否闯过国有企业改革这道难关将直接关系到改革的成败。

4. 渐进式改革道路的成功需要一个廉洁、高效、权威性的政府，但在现实中却遇到了严峻的挑战。随着市场化改革的深入，建立在传统经济政治基础上的政府权威被削弱，国家收入分配严重向个人倾斜；落后的行政体制和腐败现象严重影响着政府的权威和效率，使渐进改革的有效性和可行性受到削弱。

除了上述四点之外，实施渐进改革的国家还必须面对日益严重的失业问题，地区经济发展不平衡问题，二元结构问题，农村发展和农民问题等。从这些纷繁复杂、亟待解决的问题来看，渐进改革的任务还相当艰巨，能否把握住前期改革的经验与教训，妥善解决改革中遗留的和新出现的问题将关系到渐进改革能否深入推进。

三、对渐进式改革的评价

（一）渐进式改革的效果

与激进式转型相比，中国的渐进式改革取得了举世瞩目的成就，它在进行经济体制转换的同时，成功地保持了经济的持续增长和人民生活水平的不断提高。

对于许多人来说，中国改革所取得的成就确实令人费解。因为20世纪80年代以来中国的经济增长不是在正统经济学指导下取得的，而是在非正统经济理论指导下进行的。这种改革具有两个特点：一是在社会主义基本制度性质不变的前提下，进行经济运行方式的转换和经济管理体制的改革；二是改革的方向是以市场化为取向，通过不断扩大和加强市场机制作用的范围和力度，使市场逐步在社会主义经济中"到位"，最终建立起社会主义市场经济体制。正是由于这两个特点使得中国的渐进式改革在坚持社会主义基本制度不变的前提下，逐步探索出一条符合中国国情的市场化道路，从而将社会主义与市场经济有机结合起来，这可以说是中国渐进式改革的一条独特经验，也是中国渐进式改革不同于苏联和东欧激进式改革的一个最主要方面。

(二) 渐进式改革的前景

虽然渐进式改革取得了巨大的成就,但是随着改革的不断深入,经济转型过程中的一些深层次矛盾也在不断出现。如前所述,双轨制过渡过程中新旧两种体制之间的摩擦长期存在,国有企业改革的进一步推进还存在着诸多困难,政府职能的完全转变尚需较长的时间等。这些矛盾能否得到有效解决将决定着中国的渐进式改革能否继续深入推进下去。所以,我们要以一种动态的眼光来看待市场化改革的进程。也就是说,在看到改革所取得成就的同时要清醒地认识到改革过程中所存在的各种矛盾,并积极创造条件去克服它们。

解决渐进式改革内在矛盾的一个重要手段就是不断发展适应市场经济需要的新体制,扩大新体制的成分,以新体制的增长带动旧体制的变革。例如,在改革开放初期,鉴于国有部门改革的困难,我们在国有经济之外引入非国有经济。实践证明,非国有经济的发展不仅激活了整个经济,为中国的经济增长做出了突出贡献,而且还推动了国有企业的改革。在未来的改革过程中,我们不仅要坚持以国有经济为主导、多种经济成分共同发展的战略,而且要进一步打破制约非国有经济发展的种种制度性障碍,鼓励其健康成长。

以新体制的增长带动旧体制的变革应当成为渐进式改革所坚持的一项长远战略。它反映出一种经济动态学的观点:只要体制上具有优越性,增长速度较快,在长时期内,新体制一定会发展成经济的主要成分;新兴的经济成分,只要其不断发展,其本身的体制也是会不断改变、逐步完善和发展的。当然,适应市场经济需要的新体制的成长并不是一个瞬间即可完成的任务,而是一个逐步调整、变化和完善的过程,这也就决定了渐进式改革必然是一个长期而复杂的历史过程。

第三节 经济转型方式优化的几个基本问题

一、选择经济转型方式的标准是经济转型效益最大化

这里需要对"制度变迁收益"和"经济转型收益"这两个概念加以界定。我们把制度变迁收益界定为新制度带来的收益超过旧体制收益的部分,它是对始点和终点的制度收益的静态描述。而把经济转型收益定义为制度变迁过程中,过渡性制度安排在从始点到达终点所带来的收益的累积之和与制度变迁成本的差额,它是一个动态的时间概念。这是两个既有区别又有联系的概念。制度变迁收益取决于新制度所能带来的预期收益超过原制度收益的幅度,超过的幅度越大,制度变迁的收益越大。而经济转型收益是由于

制度变迁所出现的过渡性制度安排带来的净收益总额。它与制度变迁收益是两个在时间序列上不同的概念，同时，这两个概念又是互相联系的。

实践表明，经济转型收益最大化问题取决于两个因素：一个是成本最小化，另一个是转型过程中过渡性制度安排的收益最大化。后者不是新旧体制下的收益之差，而是转型过程中新体制发挥积极作用的时间和程度的结果，这与经济转型的方式密切相关。

如何选择经济转型的方式和方案呢？大多数学者认为，最佳的方式应该是成本最小的方式。这种观点的理论逻辑如下：制度变迁的动因在于旧的制度结构已经出现了无法利用的潜在获利机会，只有通过制度变迁，建立新的制度结构，才能拥有获利机会；并且，只有当新制度带来的预期净收益大于制度变迁所支付的成本，才会发生制度变迁。旧制度的实际收益是既定的和已知的，新制度的预期收益是目标模式确立时经济系统效率最优化所实现的收益。在这种情况下，制度变迁效益最大化问题就成了制度变迁成本最小化问题。

以上这种观点对于研究经济转型方式的选择问题不失为一种有益的探索，但又是不完善的。这是因为以下情况所致：一种情况是，这种观点只考虑了始点和终点新旧制度结构的收益，只考虑了自始点至终点之间为进行制度变迁所支付的成本，却忽略了制度转型过程中过渡性制度结构安排下的收益问题；另一种情况是，它把从旧制度向新制度的转型看成是瞬间完成的，只考虑进行制度变迁的成本问题，不计算过渡性制度安排下人们的需求和过渡性制度安排的供给问题。因此，制度变迁的过程是支付成本建立新体制的过程和利用过渡性制度安排满足人们需要的过程的统一。

从经济转型收益的角度来考察问题，尽管转型过程结束时新制度的收益是既定的，但它在转型过程中由于转型方式的不同而逐步实现的时间数量序列必然存在差别，这会对转型过程内总收益产生重大影响。如果在转型前期新体制的净收益就能得到较大份额的体现，以后呈现稳定递增趋势，那么，这种转型过程的总收益，就比转型开始后长期付出巨额成本而得不到应有的收益要高得多。转型过程中新体制收益实现的时间数量序列还与转型成本的时间数量序列之间具有密切的关系：新体制收益实现得越快、越多，转型摩擦成本就相对地发生得越迟、越少，整个经济转型过程能够在相对稳定的条件下完成。俄前总理普里马科夫对此深有感受。他曾说："我们不能进行对人民不利的改革。如果'疗程'长达10年，并且看不到丝毫曙光，那么，这无疑对国家和人民是不利的。"因此，经济转型方式选择的原则是收益最大化，成本最小化。

二、经济市场化次序与政策措施的选择

经济转型是一个庞大复杂的系统工程，它的转型方式优化选择是多维的也是多层次的。它包括政府与企业之间关系的转变；也含有资源配置方式的置换。这些问题不仅体现在市场化次序上，而且也表现在各项政策的合理搭配上。

首先，从市场化次序来看，不管事先制定的方案是"激进的"还是"渐进的"，实际的转型不可能在国民经济各个部分齐头并进，客观上存在着市场化次序的优化问题。在中国，经济转型采取先农村后城市，先增量后存量的次序，得到较好的经济绩效。实行激进式改革方案的俄罗斯等国，实际上也出现了结构上先后次序的明显差别，先实行小企业私有化，后对大型国有企业进行改造，这是由于成本——收益规律和供求规律作用的结果。在从计划经济走向市场经济的过程中，价格机制、财税体制、金融体制、外贸体制等各个部门都面临市场化改革任务，不可能在一夜之间使所有部门都转型到位，存在着先后次序优化选择的问题。如何使新机制在尽早发挥效益的同时减少制度变迁的实施成本和摩擦成本，仍然是选择的基本原则。在转型初期，产品交易的市场化是首要的任务，通过价格体制改革消除价格扭曲使之成为引导企业行为的市场信号，是必不可少的最初选择。无论是激进的还是渐进的价格市场化，都会带来预定的制度性通货膨胀。这时，需要财税体制改革的同步配合，才能使价格市场化达到预期目标。例如，减少各种对企业和产品的价格补贴，这不仅能缓解财政赤字，而且使价格真实反映供求关系。进行税制改革，使分配关系在国家、企业和个人之间逐步合理化，保证国家在转型前期就能有足够的财力来补偿各项经常性和资本性支出以及必要的转型成本支出。

财税体制改革相对于金融市场化的适时超前，是保证经济转型顺利进行的必要条件。在财政赤字长期存在的条件下，如果先进行金融市场化改革，往往会出现或者造成金融市场的巨额内债和外债，累积的财政赤字将会成为爆发金融危机和经济危机的祸根。要避免这种情况的发生，必须使财税体制改革先于金融市场化改革。因此，美国经济学家认为，财政控制应该优先于金融自由化，而且强调指出，资本项目的自由兑换应该安排在经济市场化次序的最后阶段，这是很有道理的。

其次，经济转型是一个过程，在不同阶段有不同的重点。当某一项重点制度被进行安排时，其他相关制度也要跟上，与该阶段的重点制度相配套，只有这样才会产生显著效益。例如，要使价格机制成为配置资源的基本手段和措施，如果没有企业经营机制的配合，没有市场主体的自主化，那是难以收到改善资源配置效果的。因此，只有各项经济市场化改革措施相互配套，才能保证转型过程以较低的成本稳定地进行。

三、应注意把握经济转型效益与成本变化轨迹

经济转型方式的选择，不仅要依据转型过程净收益最大化原则制定经济市场化的次序和各项政策措施，而且必须把握好这一过程中的收益与成本变化的轨迹。在经济转型实践中，如果成本——收益比较偏离目标时，应当调整，以保证转型过程中净收益最大化原则的具体实现。

如何把握转型过程中收益与成本的变化轨迹，是一个非常重要的问题。转型过程中无论是收益的实现还是成本的支出都与新体制取代旧体制的方式有关。新体制取代旧体

制，必然改变人们从事经济活动的激励和约束机制，从而影响收益和成本，在不同的经济转型方式下，不仅收益会不同，而且付出的实施成本和摩擦成本也有很大不同。因此，必须处理好不同方式下的成本—收益关系。

在不同的转型方式下，人们从事经济活动的激励和约束机制，对收益和成本变化的作用是一个动态的过程。首先，从人在生产和再生产过程中的行为机制来看，经济转型的收益和成本必然反映在该时期的经济增长和发展轨迹上；其次，从人从事经济活动的激励和约束机制变化，进而导致社会各阶层经济损益和社会地位的变化来看，经济转型的收益和成本表现为社会各阶层的矛盾变化趋势上。上述两个方面共同影响经济转型国家的改革、经济发展和社会稳定。因此，经济转型方式的优化选择是十分重要的。

第四节 经济转型的两种模式

一、两种模式的本质区别

中国和苏联、东欧国家，不仅因为它们分别采取的渐进式改革方式和激进式改革方式而有区别，更重要的是，中国是在宪法制度不变的前提下，建设有中国特色的社会主义市场经济体制；而苏联、东欧国家则是推翻社会主义制度，建立以资本主义私有制为基础的市场经济，从而使得中国和苏联、东欧国家存在着根本区别，这种区别使我们有理由把这两种不同的经济转型称之为"中国模式"和"前苏东"模式。这两种模式的共同点在于，它们都是要放弃计划经济转而走向市场经济，用市场机制代替计划机制作为资源配置的主要手段，因而都有一个市场化过程。其目的是通过市场体制的建立发展社会生产力。

这两种模式的区别在于，中国模式是要建立以公有制为主体，多种经济成分并存的所有制结构；以按劳分配为主体、按劳分配和按生产要素分配相结合的分配制度，从而在根本上不否定社会主义制度。前苏东模式是要推翻公有制，建立以私有制为主体，以按生产要素分配为主导的西方资本主义市场经济。因此，经济转型的一个重要内容就是推行私有化。

苏联、东欧国家的这种转型模式有着深厚的历史背景，是与其20世纪80年代改革的失败和由此而引起的剧变直接相关联的。实际上，苏联、东欧国家早在20世纪50年代初期就已经开始对高度集权的斯大林模式进行改革，而1965年的"新经济体制"是对传统体制进行全面改革的标志。通过这些改革，虽然在各个方面都取得了一定的成效，但经济体制的严重弊端依然存在。戈尔巴乔夫执政以后，提出了根本改革的方针，要用新思维打破旧体制，其基本思路是在完善经济核算制自筹资金基础上建立企业的现代化机制，企业应当是自主经营和自负盈亏的商品生产者，运行机制是市场机制。但是，由于政策失误和遇到的各种阻力，这一改革方案没有落到实处，处于空转状态。因此，苏联经济状况非但没有得到根本改善，反而迅速恶化了。在这种情况下，提出了"向市场经济过渡"的纲领，这一纲领又因政治斗争和实施方案林立而最终选择了"休克疗法"。

中国的改革和转型是以邓小平理论为指导的。邓小平指出，发展是硬道理，社会主义的根本任务在于解放和发展生产力，因此中国通过建立和发挥市场机制的作用，鼓励非公有制经济的发展，最终以有中国特色的社会主义市场经济模式推动生产力发展。在这一过程中，我们以农村包围城市的战略，以体制外发展改造体制内结构，不仅改革而且开放，并且以"三个有利于"作为判断改革得失的准则，不受传统思想束缚，因而取得了巨大成就。

综上分析，苏联、东欧国家剧变前，由于没有从根本上冲击传统体制的弊端，没有建立起现代市场经济体制，严重束缚了生产力发展，使问题积累得越来越多，经济状况不断恶化，通货膨胀不断加剧，人民生活水平不断下降，终于导致了90年代初的政治剧变，走上西方资本主义道路。在这种情况下，新上台的政府必然要以西方市场经济模式为榜样，试图建立以私有制为主导的市场经济，这种转型和改革是在"大爆炸"方式下进行的，走私有化道路就不足为奇了。

而中国则没有突破原有的宪法制度，是在共产党领导下实行改革开放的。其目标是建立有中国特色的社会主义市场经济模式，市场取向的改革使中国发生了翻天覆地的变化，以至被世人称为"中国奇迹"。其表现是，经济持续高速稳定发展，人民生活水平不断提高，整个社会安定团结，人民拥护改革和转型。可以说，渐进改革方式和非私有化转型是中国早期改革的必然结果和成功条件。

二、两种模式与转型的时机选择

从计划经济转向市场经济，无疑要付出较大代价，支付成本。经济转型的成本分为调整成本、延误成本和净转型成本。

调整成本是指打破旧体制建立新体制的成本，它包括改革旧体制的成本、建立新体制的成本和摩擦成本。改革旧体制的成本是指原有体制的各种弊端已在改革过程中暴露出来而不得不付出的各种代价；建立新体制的成本，是指建立在新体制过程中要经历设计、试行以及不断完善而要支付的成本；双轨体制并存而产生的是摩擦成本。

延误成本，就是指旧体制的弊端已完全暴露出来，出现了经济危机，而这时却不进行调整，不及时改革和转型，延误了改革和转型的时机而不得不付出的代价。因此，延误成本是延误转型所承担的各种代价。一般说来，当经济出现衰退或危机后，延误的时间越长，延误的成本就越大。

净转型成本是调整成本与延误成本之差额。净转型成本不仅对于转型时机的选择十分重要，对转型方式的选择也十分重要。如果这些净成本为正，且其量很大，社会将倾向于回避改革，除非对新体制有强烈偏好，对旧体制的弊端高度厌恶，或者有强有力的、促使其转型的外在因素。

从改革的时机来看，中国在改革开始时，净调整成本为正，延误成本较小，总的转型成本较小；而苏联、东欧国家开始转型时，净调整成本为负，延误成本较大，总转型成本也很高，整个经济处于非常时期，采用渐进方法是不够的，故只有采用"休克疗法"。

三、两种模式与转型方式

正如上一节所讲到的，检验转型方式选择正确与否的主要标准是经济效果，因为体制转型本身就是通过"体制优选"来发展生产力的。

关于两种转型方式的争论，从转型过程一开始就产生了。"休克疗法"的支持者都强调改革的一致性、互补性和整体性，认为面对深渊必须一步跨越，否则后果是不堪设想的。主张渐进主义方式的人则强调经济体制各部分自身运动速度的差异性，认为分步走的改革可以为整个渐进改革赢得更多的政治支持。

实际上，这种对转型方式的二分法是过于简单的，作为一种理论抽象有其合理性，但也有一定的片面性。激进和渐进并不是完全对立、非此即彼的。一国采取了激进方式，但并不排除在某些局部、某些阶段采取渐进方式，也不妨碍它有可能从激进方式完全转化为渐进方式。反过来，渐进方式为主的国家有时也可能采取激进方式。

现在大多数人都认为苏联、东欧国家的转型陷入困境，而中国的转型却相对成功，因而越来越推崇渐进式改革。

实际上，改革方式的选择要受到各种因素的制约。一方面是政治体制的影响，苏联、波兰及其他东欧国家是在政治剧变后，采取了激进式改革，而中国则是在政治局势较稳定的情况下实行渐进改革的；另一方面，改革的时机也会影响选择改革的方式。苏联、东欧诸国是由于各自国家经济形势严重恶化，通货膨胀急速加剧，生产滑坡严重，已经完全错过了实行渐进改革的机会。

国家规模大小和外部环境都会对改革方式产生明显的影响。一般说来，国家越大，渐进方式越能有优秀表现，因为它所面临的是小国所没有的复杂情况。例如，地区差异、民族矛盾、中央与地方关系等。小国则没有上述问题，比较灵活，对转型的方式没有严格要求。此外，文化传统、人心向背都是选择改革方式时必须要考虑的因素。

采取何种方式进行转型其实并不是原则问题，重要的是什么方式符合本国国情、代价更小。实践证明，旧体制可以在一夜之间被摧毁，而新体制的建立则不是一日之功，因此，方式本身在不同情况下应当是可转换的。不管采用何种方式，其目标都是要建立适合本国国情的现代市场经济体制。

第五章 经济转型——面临政府职能转变的挑战

我国经济转型之所以离不开政府转型，一方面是因为从计划经济转向市场经济这种体制上的巨大转变，必然会涉及政府职能转变；另一方面，随着经济转型的逐步深入，由政府职能引发的对经济转型的牵制效应也日益明显。比如，从经济转型的微观基础看，我国现代企业制度难以建立，企业难以成为真正的市场主体，都直接或间接地与政企不分、政资不分息息相关，与政府职能没有及时转变密切相连；从经济转型的中观层面看，统一、开放、竞争、有序的现代化市场体系难以建立，直接或间接与行政性垄断及地区封锁高度相关；从经济转型的宏观层面看，由于政府职能没转变，以行政手段为主管理经济的方式不改变，就难以建立灵敏有效的宏观调控体系，以及统一完善的社会保障制度。正是从这一意义上，我们认为，政府能否有效转型是我国经济转型能否成功的关键因素。

现代化发展的历史经验也表明，一个国家政府治理的能力及其有效性，与一个国家政治经济发展以及社会稳定繁荣有着密切的关系。东亚经验与拉美教训表明，在经济快速增长、社会加速转型时期，国家迫切需要一个强而有力的政府，以有效应对日益凸显的各种社会经济矛盾。可见，在经济社会转型和现代化过程中，政府起着不可或缺的重要作用，成为决定着经济社会可持续发展的重要决定因素。例如要建立现代企业制度，就必须割断政府与企业的行政关系，切实解决政企不分和政资不分的问题；要建立统一的市场体系，就必须打破行政垄断和地区封锁；要让市场在资源配置过程中发挥基础性作用，就必须减少政府对生产要素和资源性产品价格的管制；要转变经济发展方式，就必须有促进技术进步、节约资源、保护环境的体制、机制和政策；要强化公共服务，就必须改革财政体制；要创新社会管理体制，就必须实行政社分开，还权或者放权于民；要实现法治国家，就必须实现法治政府和依法行政。因此，政府能否发挥应有的功能作用，已经成为我国经济社会转型能否成功，进而影响整体改革进程快慢的关键性因素。

第一节 我国经济转型——转变政府职能的挑战

当前我国政府转型面临的挑战，既有方向性的，也有路径上的。具体就是进一步转为强政府，强化政府的监管职能，还是转为有限政府，弱化政府行政干预职能？或者是形成两者的综合，转变为具有高度威信、依法治理、富有效率、有所为有所不为的政府？

显然，我国政府职能转型并不是将政府转为大政府，更不是全能政府，而是将政府转变为具有高度威信、依法治理、富有效率、有所为有所不为的服务型政府。当我们以新的视野重新审视政府与经济发展的关系，我们就会发现，从传统保守主义所谓政府是"必要的恶"，到政府成为促进经济和社会发展，提升国家竞争优势的重要力量，世界各国对政府职能的认识正在不断深化，已达成了政府的性质、能力和绩效是决定经济社会发展成功的关键因素这一基本共识。虽然从传统市场经济演变到现代市场经济，出现了政府"看得见的手"的力量，然而政府服务市场的本质职能并没有发生根本变化，无论是经济调节、市场监督，还是社会管理，政府在本质上都是为企业、为市场发展提供公共服务而不是直接控制企业与市场。

正是在这种共识下，我国政府转型的步伐也将进一步加快，以不断适应经济社会发展要求，不断适应现代社会发展变化的需要。通过政府转型，我们不仅将破除阻碍生产力发展的障碍，建立确保科学发展的体制、机制和政策，破除与建设社会主义和谐社会不相适应的障碍，建立适应和谐社会要求的体制，也将要破除与社会主义市场经济体制不相适应的因素，建立适应和促进市场经济发展的体制和机制，破除与发展社会主义民主政治体制不相适应的东西，建立适应民主政治发展的政治体制。更为重要的是，通过政府转型，政府管理价值得到了重新确认，政府的公共性得到了回归，而且政府的职能日趋合理，政府治理结构日趋理性，政府运行机制逐步完善。

政府转型实际上也是一场革命，是政府自己革自己的命。这种革命不仅需要革命者的精神和勇气，更需要从外界引进新的思想和观念，需要社会的广泛参与和支持。因此，政府转型不仅是一个庞大的社会再造过程和系统工程，而且还是一项涉及各方利益的公共事业。强化政府公共服务理念和公共服务职能，实现政府转型，既是我国整体转型的一个重要组成部分，同时也应成为推动我国经济转型成功的重要动力之一。

一、原有的全能政府已经难以为继

（一）传统的政府职能越位难以为继

在市场经济条件下，企业是市场经济的活动主体，政府的主要职能，则是为经济发展提供良好的市场环境和社会环境，用亚当·斯密的话说，就是"守夜人"。虽然政府与企业之间的这种定位是明晰的，然而多年来，由于我国实行了计划经济体制，政府包揽一切，因而政事不分、政资不分、政企不分。政府既担负着经济和社会的管理职能，又承担着国有资产所有者的重任；既掌握着宏观经济管理和调节的权力，又直接从事具体的生产经营活动。政府运用对公共资源的绝对支配权，使政府成为全民的主人，代表全体人民行使重大经济社会等公共事务权利，特别是对微观经济运行的过度介入、干预，使企业、市场包括个人，都成为国家或政府控制管理的一部分。例如行使对国有企业的决策、生产、分配和利益协调权力，对城市居民通过户籍管理制度，对家庭人口的居住场所、面积大小、口粮与副食品的分配、不同种类工资的薪水等进行计划管理。同时，政府又是全民的贴身保姆，从每个人的生老病死到吃喝拉撒睡，同样通过计划管理。例如，人自出生起，就需要有出生证报户口，有了户口才有了粮食供应（包括日常供应品、生活用品、棉衣被服等），在单位制体制下进行就业、结婚、分配住房，最后死亡销户，真正做到了几乎是各个环节的全覆盖。这种全能式政府管控，实际上掩盖的是在短缺经济条件下，政府只能依靠计划配置资源才能维系生存最低需要的尴尬现象。这不仅导致生产力水平的低下，经济的恶性循环，社会资源和财富的浪费，而且这种全能式资源配置方式，也使政府越来越难以承担重负。更为重要的是，这种资源配置方式不仅是低效率的，也抹杀了大多数人的创新活力与动力（虽然这种平均和贫困的半温饱生活状态，不会导致收入差距过大，但是却有悖于人的全面发展的目标要求），特别是由于经济发展滞后，全能政府实际上也难以持久维持下去。

（二）政府对资源的绝对支配难以为继

在计划经济时期，由于政府垄断了所有的经济活动所需要的要素资源，国家对经济生活的直接地、全面地和过度地干预和管理，因而基本上也没有市场交换关系存活的可能（即使有，也属于地下经济并以黑市方式存在）。在严格的政府控制经济生活的条件下，要达到政府的资源配置的高效率，就必须让政府拥有信息上的对称性和决策上的高效率，然而在实际经济运行中，由于需求的多样化和供给的单一化，以及难以形成对整个社会总供给与总需求的准确判断，因而出现了信息上的严重不对称，和计划决策的低效率，使政府配置资源的高效率要求，往往只是一种可能性而不是现实性，由此也导致了政府在资源配置上的低效甚至浪费现象，我国计划经济时代短缺经济现象已经充分说明了这一点。正是这种资源配置的低效率，推动了计划经济向市场经济的转型，使市场经济逐步成为资源配置的基础。虽然在经济转型的一定时期和某些特殊阶段，政府作为支配经济社会资源第一主体，这种强政府、强资源配置地位是必需的，甚至是有效的（由政府和市场共同配置资源也是一种内在要求），然而政府对资源的配置力应该始终是一种补充而不是主导。几百年来的市场经济发展经验已经证明，政府对资源的强配置力，只会产生对市场其他主体的挤出效应，这与市场公平与效益的原则是相背离的，也不符合我国市场转型发展的要求。

随着市场经济的转型到位，政府职能从全能政府向有限政府转变已经被列入当前我国经济转型发展的议事日程。原有的政府对资源的绝对控制以及全能政府的意愿，越来越难以为继，从全能政府向有限政府转型势在必行，已经成为我国经济转型发展的必然趋势。

二、向有限政府转型要解决哪些问题

随着经济转型的深入，当前的腐败和贫富差距拉大等问题日益凸显，有人把此归结为市场化改革的产物。实际上，上述问题的存在，一方面反映了当前我国市场化改革不到位，给权力寻租提供了空间；收入分配制度改革和社会保障制度不到位，导致改革成果难以惠及大多数人，拉大了贫富之间的差距；另一方面也突出反映了当前政府转型的滞后，以及政府公共产品与公共服务的缺位。而解决这一难题，关键就是要推进政府转型，打破权力垄断，形成完善的金融和土地等要素市场，开放电信、铁路、电力等基础产业市场，为国有企业、非公等各类企业的发展，提供一个良好的经济环境和市场环境；同时加快向有限政府转型，聚焦政府有限目标，突出政府服务功能，形成政府对公共产品和公共服务的有效供给，解决社会公共产品和服务严重的短缺现象。当前我国政府在向有限政府转型过程中，仍然存在以下亟待解决的突出问题。

（一）政府部门对微观经济干预过多

回顾四十多年来我国市场转型的历史轨迹，我们不难发现，尽管我们早在1992年就明确提出建立市场经济体制的目标，在实践中也通过逐步减少计划统配的领地，扩大了市场配置资源的范围，但是计划体制和机制并没有根本改变，市场配置资源仍然处处受掣肘，原有的政府管理体制机制已经难以适应市场经济发展要求。一方面许多适应市场经济发展的服务或监管职能无人履行或履行不到位，比如市场秩序混乱，缺乏有效的市场制度规范，市场信用严重缺乏，成为稀缺资源；另一方面政府大量的精力仍然停留在经济领域，停留在对资源的支配权上，对资源的控制权难以割舍，具体体现为政府部门对微观经济干预过多。据有关媒体报道，海南餐饮业包括卫生、防疫、劳动、社保、消防、动检等近20个"婆婆"，这些部门往往不是为企业服务，而是寻找各种名目追求本部门甚至个人利益，使企业除了正常税费外，还得负担各种名目的收费和罚款。

（二）强政府、弱市场现象突出

目前我国经济发展中所遇到的许多现实问题，不是市场充分发达后出现的市场失灵，而是没有市场或市场发育不充分出现了强政府（强政策）、弱市场现象，一方面由于政府官员对GDP追求的利益冲动，行政权力和政府资源被大量用于追求GDP增长；另一方面在政府强势主导下，极易使政府权力边界不清，为获得最大化利润，一些握有垄断性行政权力的政府机构和官员，往往直接卷入营利性活动，通过行政权力形成私利，对民间利益进行挤压或侵犯，也导致行政权力深深地卷入了商业利益的竞争，使政府权力在各种社会利益矛盾中难以公正地发挥"裁判员"职能，也在相当程度上限制了市场经济中优胜劣汰机制的作用，妨碍着资源的优化配置和经济增长方式的转换。特别是政府权力的无处不在，成为目前我国经济转型的主要障碍。

（三）政府对公权资源垄断影响市场经济健康发展

当前我国正处于以政府转型为重点的改革攻坚关键时期。在这一转型阶段，政府和市场的关系不清晰，国家调节、监管市场的权力缺乏清晰的界定，导致政府滥用公权垄断的现象较为突出，也成为制约经济转型、促进市场经济健康发展的主要瓶颈之一。缺乏对政府公共权力的有效制约，不仅阻碍了公平竞争和社会资源的有效配置，也诱导众多具体经营活动乃至资源配置不得不向权力倾斜，并寻求权力的保护。在这种情况下，一些对政府公权力影响大的群体（通信、电力、能源、金融等垄断行业和企业），往往容易成为我国社会资源配置和公共政策制定中的强势主体，其结果势必要影响到社会的公平和公正。

三、如何向有限责任政府转型

从无限政府向有限政府的转型，实际上就是对政府权力资源的重新配置，同时也是现代公民社会条件下对政府权力的一种限制或制约。在这种权力资源配置过程中，要实现政府自身改革，除了其他阻力之外，最大的阻力可能就是政府自己。权力利益化，利益部门化、地区化，甚至利益法定化，已经成为当前我国政府改革可能遇到的最大障碍。历史经验表明，如果执政者出于维护自己的特殊利益而坚守过时的制度和政策，那么改革的机会就可能丧失，改革的进程就可能被延缓。因此，当前我国经济转型能否成功，在很大程度上取决于政府改革能够往前走出多远，能否真正以人为核心，以大多数人的利益为重，超越少数利益集团的利益，超越部门利益的束缚，保持短期利益和长期利益的均衡，体现弱势利益优先的原则。

我们认为，"改政府"的当务之急，就是要纠正全能政府的越位与错位，抓紧转变政府职能，从无限政府责任向有限责任政府转型。这不仅是我国经济转型发展的内在要求，也是树立和落实科学发展观，建立适应市场经济发展需要的政府体制，构建现代市场体系的需要。从全能政府向有限政府转型，当前重点是着力于以下几个方面：

（一）牢固确立公共服务政府的理念

一个良好的社会治理秩序，应该是建立在责任政府、有效市场和活力企业的现代社会相互协作基础之上的。政府对社会事务的治理过程，或公共决策过程，不能仅仅是政府单方面行使权力的过程，而应该是政府与企业、政府与社会、政府与公民、中央政府与地方政府之间的互动过程。我国政府转型，改革开放四十多年来，从"以阶级斗争为纲"转为以经济建设为中心，从单纯片面地追求经济增长到科学发展观，从强调政府权力中心到公共服务政府，从行政手段为主转到以运用经济手段为主，从微观事务的直接干预逐步转变为宏观调控，从公共产品和服务的直接生产者向提供者的角色转变，从强势国家治理到社会共同参与治理，从政府人治到法治转变，等等。在这些重大转变的要求背后，实际上，最为关键的是要实现理念先行，通过政府转型带来政府对其自身价值的重新确认，实现对政府"公共性"的价值回归，具体主要有四个方面：

（1）政府的核心职能和职责在于提供公共的产品和服务；

（2）促进和实现社会的公平和正义比追求秩序、经济和效率更重要；

（3）公共事务的管理需要建立在政府、社会、企业共同参与治理的基础之上；

（4）政府作为公共权力的委托人需承担更大的公共责任。

（二）提高政府对核心资源的支配力

经过四十多年的改革，我国不仅成功地实现了从计划经济向社会主义市场经济的转型，初步实现了从传统的农业社会向现代化工业社会的转变，实现了社会结构从封闭走向开放、政治体制从封闭集中向社会主义民主政治方向的发展，还通过政府在价值理念、职能调整、理顺关系、机构优化、完善机制、活化人力、依法行政等方面的一系列探索、改革与创新，初步实现了向现代化政府治理的转型，这些变革，为我国政府转型奠定了良好的基础。然而要实现从全能政府向服务政府的初步转变，更好履行政府服务现代社会的要求，从计划经济转向市场经济后，我们仍然要求政府在资源控制方式上进行重大转型，通过解决国家干预过多、市场无法自转的体制问题，实现政府由原来的全方位资源覆盖性控制，转变为政府对重点领域和关键行业的资源控制。因此，转轨时期的政府基本功能更多的将是控权而不是授权，即控制计划经济时期的政府权力，同时对政府资源配置的权力进行结构性调整，从计划经济时期政府对资源全方位的覆盖和控制，转变为市场经济条件下政府对核心资源的控制力和支配力，即通过政府对事关国家主权、国民经济发展命脉或重要经济社会领域的控制力和支配力，提高政府服务市场经济的能力和效率。

（三）聚焦政府有限资源实现有限目标

我国在向现代化转型发展过程中，政府将面临十分繁重的任务，比如在经济领域，政府既面临着如何促进经济增长、实现经济稳定、充分就业和收入公正分配等任务，还肩负着深化体制改革的艰巨任务，既是经济发展的推动者，也是经济体制的设计者和改革的推动者；在社会领域，政府既承担着创建新的社会管理体制，确保14亿民众生活保障的艰巨任务，还要化解各种社会矛盾和压力，满足民众对政府期望值不断增长的要求。这些都充分表明，我国不仅需要一个有责任的政府，更需要一个有效率的政府。而要实现这种政府的效率，就必须突破全能政府无限目标、无限责任（最后往往难以真正承担责任）的管理运行模式，抓大放小，集聚政府有限资源，实现政府公共管理有限目标，切实提高政府的公共行政效率。从当前任务与要求看，就是要通过政府的政策导向，形成相应的制度安排，确保企业增长、社会就业、社会稳定的良好经济社会秩序和社会环境，而不是由政府直接介入经济社会领域开展相关活动（在特殊时期，政府直接介入等救市措施是必需的，如2008年汶川大地震、克服金融危机中，政府就起到了不可替代的重大作用）。因此，从全能政府向有限政府的转型，当务之急实际上不是干预市场，用有形之手替代市场无形之手发挥作用，而是要充分培育市场，完善市场机制；通过立法限制政府权力膨胀，加强对公共权力的监管，减少政府干预市场的机会；同时，防止政府对公共领域经营的独享垄断，实现政府从资源绝对控制到资源相对控制（逐步市场化）的转变，进而实现市场在资源配置中的主体地位；通过发挥政府应有的职能，增强社会公共产品和服务的有效供给，形成经济发展的良好秩序环境。

总之，随着计划经济向市场经济的转轨，政府对市场的全面管制权应逐步削弱、减少，政府配置资源的权力也应逐步由市场来进行，并依靠法律规范将政府权力限定在一个合理的范围内，将国家调节权力法治化，使政府调节市场行为有法可依，使计划经济条件下的全能政府逐步向市场经济条件下的有限政府转变。而要真正或彻底解决政府公权力垄断造成的市场发展障碍，我们一方面既要加强对政府公权力的监管，加快推进政府转型，促进政府转型的全方位，即政府转型不仅要体现在从管治向服务政府的理念转变，从无所不包的大政府向有限政府的执政方式的转变，更要通过政府转型实现政府资源配置方式上的重大转变；另一方面则要实现从绝对权力垄断政府转变为相对权力垄断政府，从全能政府和无所不包政府向有限政府和有限政府目标转变，就必须适时启动政治体制改革，正如经济学家杨小凯、陈志武等多次强调的，需要启动宪政改革（即宪法框架下党政之间的权力配置与设计），否则中国改革的"后发优势"将变成或正在变成"后发劣势"。著名经济学者盛洪也认为："最重要的问题是限制行政部门的权力，行政部门的问题就是它的权力没有被明确界定，往往会越权。我们的改革实际上就是要明确界定它的权力边界，约束它越过界限、突破自己权限的这样一种冲动，这需要一套制度安排"。这种制度安排，实际上仅通过经济学或者行政法学仍然无法全部供给，而应通过与经济法学的合作进行共同"攻关"，才能更好地实现有限资源在全社会领域的优化配置。

第二节 向服务政府转型，高难度的跨越

从计划经济向市场经济转型的过程，实际上也是政府逐步退出微观经济领域，实现宏观经济管理职能转变的过程，比如2004年国务院发布的《全面推进依法行政实施纲要》中明确提出，全面推进依法行政，围绕"建立法治政府"这一目标，确立了7个方面的

具体任务。"政企分开、政事分开，政府与市场、政府与社会的关系基本理顺，政府的经济调节、市场监管、社会管理和公共服务职能基本到位。中央政府和地方政府之间、政府各部门之间的职能和权限比较明确"，实际上就是进一步界定政府权力，科学划定政府和市场的界限，实现对政府权力的有效控制。可见，我国前期的改革主要是"扩权改革"，恢复市场主体的基本功能，打破禁锢在市场主体身上的各种"枷锁"，而后期的改革主要是限权改革，控制政府的干预权力。因此，当我国经济转型进入后改革阶段后，政府能否转变职能，实现改革与创新，就成为我国经济转型能否顺利进行的重要决定力量。

一、为什么要向服务政府转型

向服务政府转型，一定意义上也是市场经济权力逐步替代计划政府权力的发展过程。这种政府权力的自我主动放弃，往往是一种艰难的抉择。那么政府为什么要放弃原来的微观经济活动控制权，转向公共服务政府？

（一）微观经济活动主体是企业或自然人，政府据有控制权有悖市场经济发展要求

无论是远在斯密时代，还是在 20 世纪凯恩斯时代，或者是在当代，微观经济活动的主体都是十分明确的，即企业和自然人始终是微观经济活动的主体，政府对微观经济活动的干预或介入是有悖于市场经济的法则的，会造成对市场经济效率的破坏（会产生对市场的挤出效应）。然而多年来我国受计划经济影响，政府对经济活动的干预和管理往往是直接的、全方位渗透和控制的，包括对微观经济活动领域，这就难以避免地造成了政府微观经济活动的低效率和资源配置上的浪费现象。而从计划经济向市场经济转型，就是要将政府从这种微观经济活动的约束中解救出来，发挥政府在宏观经济领域的管理和协调优势，从事无巨细的全能政府中解救出来，按照有所为有所不为和抓大放小的原则，实现政府向公共服务型政府的转变。具体就是要通过政府转型，真正使政府职能实现方式发生重大转变，即对经济活动的调节，由行政手段为主转向运用经济手段为主，对社会经济事务的管理，由微观事务直接干预者逐步转变为宏观的调控者，从公共产品和服务的直接生产者向提供者的角色转变。

（二）向服务政府转型是现代公民社会的基本要求

目前在我国有相当一部分人，仍然把政府视为对公民进行管治的政权机器而不是服务于民的平台或载体。之所以容易产生这种较大的认知差异，除了缺乏民主意识之外，更重要的就是传统的以权力为核心的等级制度根深蒂固，这种几千年来所形成的高度集权体制，以及随之而来的以权力维护为核心的等级管制制度所产生的影响已经如影随形，渗透在许多人的血液和日常行为规范中，往往难以一时消除，也是影响我国政府管理理

念与行为转型的一个重要原因。比如国家机构常常是按照行政权力的大小,以身份和单位为载体,对不同的人进行地位分类,即按照行政级别的不同,将不等量的社会资源和支配社会资源的权力分配到不同级别的个人和单位。个人的身份与社会地位的获得,主要依赖行政权力,行政权力又与单位制度紧密联系。社会成员对社会资源的占有主要通过单位组织来实现。一个人一旦离开了这样的单位组织,也就丧失了过去由单位组织赋予他的各种资源和各种国家权力。而单位组织又紧紧依附于国家,由此就形成了个人、单位与国家的三者合一的内在关联性,也促成了小集团关系网络的形成。通过占据和垄断稀有资源的分配权,在国家经济、社会事务中舞弊牟利,形成了公共资源个人化、公共权力私人化、公共利益人情化。可见,个人身份制与单位制、行政制是一脉相承的,它表现为对等级秩序的推崇和对权威的认可及追逐,同时具有媚上欺下的两面性。新中国建立后,这种个人身份制不仅没有被打破,反而通过城乡户口的分离、干部与平民的差异政策进一步得到了强化,并通过不同身份的社会成员占有不同量的社会资源、拥有不同的社会权力体现出来,当前一些政府部门少数人之所以把社会公民作为管治对象而不是服务主体,自视高人一等,其根源也在于此(此外个别政府官员的不端行为,也严重影响了服务政府的形象)。显然这种传统的等级管理理念,已经越来越难以适应经济转型条件下多种社会阶层、各种社会利益群体并存的发展要求,与现代社会的公民平等意识、多元化社会治理结构、政府与公民平等主体地位等发展要求相背离。

(三)向服务政府转型既是衡量一个国家现代化的重要标准,也是实现现代公民社会的基本要求

国家的现代化既是经济发展的现代化,也是人的现代化,包括政府行政的现代化,而政府行政现代化的重要内容就是构建服务政府。向服务政府转型也是经济转型发展的内在要求,在经济转型进程中,随着多元利益主体的产生,市场公平氛围的逐步形成,社会转型的要求日益凸显,其中平等权就是现代公民社会的一个最基本特征。这种平等性特点,不仅体现在社会各阶层成员之间具有法律意义上的平等地位,还体现在包括公民与政府之间同样是平等法律主体,政府与公民之间的关系不再是传统的自上而下的等级治理关系,而是平等的主体对应关系,政府既有管理公民的权力,也有接受公民监督的义务,这种监督已经形成了相对完整、严密的法律程序和制度规范。显然,在这样的现代社会背景下,原有的以权力垄断和自上而下管治形成的等级秩序,已经不能适应现代公民社会的发展要求。而要实现从管制政府向服务政府的转型,首先就必须改变政府对权力的绝对垄断这种制度安排,将政府垄断的绝对权力转为公众可以分享的相对权力,实现社会的共同治理。

二、走向服务型政府，我们面临哪些困惑

在向服务政府转型进程中，我们也应清醒地看到，政府自身的改革与发展，与整个经济社会发展也是一个相互适应的过程，既不能超越社会的发展阶段，也不能滞后于社会的发展水平。多年来我国政府改革的经验表明，政府改革必须始终围绕着建立和完善适应市场经济发展要求的体制机制这一中心任务进行，当前在向服务政府的转型过程中，仍然存在以下突出问题：

（一）缺乏服务政府的理念

在改革开放之前，社会成员的身份地位是人们社会地位最主要的外显特征。从计划经济向市场经济的转变，则使人们身份的含义发生了某些变异，权力只是一种重要的参照，财富和声望也成为参照系数。在这样一种互为参照的结构体系中，权力极容易在市场经济条件下演变成为权钱交易的筹码，形成堕落腐败的根源。因此，市场经济条件下的权钱交易、堕落腐败的现象，既与改革以来中国社会结构的变迁有紧密关系，同时也与服务政府的理念培育紧密相连。服务政府的理念是服务宗旨的具体体现。服务政府体现的，实际上是现代公民社会的一种崭新理念，这种服务政府的实现，往往是通过制度安排，通过合法的程序实现广大民众的参与民主，而不是在缺乏民主制度安排条件下的一种政治施舍，更不是一种"被民主""被人民"的强加式或口号式的理念。新中国建立以来，虽然我们多次强调为人民服务的宗旨，然而由于采取了管治政府的做法，对政府权力缺乏足够的约束和监督，既导致政府权力过分膨胀，也容易以政府理念替代人民意愿。

（二）执政党执政方式转型制约着政府转型

在党政一体的政府治理结构中，政府转型的核心，一定意义上就是执政党执政方式的转型。虽然我们在改革进程中逐步采取了党委与政府权力分离、职能分设的治理方式，但是在大多数情况下，党委实际上仍然是政府的直接领导者或控制者，这种高度统一的党政合一的政府管理体制，有利于形成高效率的行政管控力，但是不足之处也是显而易见的，就是执政党掌握了过多的核心资源决策权，在政府履行职能的实际运行中，偏好于以党代政或形成党政不分的体制机制。因此，在向服务政府转型进程中，如果我们不对执政党管理政府的运行框架进行调整或完善，仅仅通过政府自身的职能转变，显然是不可行的。其实，执政党作为权力核心，同样也面临着转型的要求。根据有关数据统计，目前我们党已经拥有9000多万党员，成为党员数量最多、世界上最大的执政党，党不仅掌控了政府和国家的权力，同时也形成了党对政治经济与社会生活的全方位覆盖、渗透和领导。在这种政治体制格局下，从传统的管治政府转型为服务政府，所涉及的政府

权力的监管与制约，其实质在一定意义上又归结到对执政党的权力制约问题。

（三）执政党执政方式转型正在探索之中

从国际经验看，执政党执政方式主要有两种典型模式，一种是三权分立式，比如以美国为首的大多数发达国家；一种是君主立宪式，比如英国。然而不论是采取哪一种执政方式，都难以回避国家政权的民众基础，都是将国家原来垄断的权力转变为与公民共享（从部分公民、间接分享，逐步转变为覆盖全体、直接分享）。实际上自改革开放以来，我国就一直在探索执政党执政方式转型的具体路径，首先从执政党的群众基础做起，比如2002年召开的中共"十六大"通过修改党章，允许不同社会阶层的人包括私营企业主入党后，全国非公有制经济体中党员人数大幅增长。截至2007年6月底，非公有制单位中党员人数已达318万名，占全国党员总数的4.3%，其次是我们党的执政理念、执政方式等发生了重要变化，逐步实现了从革命党向执政党的转变。正如中央党校王长江教授所说的那样，改革开放40多年我党的一大成就，就是把计划经济模式下事无巨细、包揽一切的全能型政党，转变成为积极推进市场经济体制、更加尊重各类市场主体自主权的服务型政党。此外，进一步探索了党要管党的路径，比如加强党内监督、保障党员权利、完善党内选举制度（改进候选人提名制度和选举方式），实行党务公开、逐步扩大基层领导班子直接选举试点等一系列改革措施，标志着我国执政党执政方式转型正在逐步深入推进。

（四）执政党执政方式转型缺乏主动性

当前我国执政党自身建设面临更加艰巨的任务，例如随着我们党执政时间的增加、党的队伍的变化，党的自身建设也将面临执政考验、改革开放考验、发展社会主义市场经济考验等多重新考验，然而我们在这种考验面前，仍然缺乏一种系统的规划布局，往往是随着经济社会发展，推动着党的建设进行被动改革，使我们党的工作在多数情况下是一种被动状态而不是主动出击，比如非公经济人士的入党问题虽然解决，前后却大约经历了近十年左右的时间；"两新组织"（新经济组织和新社会组织的简称）党建更是问题重重，至今仍然缺乏有效的载体以及稳固的活动方式，被戏称为"地下党"；从党的民主建设看，虽然逐步推进了基层民主政权建设，却把基层直选更多地锁定在村级和居委会层面上；从党内政治生活看，虽然党内民主强调多年，却始终改变不了一把手说了算的潜规则。从文化建设上看，构建社会主义核心价值体系，从建设目标提出至今，仍然没有把核心价值体系应该包括的具体内容予以明晰，仍然停留在口号式的要求上。从社会层面看，虽然强调要致力于解决民生问题，却始终是民生问题推动着政府被动式地解决，而且还留下了许多历史欠账。上述现象表明，政府转型，特别是执政党执政方式转型近年来始终处在一个被动的局面，一个重要原因就是政府转型缺乏内在的自我加压的动力，更多考虑的仅仅是短期利益上的得失，往往难以自我加压（如果按照国际规范进行政府转型，只会使政府自己手中的权力越来越少，而担负的责任却越来越实，在缺乏统一、可行、可量化的考核体系情况下，其结果是政府转型不会提前，只会延后，必然将导致政府转型的滞后），这也是导致目前我国政府转型缺乏具体时间表的一个重要原因。

（五）执政党执政方式转型任务艰巨

执政党执政方式转型是一种自我完善，是自己自觉地监督自己、自觉地改变自己，这既是一种高标准、严要求，也是一种高境界。然而从目前发展情况看，实施起来似乎仍然有较大的难度。比如从党要管党、党对自身进行改革这一要求看，虽然我们党已经提出了多年，也在一定程度上进行了探索实践，但是从实际效果看，这种自律效果仍然不太理想，一个重要原因，就是执政党的治理理念仍然没有完全转变过来，虽然自20世纪50年代以来，我们党就已经开始了从革命党向执政党的转变，然而真正完成这种从革命党向执政党的体制机制包括管治思路转变，严格意义上应该是在1990年代末期。然而从总体上看，执政党的职能转变，仍将是一个长期而漫长的历史任务。

实际上，这也是我们党再一次面临着如何加强自身建设、加快执政党服务职能转型的新要求，一定意义上也就是将我们党转变为执政为民的全民党和服务型政党。要实现这一目标任务，就必须立党为公、执政为民，这也是我们党的执政基础。如果我们党脱离了民众基础这一执政的根本出发点，不仅会失去执政的社会基础，也将会使我们党在全球化经济社会发展的浪潮中失去竞争力和生命力。然而许多人尤其是党内的许多官员目前对这一问题的重要性、重要意义的认识，仍然比较滞后，并没有真正意识到、更没有自觉地转变为实际行动，尤其是许多基层单位的党委负责人在决策过程中，在考虑问题的立场和观点时，仍然高高在上，缺乏群众意识，甚至严重脱离群众。近年来发生在许多基层单位与民争利的事情、矛盾和纠纷，说到底就是没有形成群众意识和群众利益至高无上的执政理念也是我们党在执政路径和方式上的重大转变。科学发展一定意义上，实际上就是要为民发展、为国家的长治久安而发展，是一种可持续的发展。

因此，进一步提高领导科学发展的能力，坚持党要管党、从严治党，有效防范和打击腐败，管党治党的任务比过去任何时候都更为繁重，从目前情况看，仍然缺乏体制机制上的通道和切入口，这种转型极有可能陷入一种自我循环的转型悖论。

三、我国如何向服务政府转型

从管制政府向服务政府转型，既是一个长期发展的过程，同时也是现实发展的紧迫需要，当前应重点做好以下几个方面：

（一）进一步确立服务政府的理念

从管治政府向服务政府转型，首先就必须牢固确立服务政府的理念，按照服务政府的理念，政府的一切权力都是人民所赋予的，政府为社会公众服务是理所当然的本分。虽然我们党早在上世纪初就确立了服务于人民的理念，作为执政党，早在建国初期就已经确立了这一理念，然而多年来我们所确立的服务政府理念，在许多情况下，更多的还是仅仅停留在空泛的人民概念上，还没有明确服务人民的具体含义，或者说仍然停留在革命党的服务人民的理念上。实际上，随着传统社会向现代公民社会的转变，现代公民社会中的服务政府所针对的服务对象，已经不仅仅是一般意义上的，更有着具体服务载体和服务对象，比如全体纳税人既是服务政府的衣食父母，也是服务政府的具体服务对象，为全体纳税人服务的理念就应逐步成为当前我国服务政府的一种新理念、新要求。尤其是当前我国社会正由生存型社会向发展型社会转变，即从主要解决物质生产的匮乏，转变为更加关注人的全面发展，实现科学发展。伴随着这一变化，我们认为，要进一步确立服务政府的理念，推动管治政府向服务政府转型，就必须形成政务公开、行政问责制等方面的制度；就必须在实践过程中，逐步调整发展思路，更加注重统筹规划，改变原来的"让一部分人先富起来""效率优先"等思维定式，把改革发展的成果逐步惠及到全体人民；就必须确立学习型政府的理念，通过形成一种新的政府服务理念传导工具，或形成新理念，逐步改变固有的官场习俗。目前在我国部分地方政府，服务政府已经不仅仅是一种理念，也正在逐步成为一种政府自觉的行动。

（二）建立服务政府的制度规范

从计划经济规制转变为市场经济规范，对各级政府而言，就是要从传统的绝对服从秩序规范，转变为现代社会的平等约束制度规范。经过四十多年发展，我国政府转型虽然在政府服务方式、政府服务行为上发生了较大变化，逐步形成了公民本位、服务本位（而非政府本位、权力本位）的观念，公共服务从封闭走向开放和透明（政务公开，行政权力的运作更加公开和透明，政府信息公开等法律的制定和实施，标志着开放政府时代的到来），跨机关的整合服务开始出现（20世纪90年代以来，建立了政府服务大厅，政府对民众提供的服务朝着跨机关、整合化、便民、高效的方向发展），从政府提供服务到公私合作提供公共服务（许多地方政府积极探索透过市场机制，通过政府与民间的合作，生产和提供公共服务，例如基础设施的投资与建设、环境污染的治理、城市的管理和开发、森林资源的保护等诸多具体的公共事务管理），各种柔性管理和服务方式开始出现（传统的强权高压行政的方式正在发生变化，一些新的行政方式，如行政规划与计划、行政指导、行政契约、信息引导等，在各级政府和部门受到普遍重视并得到应用）。但是总的来看，加强政府服务制度规范仍然需要进一步完善。服务政府的制度规范主要分为内容规范和程序规范两大方面。在内容规范上，应进一步聚焦现代市民社会以人为本的行政理念，着力形成以民众为重要参与主体的政绩考核体制和机制。在程序规范上，按照公共领域、公共资源配置与公共权力运作上所要求的公开、透明和公正原则，建立一系列的政府服务规范，并充分体现在行政决策、行政运行、行政执法和行政监督等方面，形成如重大公共决策事前征询制度、重大公共决策提前告知、市民代表参与听证制度、市民公开查询制度、媒体公开监督制度，以及市民的疑问解答制度等一系列制度规范。

（三）从资源控制力转变为服务渗透力

传统的政府控制方式，主要是通过权力科层组织体系，运用组织资源优势，实现多层级之间的控制。这种以行政为主导的控制方式，在一定时期一定阶段是必要的，也可能是最有效的，然而它容易导致现代社会的官本位、官文化，形成官位等级不同，占据的资源、施令的分量及享用的待遇差别，以及官位所体现出来的荣耀和利益的悬殊，成为人们竞相追逐的核心目标这种导向上的偏差。更为重要的是，一个政府如果仅仅依靠行政控制方式，调动社会资源进行社会资源的配置与控制，可能是缺乏效率和基础权威的；随着传统社会向现代社会的转型，各种社会思潮相互碰撞，人们的思维方式、选择方式也更加多元化、多样化，政府的资源控制方式与手段也要适应这一发展变化，应由原有的刚性资源控制力，逐步转变为柔性资源控制力，政府服务渗透力就是这种柔性或软性控制力的集中体现。这种柔性控制力实际上就是服务政府的一种服务渗透力，就是通过政府的服务效率，以规范服务形成社会的广泛认可和信任，以政府规划和政策效力为主导杠杆，形成政府对全社会的广泛服务渗透力，而从政府资源控制力转变为政府服务渗透力，这种转变本身也是政府从传统资源配置方式向现代资源配置方式转变的一种重要标志。

第三节 政府监管转型，走出低效率的误区

在传统的计划管理体制下，由于政府基本控制了一切重要资源，也成为这些重要资源的主要甚至是唯一的产权主体。在这种情况下，政府对资源配置监管，主要是采取内部监管方式，监管主体主要是政府自身或其委托代表。在这种自己监管自己的制度设计中，由于产权主体和监管主体的合二为一，往往容易出现内部人为控制问题，也难以实现同一利益主体之间的真正监管，导致国有资源监管上的低效率。而与现代化社会相适应的政府监管模式，从国际惯例看，主要是一种由专家或第三方监管为主的外部委托监管。与传统的政府自我监管相比较，这种第三方为主的外部监管，有利于提高政府监管效率。然而实施第三方监管又是有一定的条件限制的，即市场体系和法律体系必须健全，信用环境完善。无论是前者，还是后者，都是目前我国政府监管过程中所缺乏的，也是

我国政府监管的薄弱点，更是实现政府监管转型的一项长期而又艰巨的任务。当前政府监管转型必须远近结合，既要着力提高对国有资产的监管效率，也要加强政府监管的基础设施建设，从人治向法治转变、从熟人信用向陌生人契约信用转变，而后者一定意义上更为重要，也是政府监管转型真正到位有效的根本。

一、国有资产监管为什么低效率

回顾我国四十多年来经济转型的发展进程，我们发现政府监管的低效率，最为突出的，就是体现在对国有资产的监管上。目前对国有企业经营资产进行有效监管，可以说是最为棘手的一件事情。虽然我们有各级国资委、各级纪检委等外部监管机构，有企业内部监督机制，形成了公司治理结构，包括上市公司监管；然而在所有权和经营权普遍分离、经营者缺乏职业化管理规范等条件下，对国企资产监管仍然存在虚化现象，国有资产的实际监管成本依然很大。近年来这方面的有关新闻报道也很多，一方面，少数不法经营者（包括部分掌管国资监管权力的官员）利用现有监管制度的漏洞，把大量国有资产转移到国外公司的个人账户，为今后的安全着陆做好准备；另一方面，许多国企经营者利用手中实际掌管的权力，通过所谓的资产运作，以合法的方式把大量的国企资产化公为私，导致国有资产的大量流失。目前国有资产的流失方式也形形色色，出现了多样化。比如通过国有企业改制，以产权改革变形等方式导致国有资产流失就有近十种之多，根据陈文科先生在《中国改革论坛》刊文中介绍，目前主要有以下几种方式：

1. 借助民企不规范参与"改制"，导致国有资产流失。引入民营企业资本重组或购并国有企业，并规范运作，是现阶段老字号国有企业起死回生的一种重要方式。然而武汉某民营企业集团在重组国有企业过程中，通过购买国企优质资产、由政府垫付资本、低估优质国有资产等方式，直接导致近千万国有资产流失。

2. 利用国有企业的土地和机器经营私人企业。比如山东某国有企业主要管理人员，利用私藏隐匿的部分国有资产（大部分机器设备）和品牌，金蝉脱壳，复制"创建"同名私营企业，形成"左手倒右手，国有变私有"。

3. 借助"改制"，把职工股份转变为个人股份。

4. 将国有独资"改制"为国有控股，导致资产流失。

5. 企业借贷改革，一卖了之。

少数国有企业改制导致国有资产流失的典型案例警示人们，国有企业改制仍是我国国企改革的问题易发地，而治理"改制"和"产权变更"名义下的改革变形，更是我国现阶段改革的一个难点。

近年来，面对国有企业改制的旋风式攻击和批评，相关部门几乎叫停了竞争性行业的国有企业改制进程，然而却在绝不加快垄断行业市场开放的倾向下，仍然出现了通过行政垄断权加速私有化的案例，这绝对是一种极不和谐现象，因为无论叫停本应加速的改制，还是推进不应推进的改制，都增加了国有资产被利益集团攫取的机会，违背了国有企业改革的初衷。然而在现实的世界里，我们却难以找到一个有效的改制平台，避免类似情况的再次发生。正因为如此，国有企业才更需要坚定不移地规范推进产权制度改革，进一步加强对国有企业和国有资产的监管，唯有如此，才能尽可能缩减国企改制中国有资产被非法攫取的空间。

二、国有资产监管，问题出在哪里

虽然近年来我们的各级政府尤其是国有资产监管部门加强了对国有企业、国有资产的监管，制定了一系列法规和规章制度，然而如何有效遏制国有资产流失，仍然是当前国有资产监管上的一大难题。纵观近年来我国国有资产流失的一些典型案例，导致我国国有资产流失的原因固然很多，既有客观上国企经营不善、政府职能转变滞后、缺乏对国有资产科学评估等客观原因，也有主观上缺乏经验、监管不足等主观原因，而国有资产监管体制机制不到位，以及政府监管的低效率，则是其中重要原因。

（一）国有资产监管体制机制仍然缺位

从原来各部门分散式的国有资产监管，到国资委一家进行统一监管，有效地提高了国有资产的监管效率。然而我国的国有资产仍以每年近300亿的速度大量流失（根据有关数据统计），这种流失既有资产经营不善导致的资产贬值，更多的仍然是由于监管上或者制度流程上的因素所致。例如对垄断国有企业的红利征收，社会各界已经呼吁了多年，至今仍然缺乏监管规则，更缺乏操作（近年仅对个别国企进行象征性地收取）；比如社会各界反响巨大的部分国有企业高管的天价年薪，更是缺乏监管，放任自流，虽然国资委目前已经开始有所考虑，然而仅仅是下了一个最高年薪上限的原则性规定，仍然缺乏具体可操作的办法。而强调多年的国有资产产权交易市场，也存在着秩序混乱现象，比如目前的国有资产产权交易所全国就有近10家，在进行柜台或场外交易过程中，往往存在标的评估不规范或任意性较大，导致出现了部分标的价值被低估的现象。此外，目前虽然注重了对国有资产交易环节的监管，但是仅仅依靠国资委一家的力量，仍然难以形成一个从源头到过程、到终端的完整的资产监管流程，尤其是对企业资产的内部监管，仍然缺乏有效的监管控制手段，使一些国企往往可以利用企业改制进程中一些技术手段，比如通过资产在母子公司、境内外公司之间的划拨、折旧或核销等方式，化大公为小集体、化集体为私人。

（二）政府监管仍然是高成本、低效率

政府缺乏监管，一方面是缺乏对监管的关注，比如问题太多，来不及监管，或缺乏监管的思路、对策；另一方面也与政府监管的成本直接相关。如果成本过高，缺乏可持

续性，往往就应让位于其他组织或社会进行监管。然而直到目前，在许多地方的政府监管中，仍然缺乏监管成本的理念，对一些社会事务过多投入、甚至不计成本的投入，常常使政府监管费用居高不下，也导致了政府监管上的低效率。例如目前对信访现象的监管，实际上已经存在一种局部失控现象，投入了大量的时间、人力、物力。比如对国有高企人员监管，对少数高位人员的监管，不仅成本高，而且监管效率低，许多情况下是出了问题再想补救办法，处于监管的救火状态。对重大重点领域的监管仍然缺乏方位感，特别是对防范重点人员的腐败监管，往往是束手无策。

（三）国有资产监管法制建设比较滞后

具体体现为：一是政府监管法制缺乏系统配套。当前我国仍然处在由传统社会向现代社会转型的过渡阶段，虽然从法律形式看，我国法治监管已经有了基本规范，但是缺乏相关的法律配套措施，法律条文往往成了摆设，或过于空泛，难以形成有效监管，导致法律执行难；二是政府监管法治权威弱化，法治监管权威仍未确立。从发达国家现代法治社会的发展进程看，政府监管核心是建立法治政府，确立法治权威。我国政府监管虽然已经摆脱了转型前曾经有过的混乱和无序（比如20世纪"文革"期间，由于没有任何法律规范，社会治理方式基本是一种随意性的大民主，也是一种典型的无法无天或个人专制独断），逐步从人治转向法治，建立了以法律权威为基础的政府权威，但是这种政府治理的基础仍不牢固，一个重要的原因就是在政府监管，尤其是国有资产监管中缺乏执行力，在执行过程中仍然存在"权大于法"的现象，导致监管滞后效应比较突出；三是缺乏国有资产监管的刚性责任制度。一方面是政府监管缺乏法制权威；另一方面则是政府监管缺乏刚性责任机制，以至于在目前国有资产监管上，虽然已经形成了制度刚性，但是往往缺乏可操作的刚性制度约束，包括对国有资产流失责任上进行惩罚的可操作措施，比如目前对大型国有企业、政府各有关部门的审计监管仍然停留在账面审查上，虽然流程和程序逐步完备，但是缺乏实质性监管举措，尤其是缺乏责任到人的奖惩机制，导致国有资产流失现象依然突出。

（四）现有政府治理模式依然存在弊端

如果我们从更加广泛的背景上进一步考察我国国有资产监管问题，我们就会发现，在大量国有资产流失的背后，实际上暴露的是我国当前政府治理方式上的不足。

上述分析可能是一家之言，或许有一定的局限性，但是却从一定程度上反映了当前政府治理模式包括国有资产监管上存在的突出问题：当前我国的经济转型，从社会治理模式的角度看，就是从绝对权威转变为法治权威，从"权治"社会向"法治"社会转型。目前我国正处在由政府权威向法律权威过渡阶段，在这一转型过程中，我们可以看出，我国经济社会治理转型，实际上正处在一个十分尴尬的状态：一方面，政府治理权威正在逐步弱化，例如中央与地方政府之间，地方政府各部门之间，虽然各种"严禁""打击"之类的红头文件纷纷出台,然而上有政策、下有对策,无论是经济领域,还是社会建设,大到国计民生,小到蝇头小利,各种有令不行、有令不止的现象比比皆是(以政府对传销监管查处为例,尽管国家工商部门对传销的打击一直不曾停止过,并且力度还不时地加大,然而回顾中国长达16年的传销发展历程,由于中国政府监管传销的经验不足,中国的传销档案,实际上写满了政府与"传销者"博弈的历史。政府的监管过程也经历了一个不断起伏的过程,从16年来政府部门相继出台的相关法律条文可以看出,中国政府从原先的"鼓励"发展和打击其中的违法行为,到1998年关闭"直销门",再到2005年立法重新开放"直销",传销和变相传销成为工商部门打击的重点,中国政府的传销监管任重道远);另一方面,统一的法治权威仍未确立,例如1978年以来,我们已经制定出台了几千个法律法规文件,覆盖了经济社会文化等各个领域,特别是从过去的"法制"转变为"法治",虽然一字之差,却体现了依法治国的重大理念上的转型,即从原来强调法律对人们的惩罚打击功能,转变为法律成为调整社会利益关系,促进经济发展,维护市场经济与社会的秩序的功能,转变为治理国家的基本方式、手段。然而在更多的情况下,我们看到的现象往往是依法行事、依法治国仍然停留在口号上,依法办事仍然是一个相对遥远的未来。法律权威的建立依赖于政府权威,反过来法律权威建立后又对政府权威形成了制约,正是这种制约,促使我国经济社会转型逐步走上了法治化的进程。虽然我国的法治化进程仍然艰难,但是我们从法律对政府行为开始有了规范作用和约束中,从曾经被人们生疏甚至遗忘的法律又开始进入人们的日常社会生活中,看到了未来的希望所在。

三、政府监管转型,难在哪里

国有资产监管的问题,核心是实现政府监管转型,强化政府法治监管,实际上就是要从人治政府转型为法治政府,重新确立政府的法治权威。回顾我国四十多年来经济法制改革建设的进程,我们可以发现,从人治政府向法治政府转变,截至目前已经经历了三个重要阶段:一是从1978年开始到1994年,初步实现了人治到法制的转变,形成了法律制度治理框架;二是从1995到2003年,实现了政策治理框架,即主要用政策和文件来治国。然而上述两个阶段仍然属于非正式制度治理阶段;三是从2003年开始的从政策之治向法治之治转型阶段,也即第三次转型,是对整个社会治理方式的转型,这一阶段的立法,所针对或涉及的大多是我国改革多年来没有解决的,却涉及最深层矛盾或重大利益冲突的问题,也是老百姓最关心的、利益最密切的一些法律(比如2004年修改宪法,第一次把尊重保障人权、保护私有财产及其权利写进去,第一次形成了《紧急状态法》,用法治手段来应对社会突发事件、重大事件。其后的《物权法》《破产法》《反垄断法》《劳动合同法》等制定,既涉及民生问题,又涉及利益集团、利益主体、利益群体等诸多利益方利益关系的调整)。而在这种转型过程中,不仅面临着两种制度规范上的转换，而且还涉及政府转型所需要的配套条件，以及政府转型的时间成本等多方面因素。因此我们在这种跨度较大的转换过程中，既要有思想上、心理上的准备，也需要有转换时机上的考虑、人员素质上的应对，还要考虑从旧的监管标准转变为新的监管体系后的制度程序衔接，以及新的监管转型的运行成本，所带来的困难和问题也将会是多样而又复杂的。

（一）多种制度规范并存，容易引发社会秩序混乱

在我国经济社会转型过程中，由于法治规范尚未完全确立，传统规范仍然运行，两者并存的结果，就导致了非正式制度对正式制度的侵蚀，以及经济转型期的制度失序或制度规范的失效，甚至社会秩序的混乱。例如在转型前的计划经济体制下，社会规范是一种以行政等级为基础的绝对服从的秩序，人们处在政府的计划控制之中，社会虽然封闭但总体上看却是有序的。传统社会向现代社会的转型，却导致了两种社会规范之间的冲突。比如当前我国正处在由熟人社会向陌生人社会的转型阶段，由于熟人社会主要依靠伦理治理，陌生人社会主要依靠契约治理，两种社会治理规则的并存，往往容易导致政府治理上左右为难，甚至规则上的混乱。一方面，熟人社会以亲情构成利益原则，往往以关系亲疏作为判断是非的原则，由熟人形成利益圈或利益集团。在这种利益圈面前，政府治理的正式制度规则，基本上难以起作用。所谓的熟人好办事，集中体现了这一点（单位制体制也往往容易把陌生人关系转变为熟人之间利益关系，形成不同于正式制度规范的利益圈子或基于身份等级的利益分配），而且这种熟人社会不断向正式制度侵蚀，即使是在更广泛的社会活动领域，人们也总是倾向通过拉关系、认老乡、送礼等，把陌生人的关系变为熟人关系；熟人的利益圈子也是解决各种社会冲突的重要方式。比如当人们之间出现矛盾或问题，往往首先是寻求非正式的途径来解决，各种社会力量消解在幕后的交易、平衡之中。这些潜规则往往得到了人们的普遍认同和遵守，彼此心照不宣，并在不断地交往中日益得到强化，逐步瓦解或重构着现有的社会正式制度规范。人们往往依凭自身的权力和实力，并根据自己的利益，在不同的场合采取不同的规则，使非正式的制度对正式的制度产生侵蚀，导致了正式制度的失灵或变形，由此也导致了"上有法律下有对策"，从而出现了法律执行不力等现象。在这种情况下，就可能会产生有法不依、执法不严、违法不究的现象，从而使政府制定的正式制度，更多的仅仅是一种形式，难以外化出一种社会治理力量，也导致人们对政府的信任很难超越个人间的信任，导致经济社会的普遍信任体系难以建立。

（二）强政府权威存在，容易导致法律规范实施难

我国政府转型日益向法治化轨道转变，法治已经进入我们的日常生活；多年来我们在法律的执行上、实施上，客观来说有了很大的进展。统计显示，1997年至今，各级法院审结的各类诉讼，包括刑事纠纷、民事纠纷、经济纠纷、行政纠纷，各市级法院受

理审结的诉讼案件达 4800 多万件。在社会转型期，司法机构发挥了积极的作用，然而我们发现现有法律条文虽多，却仍然缺乏足够的法律威力，法律执行难就是这种现象的集中表现。除了部分政府部门与民众缺乏法律意识、自身素质之外，还与传统的政府权威迟迟没有退出法治治理核心环节和关键程序密切相关。政府的权力依然起着较大的作用，这种强影响力体现在依法治理过程中，法律的权威仍然难以发挥出更大的作用。由于相关立法滞后，人们出现利益冲突大都找政府解决，而不是找法院。在这种情况下，对大多数人而言，法治仍然是一种稀缺品，通过法律维护自己的正当、合法权益，仍然难度较大。很多法律规定也难以依法执行，各种矛盾冲突、利益纠纷难以得到有效解决。

（三）缺乏信用秩序，导致政府治理难

突出体现为传统的人伦信用或熟人关系，仍然支配着人们的日常生活与行为方式，治理规则常常效用不大，形成政府治理难局面。一方面，由于多重秩序共存，实际上已经使社会秩序处于一种左右为难的迷茫状态；另一方面，巨大的社会变革又带来了不同文化冲突和价值震荡，使得社会信用秩序出现紊乱与失序。从传统社会转向现代社会实际上也是从熟人社会为主体的伦理社会，转变为以陌生人社会为主体的法理社会。与传统的伦理社会的等级秩序不同，法理社会的社会秩序主要是法律契约秩序，这是形成市民社会或陌生人社会秩序的核心。根据契约确定人们之间的权利和义务，由此也形成了以契约信用制度为核心的社会秩序。然而在原来的熟人信用向契约信用转变的过程中，由于新的法理社会尚未建立，旧的熟人信用在市民社会中作用范围有限（大部分市民之间是陌生人关系），无论是交易双方还是合作利益各方，包括人们的日常生活，由于彼此之间存在着高度的信息不对称，在缺乏熟人社会伦理基础上，在市民社会的契约信用关系还未建立之际，人们之间的信用关系维系常常以偶然性居多，市场上充满着大量欺诈等信用缺失现象，也增加了政府治理的难度。此外，我国许多知名社会征信企业、部分征信市场份额，甚至包括信用评价标准，已基本上被外资企业控制，如果不加以有效解决，比如金融信用评价体系（金融资质软件）完全由外资控制的话，实际上也就一定程度上将金融企业、金融市场的主导权拱手相让，势必会在一定范围内影响到国家金融与产业经济的安全（例如《新华每日电讯》2009 年 3 月 4 日刊登的记者专稿说，我国信用评级市场已经被外来评级机构主导，全国政协委员杨超在 2008 年全国两会上就提交了有关建立我国独立自主信用评级体系的提案，国内资质优良的商业机构、企业在美国等国际金融市场上融资，遭到国外信用评级机构以种种借口压低我们的信用等级，歧视性的评级对于企业来说，意味着付出更高的融资成本；我国本土的几家全国性信用评级机构，自 2006 年以来大部分已陆续被外资收购、参股或与外资进行技术合作而不管是面对国内企业还是国外企业融资，我国都需要建立客观公正的信用评级机构和体系，把信用评级话语权牢牢把握在自己手中）。

四、政府监管转型，先从哪里做起

从传统社会向现代社会转型，从人治政府向法治政府转型，既是当今世界各国的一种发展趋势，也是我国进入经济转型期后，现实经济发展要求的一种必然选择。尤其是随着我国经济转型的日益深化，经济利益主体和社会结构正在发生重要变化，社会矛盾和社会问题日益突出，并已成为世界上收入差距、城乡差距凸显、就业、公共医疗、义务教育、社会保障等公共需求和公共服务方面问题比较集聚的国家之一。当前我国经济转型发展将面临三大改革攻坚的严峻挑战：一是市场化改革能否取得实质性突破；二是改革发展过程中能否兼顾大多数人利益；三是以政府转型为重点的结构性改革能否有实质性推进。而在上述三大挑战中，政府转型或政府改革，无疑将成为影响整个经济转型进程中的关键因素。作为检验政府转型效果和督促提高政府转型效率的重要抓手，政府监管转型不仅是政府转型的重要内容，一定意义上，也是实现服务政府的核心内容，是引导经济建设型政府转向公共服务型政府的重要手段。面对众多的经济转型过程中出现的问题，面对人们对政府转型的各种愿望和诉求，当前政府监管转型最为迫切或最亟需解决的问题主要有哪些？

（一）加强监管立法仍是重中之重

政府监管立法作为一种制度框架建设，是根本性的建设，也是当前推动政府转型的首要任务。虽然30年来我国的法治环境不断改善，许多法律从无到有，从不系统到逐步完善，但是仍然有一些法律上的空白点或盲区。比如在政府监管上，近年来虽然出台了很多法律，但是在如何落实监管责任、形成监管合力机制上，包括政府监管的公开透明等方面，仍然需要进一步完善相关的制度规范，尤其是要重点加强政府监管法治建设，具体包括：一是要科学立法，防止法律之间出现冲突。例如《物权法》出台，就与《宪法》和《公司法》等法律之间缺乏有机衔接，我国许多有关市场经济的法律都没有提到物权，而是财产的概念，导致法律的概念体系不一致或者很模糊。二是要进一步完善立法民主。目前许多立法仍然是以政府部门立法为主，缺乏公开性和透明度，立法的公众参与度比较低，特别是缺乏相关利益主体的参与，缺乏具体的参与规则，比如涉及民营企业或外资法律的，却没有民营企业与外资企业参与等。

（二）进一步重构政府信用环境

社会信用秩序的混乱，原因固然很多，然而政府对信用环境的监管缺失，则具有不可推卸的责任。尤其是要进一步强化政府自身的信用。政府信用具有信用环境的导向性，是一个国家信用环境健康完善的主体力量和重要保障，尤其是信用规范的确立、各种信用主体的作为，与政府信用状态密切相关。因此，加强政府信用制度建设，应成为构建社会信用体系的核心内容。重建政府信用环境，首先要确立政府制度规范信用，尤其是政策信用。要从实际出发，形成能够解决实际问题、可操作的相关政策，防止政策落空、政策之间发生冲突，政策内容的不稳定；其次，政府要敢于承担责任，形成政府失信问责制度；再次，政府要以自己的言行影响社会，用好的示范引导社会守信用，形成良好的信用环境。此外，也是最为重要的一点，就是要形成信用激励约束制度，使信用制度实施具有正面的效用、使守信用者具有利益所得。

（三）发挥政府监管的导向和调节作用

在涉及社会分配、公平环境、公共利益等方面，政府监管具有不可替代的重要作用。虽然解决好效率与公平仍然是当前政府调节与监管的难点问题，但是随着经济转型的日益深入，当经济社会利益矛盾更多地集中在社会公平矛盾上，由利益倾斜向利益兼顾转变，或者由利益调整向利益调整和利益增进并重转变，政府转型从而实现政府有效监管就应该成为当前的重点任务，特别是要避免政府在社会再分配职能上的严重缺位，加强政府在二次分配等社会再分配环节上的监管和调节力度。比如，建立完善社会收入分配重大决策信息公开制度，通过制定、完善个人所得税、遗产税等税收杠杆和国有企业高管最高薪酬限制等制度安排，以及确立不同行业最低工资指导线，建立完善城乡统筹社会保障机制等方式，完善社会就业服务体系，可以起到逐步控制或减少社会贫富差距不断扩大的趋势。此外，对义务教育、公共医疗、房地产价格上涨、群体事件等关系老百姓切身利益的重大事项，不仅要使广大社会成员具有知情权，使公共政策的制定与执行置于公众的广泛参与和监督之下，而且还要建立公共服务政府问责制。这种公共政府问责制的形成，也是我国社会主义市场经济条件下的必然要求，是从传统计划经济体制向市场经济体制转型发展的内在要求，是培育市场素质和市场责任主体、促进市场经济良性发展的自身要求，也是避免政府监管出现重大缺失的重要举措。

反观近年来我国政府监管方面，在多年的计划经济体制影响下，我们既没有市场的概念，也缺乏市场的信用基础，市场伦理意识的缺失，导致出现了许多市场转型中出现了许多怪现象，也凸显了政府加强市场监管、提供良好的市场运行环境的重要性。"三鹿"毒奶粉事件就是由企业的信用问题演变的。这件事不仅让我们对这个有着50多年历史的著名民族品牌感叹和惋惜（2007年，三鹿销售额达到100亿元、品牌价值149亿元、总资产16亿元，连续15年稳居国内奶粉市场的头把交椅），而且让我们在政府监管和企业自律等方面得到了重要警示（由于中国政府过去对包括三鹿在内的几家大型奶制品企业实行了免检制度，形成了一个从婴儿奶粉到了奶制品，再到整个国家的奶制品工业，最后到产品所出口的国家之间的恐慌传播链条。究其原因，主要是政府在监管上的失察与企业自身的失律），这种政府监管上的缺位，实际上反映了我国经济转型过程中的企业文化缺位。当我们翻开三鹿的企业文化，就会惊奇地发现，三鹿并不缺乏信用的诠释。

其核心价值观就是：诚信、和谐、创新、责任。诚信也曾经是三鹿的基本准则，也是三鹿人的基本信念和处事态度。然而遗憾的是，我们的企业无一不例外地均将"诚信"等字眼写进了核心价值观，但悲哀的是，我们的企业和社会却普遍面临着诚信严重缺失的危机。这种字面上的和实际行动上的巨大反差，体现了我国在市场伦理文化上的整体缺失。通过考察发达国家市场经济发展进程，我们就会发现，在经过几百年的市场经济发展之后，目前发达国家不守市场信用的现象大多仅仅是一种个别现象，而不是整体行为，更不是类似我国三鹿事件的行业潜规则（"三鹿"事件发生后，我们才知道添加三聚氰胺已经成为奶粉行业的"潜规则"，因此也有很多人为"三鹿"鸣不平）。

其实，"潜规则"在我们身边无处不在（所谓潜规则，就是隐藏在正式规则之下，符合少数人利益，并能够支配企业、行业、社会运行的规则）。虽然众多的潜规则本来仅仅是少数唯利是图的企业经营者小范围内的，然而对负责任的企业决策者包括政府官员而言，则绝不能身陷这些潜规则之中。"三鹿"企业的破产，给我们的启示固然很多，然而一个最为重要的启示，也许就是告诉我们，一个道德缺失的企业领导者，绝对造不出一个百年企业；一个道德缺失的行业群体，更创造不出一个健康的行业发展环境。

虽然我们在市场经济发展过程中，深知信用环境的重要性，却往往难以果断下决心，一个重要的原因，就是认为信用环境的培育与市场伦理素质相关，而后者的形成是一个长期的发展过程（比如美国在20世纪30年代也曾经有过许多不守市场信用的行为，包括这次次贷危机的产生）。目前难以做到，尤其是不愿意自己成为这种信用的成本垫付者。这种观点固然有一定的合理性，却并不正确，更缺乏对信用环境建设的紧迫性认识，尤其是我们在与发达国家开展的市场竞争中，经济发展进程已经不容许我们再重走发达国家的老路，因为我们没有时间慢吞吞地培育信用市场环境，许多发达国家以各种贸易和非贸易壁垒的方式，加大了对我国经济的制裁，千方百计地压制我国的发展，已经不容许我们先发展信用环境再建设市场经济。我们认为，在这方面应该大胆学习新加坡的政府管理经验，政府应承担起净化社会信用的重要责任，在整个社会大张旗鼓地提倡规则意识，抵制并防止各种"潜规则"的盛行，并通过政府问责的方式，努力形成一种制度安排，让潜规则难行其道，让市场环境更加净化，加速形成市场经济发展所需的良好的市场信用环境。这种环境的培养和建设，实际上也是在培育一种市场竞争力（据2007年的统计显示，奶粉行业中外资品牌差不多占据我国80%的市场）。这种悲哀绝不仅仅出现在奶粉行业，我们的很多民族产业缺乏国际性品牌已是不争的事实，在狭窄的市场空间中拼杀的民族品牌，努力扩大自己发展空间的同时，更需要政府的帮助和扶持，而这种扶持和帮助从长期看，更多的不是依靠政策上的简单扶持（减税或提供专项资金），而是一种市场经营环境的营造，尤其是市场信用要素的供给，这样才会有更加持久的竞争力。

第四节　公共政策转型，迈向服务政府改革的深水区

从管治政府向服务政府转型，是一个艰难的过程。这种艰难既来自于服务政府的理念转型，也来自于服务政府的体制机制转型，更来自于政府公共政策转型。只有通过政府公共政策转型，引导社会资源的优化配置，才能不断深化政府转型，实现从管治政府向服务政府的全方位转变。

一、公共政策转型，政府资源配置方式的重大转变

公共经济政策是市场经济条件下政府调控经济发展的重要载体，也是政府对社会资源进行配置的主要方式，是政府激励或限制某些产业发展的有力工具。

（一）运用公共政策支持或扶持特殊产业，是各国通行的做法

早在重商经济时期，欧洲一些主要国家就运用鼓励出口措施，形成了国家重商主义政策，德国的李斯特则把通过国家干预形成的政策导向，称之为对幼稚产业的保护政策（这种保护幼稚产业的政策一直延续到今天，形成了WTO中有关发展中国家产业保护的重要规则）。进入20世纪后，自由市场经济政策成为西方各个国家的经济主张，通过自由竞争的市场经济政策，促进一个国家的经济发展，已经成为各个国家的重要制度安排，并成为一种金科玉律。当时流行最广也最为经典的一句话，就是供给会自动创造需求，即著名的萨伊定律。通过市场供求关系和自由竞争制度，在很大程度上支配着西方国家的资源配置过程，并实现着资源配置效率的最大化。但是1929—1933年的席卷西方世界的经济大危机，使经济政策再次成为经济发展的牵引机，自此以后的半个多世纪中，西方国家的经济政策一直与"看得见的手"与市场机制这只"看不见的手"一起，共同承担起调节和促进西方国家经济社会发展的重任。

新中国成立以来，尤其是改革开放以来，我国始终把政府经济政策作为调整优化产业发展的重要手段。例如，通过制定产业发展规划、专项经济政策，引导产业结构调整，形成重点产业集聚发展、优先发展的目标导向。特别是产业经济政策在经济发展中的杠杆效应十分显著。比如，为促进我国工业化加速发展，长期以来，我国通过工农业产品"剪刀差"的方式，以农补工，为国家工业化和国防建设提供了原始积累资金，为促进重化工业和制造业发展起到了积极作用。比如为促进第三产业的快速发展，近年来国家通过减免税收、提供资金扶持等相关优惠政策，逐步将我国偏重的产业结构，逐步调整为"三二一"产业有序均衡发展的产业结构。此外，作为一个发展中国家，随着市场经济的逐步建立，城市化发展以及经济全球化发展趋势的形成，近年来国家在经济政策的

调控上，也逐步从早期对农业经济政策和工业经济政策的关注，逐步转向更加关注产业政策的分类、细化与系统化，更加关注民生产业、城乡统筹发展以及社会福利政策等各个方面，公共政策已经日益成为国家调节经济发展、实现资源有效配置的重要工具。

（二）公共政策转型，将直接引发社会资源配置方式的重大转变

公共政策的调整变化，对一个国家的经济社会发展具有重要意义。尤其是公共经济政策的转向，带来的不仅仅是政府调控经济社会发展方式的重要变化，更将会带来经济社会发展资源配置上的重要转变。西方发达国家经济社会发展历程以及政府功能变化，也充分说明了这一点。从信奉自由市场经济的斯密开始，国家功能就被严格限定为"守夜人"，国家的政策制定也严格服从这一要求，不能直接干预自由经济的运行，更不能形成强制影响经济发展的规则（战争和重大灾害除外），所有的资源配置都是按照市场这只"看不见的手"进行自我或自发调节，因为市场自身能够形成自我平衡的循环体系，供给（生产）会自动创造需求（消费），资源配置也会在这种自我循环中实现最大效率的配置。然而20世纪30年代空前的经济大危机，却导致具有这种自我调节功能的市场机制失灵了，在1929—1933年的经济大危机中，整个西方国家的经济衰退达到了前所未有的高度，主要西方国家的工业生产下降了40%，失业人员达到30%以上，大批企业倒闭，大量的商品滞销，造成社会资源的极大浪费。

正是在这种经济危机的大背景下，以美国、瑞典、德国等美欧国家为先导，开始了经济政策的重大转向。从信奉自由市场力量转向国家政策干预，并采纳了以凯恩斯为代表的国家干预经济的一系列政策措施。通过实施积极的财政政策与货币政策，扩大政府支出，增加社会供给，通过国家强制消费的方式，弥补市场和民间资本的消费不足，实现供应与需求的强制平衡，实现经济的均衡发展。这种通过国家政策工具，直接调节经济发展，熨平经济周期波动的做法，对缓解当时的经济大危机、解决困扰政府的失业和经济衰退，起到了较好的作用。从此以后，许多西方发达国家纷纷放弃了长期信奉的自由市场经济政策，采取了国家干预经济的财政和货币政策，这不仅使西方发达国家走出了经济发展困境，也形成了政府干预经济生活的先河。更为重要的是，通过这种政策，不仅使国家得到了资源配置上的重要主导权，也使凯恩斯政策效应在全球盛行（这种政策效应直到今天，还影响甚至左右着各国经济社会发展的资源配置取向，并催生出许多社会福利政策）。然而这种社会资源配置方式也给政府带来了巨大财政负担，一定程度上诱发了经济滞涨现象。

（三）我国正处在政策转型的重要发展阶段

回顾我国公共政策发展进程，我国在公共政策取向上，主要经历了两个发展阶段：一是在传统的计划经济时期，我国的许多政策基本上是一种被动性的工具，公共经济政策主要是计划指令的一种附属物，直接服务服从于计划经济的运行与管理，整个社会都

处于严格的计划资源配置体系之中。由于缺乏市场政策调节，因而社会资源的配置效率比较低，政策工具比较单一，但是在高度集中和集权的管理体制下，这种带有军事化时期特点的政策配置效率，在政策执行力上却体现了较高的效率。二是从计划向市场经济转型时期。在这一阶段，由于计划与市场两种体制并行，政策常常徘徊或游离于两种体制之间，以经济政策为例，往往更多地带有混合型的基本特征，在资源的配置上也往往是计划与市场两种资源配置方式并存，不仅带来了社会资源配置执行力上的不力，而且社会资源配置效果也没有达到最优状态，比如在20世纪80年代末期出现的钢材、彩电价格的计划与市场两种价格的并存（双轨制），不仅导致了商品市场价格的扭曲，也导致了大量"官倒"和权力寻租等腐败现象。再以当前出现的我国房地产价格越调越高的畸形现象为例，一方面国家出台的许多房地产调控政策无法执行，另一方面是大量的土地资源被开发商用于商业囤积，导致出现了哄抬土地价格和房地产市场无序竞争现象，其重要原因之一就是由于计划与市场的双轨资源配置方式的存在，国家在这种政策转型时期，缺乏相应的土地资源配置调控的有效手段。虽然这种转型时期政策往往带有过渡性，但是造成的市场破坏力和冲击力却很大。从总体上看，我国目前从计划经济向市场经济的体制转型已经基本完成，但是从外延向内涵发展的结构转型仍在起步之中，我国经济政策转型将会在这种结构转型中承担着重要任务，正在逐步成为资源配置中的主体力量。然而在实际操作过程中，在这一转型发展的具体进程中，仍然存在许多不均衡发展现象。因此，我国要真正实现经济政策转型，并不是一件轻而易举之事。从公共政策转型的发展历程看，我国正处在政策转型的重要发展阶段。作为一种参与市场化过程的资源配置方式，这种经济政策转型的过渡型特点与政策转型难点，主要集中体现为：

1. 政府仍然偏好价格管制政策。由于我国历史上深受计划经济的影响，因而政策工具的运用往往习惯于管制式的思维方式。比如在调节市场经济的运行过程中，一旦遇到供求比例失衡，首先想到或习惯采取的主要手段，往往不是国际通用的市场参数调节方式（即政府通过供求关系预测、动态跟踪、及时发布信息，制定间接的参数调节等市场引导措施，已经被发达国家运用多年，具有较好的温和调节效应），而是价格管制方式，这种简单化的处置方式虽然可以带来短期的市场均衡，但是却容易破坏长期的市场供求关系，导致新一轮的市场不平衡现象出现。

2. 垄断仍然是政策资源配置的主要瓶颈。在向市场经济转型过程中，经济政策作为一种重要的资源配置工具，在资源配置过程中遇到的重要阻力，就是少数利益集团对政策资源的垄断。比如众所周知的石油、电力、电信、房地产等大型国企，利用长期形成的市场垄断地位，影响甚至干预国家经济政策的出台，在一定程度上使政策在资源配置过程中的效用大大递减，使政策难以达到调节社会资源的预期效果。

3. 公共政策制度安排仍然存在不足。计划经济向市场经济的转型，政策效应的发挥能够起到积极的引导作用。然而在政策设计上，需要有相应的制度安排。而现有的政策设计，仍然有过多的计划经济痕迹，比如在中央与地方的财税分享政策上，由于中央财权过多（现有的中央与地方的分税制仍然按照1994年的框架设计，中央财政收入占全国财政收入的比重达55%，而且在具有稳定财源特征的增值税中所占比例高达75%；加上税收权限高度集中在中央，这种制度安排，导致地方可用财源和收入大大减少。根据国家统计局、财政部有关统计数据，中央用于地方的转移支付，近年来所占比重不到30%，直接与上交比例挂钩的税收返还也仅为30%左右，地方政府只能依靠新税源自行解决。近年来我国城市化进程的加速，为各级地方政府创收提供了发展契机，通过发展房地产、土地出让金等税收增加收入，已经成为各级地方政府的主要经济行为，也导致地方政府对房产经济的高度依赖，直接或间接地促使了地方政府与房地产商之间的合谋行为，并不断推高房价），地方政府的公共服务责任与权利之间出现不对称，一方面公共管理责任下移，另一方面则是公共服务所需的财力上交，导致政策在资源配置上出现了不均衡现象。

4.政策的落实存在较大的不确定性。政策在资源配置过程中的效用发挥，在很大程度上取决于政策的落实状况。然而在政策实施过程中，由于许多企业或单位在政策选择上有所偏好，对政策进行规避或趋利避害的结果就是出现了"上有政策、下有对策"的现象，使政策难以落实到位，政策虽好，却难以发挥效用，政策因此成为摆设，资源配置效用自然难以实现。

二、向服务政府政策转型，难在何处

当一个国家经济社会发展出现重要转折之际，经济政策转型就是大势所趋，也是我国经济转型发展的重要先决条件。然而，我国当前的经济政策转型，却在很大程度上处于一种滞后发展状态，还没有很好地发挥出对经济转型的整体引导、带动和示范效应，不得不面对以下基本困境：

（一）许多企业患上政策依赖症

20世纪90年代中期以来，随着市场经济地位的最终确立，市场在资源配置中的基础性作用日益凸显，也逐步形成了以市场为导向的经济政策资源配置功能与作用，我国经济政策在市场资源配置中的作用明显增强。税收经济政策导向，成了我国经济体制改革进程中的一大特色，从对外招商引资的优惠政策的确定，比如"三免两减半"，国内外企业所得税的差别税率（外资企业15%与国内企业33%的税率），到国企早期改革中的地方自主减税行为，再到目前许多地方政府采取的"自费改革"行为（地方政府自己拿钱给予补贴或支出），经济政策对资源配置的引导力正在逐步强化，也形成了国内外资源配置的有效平台。然而目前困扰我们的是，无论是哪一种类型的企业，都对经济政策产生了较大的依赖性，尤其是国企，由于长期生活在优惠政策的阳光下，离开政府的优惠政策似乎是一种难以想象的事情。但是随着经济全球化和世界经济一体化进程的不断推进，我国经济转型期间所特有的这种经济政策引导的资源配置方式，从国际经济发展趋势看，也面临着可持续发展的困境。因为随着WTO规则的实施，目前以单向优惠政策为吸引力的政策"含金量"将会逐步淡化，取而代之的将是普惠制政策的逐步实施，我国曾经普遍采取的经济政策的集群效应也将会逐步退去。以市场换技术或资金的我国引进外资模式也将会逐步画上句号。从对外经济发展的长期趋势看，以贸易保护主义为特点的出口贸易也难以长期维持下去，面对全球企业和全球市场的竞争，唯一能够持久的，将是企业核心竞争力的较量。而政府能够做到的，仅仅是培育一个有利于企业健康成长的外部政策环境，看清楚了这一点才是问题的关键所在。从目前情况看，大多数企业仍然没有认识到这一问题的重要性，仍然渴望政府能够源源不断地推出满足企业发展的个性化经济政策。

（二）政策过度使用带来效应递减和政府功能强化

政策工具作为一种有效的调节经济运行的方式，正在成为世界各国经济社会发展的共同财富。经济政策作为资源配置的一种重要方式，也越来越具有不可替代的作用。然而从政策效用最大化角度分析，再有效的政策工具（包括曾经在不同的时代被不同的政府反复运用的政府政策）也不能长期或反复使用，因为再好的政府政策也有其副作用或反效应。以具有世界性政策效应的凯恩斯财政扩张政策为例，虽然这种积极的宏观财政政策有利于促进经济增长和就业，有利于形成政府经济效应，但是这种政策效应的负面影响也是显然的，如果长期使用，就会导致政府过度扩张信用，引发信用膨胀，政府对经济的过度干预，自然也会在一定程度上破坏市场自身内在发展的要求，积累到一定程度，就会引起"滞胀"现象发生（20世纪80年代在发达国家发生的一种经济停滞与通货膨胀并存的现象），导致凯恩斯财政扩张政策失灵，新自由主义政策卷土重来，各种自由放任的政策措施纷纷出台，金融衍生产品层出不穷，政府监管缺位，这次以美国次贷危机为先导的全球性金融危机就是如此。从我国情况看，长期受计划经济影响，政府容易成为市场经济活动中的强势力量，尤其是政策资源的控制和使用，也一定程度上强化了这种政府政策垄断功能，使政府政策转向遇到来自政策自身的阻力。

（三）部分政策成为少数垄断利益的代言人

目前我国一些政府部门，一方面受传统的思维定式影响，习惯于通过政策制定发号施令，尤其是对政策工具有较强的偏好，容易产生大量似是而非的、不着边际的政策文件，使一些政策文件大而不当甚至成为空洞无物的废纸；另一方面则在政策制定过程中，或被少数利益集团收买，或被垄断集团要挟，导致出台的一些政策，带有较强的集团利益倾向或利益偏好。比如近年来少数城市出台的地方性公共事业收费等相关政策法规或者规章，往往忽视大多数普通群众的利益诉求，甚至沦为少数利益集团的代言人，违背了"公开、公平、公正"的原则。比如少数资源垄断型的大型国企,一方面向国家上缴数量有限的国有资产红利,另一方面却以自己的垄断地位向国家要挟提高公共产品的价格,甚至伸手要求政府的巨额财政补贴。这种情况如果不予以改变,不仅不利于营造行业之间公平的竞争环境,而且也容易导致出现行业垄断产生的收入差距扩大化现象。这种情况如果不予以及时纠正,极有可能会导致更大的资源配置上的失衡,积累到一定阶段将会不可避免地发生政策危机,甚至会严重损害政府公信力。

三、我国政府政策转型捷径

从原来单一的公共经济政策,逐步转变为公共经济政策和公共社会政策并重,这种政府公共政策取向上的变化,不仅是我国政府公共政策导向以及政府资源配置方式上的重要转型,也是我国公共政策发展上的一种跨越。

公共政策涉及面广,面对当前国内外经济发展趋势,我国公共政策如何转型,也将会在一定程度上直接或间接影响着我国未来经济发展的走势。从世界各国经验来看,一般而言,政府公共政策转型都是在一个大的危机来临时启动的,通过非常规的方式实现政策转型的硬着陆。我们认为,当前席卷全球的金融危机,既给我国的经济发展带来了严峻挑战,也为我国政府公共经济政策转型提供了一个发展契机。

从目前我国经济发展实际情况看,我国公共经济政策转型已经基本准备就绪,从单一的计划调控政策转向市场多元化的调整政策时机,已经基本成熟,市场政策的力量正在不断积累。为促进我国政策转型的有序进行,我们认为当前应着重关注以下基本内容:

(一)实现政府财政政策与货币政策优化组合,仍然是当前我国经济政策转型的重点内容

在这次空前的金融危机面前,凯恩斯的财政扩张政策再次成了各国拯救经济发展的唯一良方,也得到了世界各国的人们对这种政府政策的再次崇拜。

当代凯恩斯政策的复出,说明了什么?当我们为应对这次经济危机,动用国家力量扩大货币发行、收购"企业有毒资产",注资或者通过提供宽松贷款,努力刺激需求,恢复生产、创造就业岗位之际,我们发现,尽管时间已经过去了近一个世纪,导致当时的大经济危机的动因、背景和条件都发生了较大的变化,然而20世纪30年代美国的经济大危机与这次的因金融危机而引发的经济危机,所面对的问题却是共同的,实际上都是一种有效需求不足,都是由于生产的扩大超过了有购买力的群体的消费能力。虽然从表现形式看,上次的经济大危机的过剩产品是生产制品,而本次金融危机的过剩产品则是金融衍生品,但是这种过剩产品的结构差异,从内在原因的构成上并没有什么本质区别,这也就是为什么在近百年之前大危机面前所催生的凯恩斯政策至今仍然有效的一个重要原因。因此,面对此次金融危机,以美国为首的各西方国家,都毫无例外地采取了

政府扩张性政策，实际上这种政府扩张性政策在西方发达国家已经使用了几十年，政策效应也逐步得到了完善，通过财政政策与货币政策两者之间的反周期运作（即经济萎缩、有效需求不足时，采取政府扩大开支等扩张政策；当经济过热时，则采取减少政府开支等紧缩政策），这种逆经济周期发展的反周期应对方式，也的确在20世纪50年代后期创造了近三十年的西方经济繁荣奇迹，发达国家似乎已经对这种财政扩张性经济政策应用自如，实际上这种政策效用也在不断地被释放出来。

作为工业化和城市化加速推进的发展中大国，当前我国所遇到的经济发展问题，同样也与20世纪30年代美国生产能力过剩有许多类似之处，经济发展的动力内需不足，外需则扩张过度，导致大量的制造生产能力只能依赖出口来解决。长期的鼓励出口导向政策，虽然使中国制造在全球市场得以确立，然而在这种高成本低收益的背后，掩盖了内需不足和产能过剩的问题，积累到一定阶段，经济困境在外部经济环境（尤其是出口环境）发生变化之际就不可避免地爆发出来。可见，我们在这次危机中所遇到的问题，也同样是一种结构性的产能过剩危机，是生产产品超过有购买力的消费需求能力引发的危机，实际上也是一种有效需求不足产生的市场危机。凯恩斯的政府扩张性财政政策也就自然成为我国应对危机的首选。一年来的实践证明，这次中央政府推出的4万亿元财政支出政策，取得了较好的成效，我国GDP从2008年的低速度增长到今年实现了"保8"目标，充分体现了这种政府主导的救经济、促恢复、保增长发展模式的重要作用。因此，这种政府财政与货币政策的优化组合搭配，在今后一段时期内仍然是我国经济发展的重要推动力量。

（二）后金融危机时代，经济政策转型的着力点应转向市场经济自身功能的修复

从常态经济发展的政策取向看，我国在过去的相当长时期内，基本上都是在国家政策的引导下，大力推进经济发展和城市化进程。当危机过去后，政府的这种扩张性政策还能够继续使用吗？换言之，这种在特殊时期所采取的政府特殊政策，还能够继续延续下去吗？

显然，发达国家对这一问题的答案应该是共同的，如果不出大的意外，那么通过政府财政政策与货币政策的有效结合，所引发的社会民间资本的投资效力得到恢复后，应对金融危机所采取的特殊政府政策也将会暂时告一段落。

我们发现，我国在经济发展过程中采取的这种政策往往具有较大的惯性作用，也就是我们由于缺乏经济发展模式的转型，长期形成的依靠政府财政政策、货币政策为主要推动力的经济发展（包括资源配置）方式，在后金融危机时代可能仍然继续发挥作用，但是，我们对这种政府政策的扩张效用也不能过高估计，因为这种政府政策的效力仅仅在特殊时期比较有冲击力，一旦经济恢复到常态，就会受到市场经济发展的内在制约而显得效用递减或效用甚微，这一点在我国市场经济发展进程中也同样如此。随着我国市

场经济的逐步确立和快速成长，尤其是民间资本力量发展起来之后，反映在国家政策导向上的市场与政府调控之间的冲突也日益显现。比如当政府面对过于发热的房地产市场进行政策干预时，却不知市场在高额利润的诱导下已经突破了短期市场均衡状态，使政府政策调控效用失效或效果甚微，在人民币升值、通货膨胀和未来经济预期等各种市场因素的共同作用下，房地产市场的自身供求关系已经决定了这种特殊的投资产品的属性，难以通过单一的政府需求管理政策实现预期目标，房地产的市场价格刚性只能通过长期（一般10年一个周期）的供给要素调节才能逐步有效。从这一事例可以看出，在后金融危机时代，当大多数行业走出经济危机的阴影之后，主要还应该依靠市场自身的力量，促进经济良性循环发展；否则，过度使用政府政策，将会给经济带来较大的负面作用，甚至导致市场经济改革进程的后退。

第五节 从政府管制走向政策调控，我们面临哪些挑战

从计划经济时期管制型政策向市场经济的调控型政策转型，这种巨大的跨越，本身就要求公共经济政策发生重大的时空转换，带来资源配置方式的重要变革，而这一过程的发生将会影响一定的利益格局和调整，也将使这一过程充满着阻力。

一、传统扩张性公共政策正面临着新挑战

（一）原有的政府扩张政策的有效性

按照自由市场经济的观点，市场经济具有自我调节经济运行的功能，能够自动实现经济均衡增长，使社会长期处于充分就业均衡状态。通过回顾西方发达国家市场经济发展历史，我们发现，这仅仅是一种理想状态。在实际经济生活中，政府干预经济一直都在进行着，只不过有着多与少，或规模、范围和力度上的差别，尤其是大规模的政府直接干预经济，始终有着严格的限定条件，往往发生在特定或特殊的历史时期。比如在第一次世界大战期间，美国就曾经对涉及国家安全和战争之需的一些民间企业，实施了战时国有化托管措施，但是战后又予以归还，并给予适当的经济补偿。1929—1933年的世界经济大危机彻底颠覆了自由市场经济时期这种政府作用的局限，政府开始大规模地介入到经济活动中去，在长达二十多年的战后经济恢复发展过程中，政府始终成为经济发展的重要推动者，有时甚至是第一推动力。尤其是在20世纪50年代末的阿波罗登月计划实施过程中，美国政府通过巨大财政预算开支，直接带动了美国能源、产业和民间经济的繁荣，促进并推动了市场经济发展。进入21世纪以来，当美国再次遭遇到空前的金融经济危机时，奥巴马政府通过政府财政扩张政策和政府对民间金融机构的接管

政策（有毒资产收购政策），迅速地遏止了美国经济恶化趋势，至2009年年底，美国GDP由负转正，经济出现了恢复性增长，这表明政府管制和扩张性的财政政策，在金融危机面前仍然具有较强的生命力。

然而我们也要看到，这种政府管制性和扩张性的财政货币政策措施，并不是长远之计，更不能一劳永逸。实际上这种政府扩张性政策，也要付出较大的代价，只不过买单的是纳税人和广大民众，尤其是这种政策对市场经济的杀伤力也是较大的，对于这一点，美国奥巴马政府实际上是十分清楚的，因此，在美国经济出现好转后，政府对所接管的民间资本金融机构，又重新逐步予以归还。

回顾我国改革开放四十多年来的发展历程，我国的经济社会发展取得了巨大成就，政府的扩张性宏观财政政策功不可没。自1981年财政部首批国债发行之后，通过历年政府融资，不仅为国家经济建设获得大量低成本现金流，有效地促进了社会就业和经济稳步发展，也加速了我国工业化和城市化的发展进程。在这次全球金融危机面前，中国政府的扩张性财政政策同样发挥了重要的积极作用，新增的4万亿元投资，迅速拉动了我国经济发展。然而我们在看到财政政策效用的同时，同样也不可忽视这种财政政策的负效应，从已经显现的投资效果看，这种政府投资拉动效应目前主要是集中在基础建设投资、体现在房地产经济的发展上，对民间资本实业的投资拉动效应仍然作用不大，更为重要的是，过度依靠政府财政投资，不仅会诱发通货膨胀，也会对民间资本产生挤出效应，导致民间资本的作为空间缩减，如果长期继续下去，将会导致市场经济活力下降，社会资本效率低下。可见，政府扩张性财政政策不可滥用。发达国家20世纪70年代遇到的滞胀现象，已经充分表明了这一点。

（二）凯恩斯财政政策效应存在哪些局限性

尽管"二战"后凯恩斯主义的财政政策为西方国家带来了25年之久的经济繁荣，以至于以美国为首的西方发达国家认为，传统自由市场经济在国家财政和货币政策的双重组合下，可最大限度地避免资本主义经济周期引发的震荡，使市场经济发展从此可以进入一个持续繁荣期。然而正如我们前面所述那样，这种单一的以政府扩张性财政政策为主的发展模式，已经越来越多地显示出局限性，比如容易导致财政预算赤字高居不下，货币超大规模发行，脱离了实体经济发展的需要，容易引发通货膨胀和经济结构危机。对这种局限性的认识，各国政府基本上是在实施了近三十年后才深刻认识到的。

实际上，早在20世纪60年代初，对政府扩张性财政政策的弊端就已经存在一些反对的声音，这种声音既有对立面的新古典经济学（自由市场经济学派），也有来自凯恩斯自身体系的，比如作为凯恩斯学派的主要后继者，英国经济学家希克斯认为，凯恩斯的财政政策仅仅适用于萧条时期，他的经济学观点也仅仅是一种萧条经济学，因为凯恩斯的政策效应发挥具有几个前提条件，而这些条件就决定了凯恩斯理论存在着以下明显不足或局限性：比如凯恩斯关于储蓄、投资和乘数之间的关系分析是有一定前提条件的，即社会上存在着大量的可利用存货，比如生产品和消费产品，如果没有过剩的生产产品和消费物品，显然政府的扩张政策只能会导致通货膨胀（发行货币超过实际需要，没有实际的货物相对应的必然结果）。此外，凯恩斯政策效应还存在着分析中注重总量忽视结构分析（比如缺乏存货资产的结构分析）、理论分析体系是封闭的（比如缺乏国际市场、国际收支等对存货与流动性影响）、对人们资产拥有形式过于简单化（仅仅在货币和债券之间进行选择）等。

庆幸的是，在20世纪50—60年代起，在以电子、航空等为重要标志的第三次科技革命的带动下，西方发达国家社会生产力大幅度提高，生产扩张的速度始终高于消费的速度，没有发生存货不足的现象。随后美国出现了信用金融创新，带来了一场空前的消费扩张，但是生产与消费之间却没有出现过度失衡现象，因此，发达国家始终能够运用凯恩斯财政政策而没有发生大的经济危机。当20世纪70年代初中东地区石油战争兴起后，对美国的能源需求构成威胁后，石油价格的暴涨使美国长期以来在廉价原材料和资本要素下的生产经营环境已经难以为继，终于引发了一场空前的经济停滞和通货膨胀并存的"滞胀"危机，由此也宣告了统治美国等西方国家近三十年之久的财政扩张政策的终结，以弗里德曼为代表的新市场自由主义货币政策取而代之，成为各发达国家的信条。

（三）这次全球经济危机给我们哪些警示

弗里德曼的货币主义政策主要观点是强调了货币的重要性和唯一性，认为政府只要通过控制货币的发行量，就可以达到促进经济增长和控制通货膨胀的功效，因为市场经济具有自我调节的功能，政府唯一要做的就是要管好货币发行。这种政策的出台，对矫正已经透支过度的凯恩斯财政政策，无疑具有积极的作用，对迅速遏制20世纪70年代中期出现的滞胀现象起到了明显的作用。然而任何事物都有其两面性，当出现这种自由市场经济政策的泛滥与过度使用，以及对政府功能的过多限制（尤其是政府对市场监管功能的限制）后，同样也给发达国家带来了不可挽回的损失。比如这次由美国次贷危机引发的金融危机，是由于滥用自由市场经济，金融创新衍生产品过多，与市场距离越来越远，政府对市场经济的过度放任等多种因素造成的。

虽然经过近一个世纪的发展，直接导致这两次危机产生的现象和原因都发生了重要变化，包括产生危机的诱因和方式都存在着许多不同，然而从本质上看，两次经济大危机仍然有共同的地方，都是由于产业结构不平衡引发的产能过剩与有效需求不足产生的生产与消费的矛盾尖锐化。对这种经济危机或资本主义经济发展周期的认识，早在150年以前，马克思就已经精辟地进行了分析，认为生产的无限扩张性和消费的有限性所产生的生产与消费之间的矛盾，必然会导致资本主义出现周期性经济危机。然而市场经济运行机制和体制之间的内生性矛盾——生产与消费的周期性矛盾，在经过多年的市场进化与完善后，虽然有了很大的自我调节和完善，但是却难以彻底根除。20世纪30年代的经济大危机，所面临的是大量的商品和产能过剩，民间购买力不足，私人资本不愿进入投资领域，使大量的社会资源闲置或浪费。而这次大经济危机同样是大量的金融资产（尤其是金融创新产品）难以充分消费，大量的社会物质财富与有购买力或有实际支付能力的需求之间产生严重的不对称现象，最终生产由于失去可消费的市场而失去自我发展的动力，政府的扩张政策虽然可以在一定的时空里弥补这种生产与消费之间的缺口，却难以在市场和生产之间达到一个长久的市场均衡。

二、后危机时代，我们如何选择应对政策

（一）凯恩斯政策的有效性

正如我们前面分析那样，实际上，凯恩斯政策仅仅是萧条时期的经济政策，或者仅仅是应对经济危机的一种无奈之举，我们不应该随意夸大它的效用，因为在后凯恩斯时代，当西方发达国家普遍走出经济危机的阴影之后，凯恩斯政策在当时就已经不是唯一的选择了。尤其是20世纪70年代初中东地区石油危机，彻底打破了凯恩斯政策的神话，在经济萧条和通货膨胀的双重压力下，原有的凯恩斯政策失灵了，原有的政府收缩与扩张性财政政策无法解决失业和通货膨胀的双重难题，菲里浦斯曲线失效了（根据英国经济学家菲里浦斯对英国近100年的相关分析，在通货膨胀和失业两者之间存在着替代关系，不可能同时存在，因此政府可以用财政货币政策分别得到两种不同的选择，或者是选择低通货膨胀而获得高就业，或者是选择高通货膨胀而获得低就业，然而20世纪70年代中期同时存在的高失业和高通货膨胀"双高"现象，却让这一规律失去了应有的效用），实际上对于这种滞胀现象，许多经济学家已经做出了合理的解释，长期实施凯恩斯政策固然是其重要原因之一，然而美国战后经济长期依赖外部廉价能源资源所实现的增长平衡（如低廉的石油和能源资源，使美国战后长期以来一直保持国内低通货膨胀水平，使经济扩张增长忽视了供给的约束，导致生产力盲目扩张，也能够达到一种表面的增长平衡，然而一旦供给条件出现变化，这种平衡将会被打破，比如1973年的中东石油能源危机，石油价格急剧飙升，通过价格传导机制，把国内物价指数快速推高，引发国内的通货膨胀），却把凯恩斯政策的负面效应急剧放大了。导致一部分人认为这是长期实施政府扩张政策的恶果。实际上，20世纪70年代初出现的恶性通货膨胀（西方国家一般将物价水平上涨幅度超过5%以上称之为恶性的通货膨胀），既有需求拉上型，也有成本推进型，是两者共同作用的结果，加上既有的政府扩张性财政和货币政策的共同推动，才出现生产无限扩大与消费人为扩大同时并存的现象，在真实消费能力严重透支的情况下，生产与消费之间形成了发展能力上的严重不匹配，加上外部能源高价格的输入和工会工资的价格垄断，终于引发了难以克服的滞胀现象。

尽管凯恩斯政策在滞胀现象面前失去了效用，也因此在20世纪80年代后被货币自

由主义政策取代,然而这并不意味着凯恩斯政策从此就失去自身的效用。实际上,在其后历届政府执行的政策中,都可以看到凯恩斯政策的影响或影子。比如20世纪80年代初期,里根政府所采取的增加供给和减税政策主张(根据拉弗曲线揭示的税收与经济增长之间的相关关系,得出政府的最佳税收效应应该是将税收限定在一个合理范围)其中既有减税增加供给的政策做法,也有控制货币发行的单一货币政策,同时也有凯恩斯扩大政府支出的财政政策(尤其是这一时期美国巨大的军费预算开支,切切实实地采取的就是凯恩斯扩张性政策),里根政府采取的只是一个综合性的政策组合方案。虽然这次金融危机即将过去,但是我们认为,凯恩斯政策的影响力会依然存在,尤其是凯恩斯对自由市场经济的自动均衡实现充分就业状态的批评,已经被当代世界经济发展的实际情况证实。当代经济的发展格局已经演变为一种混合经济,在这种被萨缪尔逊称之为混合经济的运行模式中,市场与政府两种力量早已形成了一种共同影响经济发展的力量,彼此不可或缺,两者相得益彰,才能共同维系市场经济的健康发展。因为无论是哪一种资源配置方式,都有一定的局限性。而混合经济模式,即市场和政府两种资源配置方式的混合(运用政府财政货币政策,结合市场经济制度),不仅提高了资源配置的效率,也可在一定程度上避免经济危机的发生,并成为当前社会经济发展的一种重要模式。

(二)货币自由主义政策兴起

自20世纪40—50年代以来,凯恩斯扩张性财政政策成为政府首选之后,通过赤字财政扩大政府支出为重点,辅以低利息率、放松银根的财政货币政策,曾经的确给许多国家经济带来了双面刃效应,即一方面促进经济从萧条转变为恢复性增长,扩大了社会就业水平;另一方面也带来了政府信用的过度扩大,由此也为新市场自由主义的东山再起创造了机会。以美国著名经济学家弗里德曼为代表的新货币主义政策,在20世纪80年代成为取代凯恩斯政策的又一政策主张。弗里德曼认为,在经济发展进程中货币最为重要,也是促进经济发展唯一的主导因素。凯恩斯的扩大有效供给政策,尤其是扩大消费倾向以消除失业的相关政策,虽然具有短期效果,但是从长远发展看,却具有明显的导致储蓄、资本积累和技术衰退的负面效果,容易降低国民经济的活力。

实际上,早在二百多年前,西方国家就已经出现过"货币数量(决定)论",主要代表人物是英国经济学家休谟,包括李嘉图也是"货币数量(决定)论"者,其中以20世纪初美国的欧文·费雪最为著名,提出了著名的"交易方程式"($MV=PQ$,M货币数量;V货币流通速度;P物价总水平;Q商品交易量或产出量),货币流通速度一般是稳定的,当产出数量已知,物价总水平主要决定于货币数量。

然而弗里德曼的新货币数量(决定)论,又不同于一般的"货币数量(决定)论",因为货币数量(决定)论假定货币流通速度、产出数量短期内一般是稳定的,而新货币数量(决定)论则把货币总量的变动与货币收入(名义国民收入或国民生产总值)的变动直接联系起来，即货币的供应量或者需要量，既影响国民生产总值的变动，也影响物价总水平的变动，因此认为货币供应增长的变动是长期名义收入增长变动的主要原因，而货币数量变动本身对长期实际收入增长的影响微不足道。正如英国经济学家罗宾逊所言，与旧的货币数量理论并没有什么本质区别。

但是，与传统的货币数量理论相比较，弗里德曼新货币主义政策仍然具有自己的创新，其主要观点为：传统的货币政策（调整贴现率、公开市场买卖政府债券、变更法定存款准备金率等）只能在很有限的时期内限定利息率和失业率，而且这种"相机决定"货币政策弊大于利，具有滞后性、不稳定性、反弹性，容易造成通货膨胀（过去政府政策过度）以及私人资本投入的减少。弗里德曼主张实施单一规则的货币政策，即要抑制通货膨胀，实现经济稳定发展，最根本的措施就是控制货币供应量的增长率，使它与经济增长率大体上相适应，同时认为市场存在着自然失业率（摩擦失业和自愿失业），就业的下降仅仅是暂时的，随着稳定的货币供应将导致产出增加、就业增加，同时弗里德曼还提出了自由浮动汇率制，以解决固定汇率下国内通货膨胀和国际收支恶化同时并存问题，即国际收支不会因为国内过度的通货膨胀变为逆差，倒是汇率要贬值。

弗里德曼货币主义主张一定意义上是费雪的旧货币主义或古典货币主义政策的翻版。在费雪对货币与经济发展之间相关性的解释中，货币属于中性，被严格限定在交换媒介的功能上，货币的功能作用主要是作为商品的交换价值而存在，货币的发行不能脱离商品的实际需要而滥发，否则将会导致商品价格水平与实际价格之间的严重背离（具体是通过费雪方程式表达了这种货币与商品数量之间的对应关系）。这种货币与商品之间的关系，一百多年来一直被视为货币理论的经典。

（三）货币自由主义政策局限性

西方市场经济发展到近现代，经济活动不断扩展，原有的货币政策似乎已经难以在更大范围内起到促进经济增长的作用，为此，原有的货币被赋予了新的功能作用。对这种货币功能进行创新的，首先是凯恩斯。凯恩斯通过对货币功能的新的解释，把货币转换为有效的政策工具。凯恩斯认为，货币具有流动性偏好，在经济发展处于萧条时期，由于对未来收入的预期下降，以及对未来财物价值的下降预期，人们对货币具有流动性偏好，而不愿意把货币存在银行，同时，货币也具有流动性陷阱。凯恩斯通过对货币分析，引申出对财政政策的功能分析，认为政府财政支出政策可以弥补原有货币功能的不足，使货币功能得到延伸。通过货币发行的杠杆效应，以及适当的货币超量发行，可接受的货币发行带来的温和通货膨胀，起到拉动经济增长效用，这些为凯恩斯扩张性的财政支出政策提供了政策依据，也货币自由主义找到攻击的要害。

其次是当代新货币自由主义的金融创新和各种金融衍生产品产生。货币自由主义把古典货币政策视为金科玉律，但是对货币的功能和效用的发掘创新，在当代西方国家却达到了极致。在凯恩斯财政政策失去主体地位影响的若干年中,在现代货币主义政策影响下,金融创新,尤其是金融衍生产品的创新,达到了一个新的高度。通过金融创新,货币主义原来自己遵循的那些货币规则,也已经逐步淡出政策调节的视野,实际上,当代货币主义政策,在一定意义上而言,仍然没有完全脱离凯恩斯财政扩张政策。从扩张的本意上而言,仍然属于凯恩斯扩张政策的复制,比如在这次次贷危机中,房利美作为全美最大的房贷公司,把大量的不符合信用标准的次贷产品集中推出,一方面是源于货币政策的宽松、低利率的刺激;另一方面也与政府为维持经济繁荣采取的自由放任政策的间接推动有关。只不过在调节的方向上,从原来过度推崇凯恩斯财政政策,走向了另一个极端——过度推崇自由市场的货币政策。同时由于政府放松了对货币金融产品创新尤其是衍生产品创新的监管,最终使金融产品创新脱离实体经济发展的需要,与实体经济之间的链条越来越长、距离越来越远,委托代理风险越来越大。

(四)新货币主义政策虽然引发了金融危机,但并不意味着新货币主义政策的历史终结

金融危机作为一种与市场经济相伴随的经济现象,早在一百多年前就已经存在。从1825年以来金融危机已经经历过二十多次;20世纪70年代至今至少发生过3次。实际上,金融危机是世界资本主义周期性经济危机的前兆或序曲,经济危机往往首先表现为金融危机(信贷制度把闲散资本集中起来并借给人们,这样资本家的投资便不受自有资本的限制,消费者也不受现有购买力的限制。这样信贷便促进了整个经济的扩张。可是,另一方面,信用同时也掩盖了生产与消费的矛盾,使周期性生产过剩的危机更严重。资本主义的周期性生产过剩或设备过剩是无可避免的。这是因为资本主义的盲目竞争;每个企业家都拼命扩充生产争夺市场,结果是有些资本家无法售出商品,于是工厂倒闭、工人失业、市场萎缩。当消费力已容不下大大扩充的生产力的时候,信用制度还在制造虚假的需求,这是泡沫经济的主要来源。当清算的时刻来临,信用制度就使危机爆发得更猛烈。依靠借贷来投资的资本家,或者是借债消费的消费者,在生产过剩的危机中发现无法还债;而银行此时也一定"落雨收伞",提早追讨欠款,于是便发生了金融上的连锁反应。总之,信用制度既能够刺激经济增长,同时它也使资本主义无限生产与有限购买力之间的矛盾尖锐化)。

尽管以前每一次经济危机爆发前都处处出现金融上的过度投机,然而20世纪90年代发生的金融危机,却与过去金融危机有很大的不同,一个新特点或新情况就是,金融市场已经日益同实际生产与贸易脱钩,投机性及流动性之大,不稳定性之高,是史无前例的(比如每天国际外汇交易量,1987年是6000亿美元,1997年为1.4万亿美元,其中只有14%同实际贸易与投资有关。外汇交易额,1982年是世界贸易的17倍,1989年是28倍,1992年是33倍,这意味着绝大多数交易都是投机。每日的外汇及利率的衍生工具交易量,1995年已经达到22980亿美元;而整个国际金融市场,每日交易量达五万亿美元，仅有2%与生产及贸易有关，其余是资金的自身循环，绝大多数是投机）。

然而这次爆发的以美国次贷危机引发的金融危机和经济危机，与前面的各次危机相比，又存在明显的差异，它不仅仅是投机的结果、是生产与消费的不平衡产物，更是由于金融制度体系上的制度缺陷所致。但是有一点却异常相似，那就是集中体现了生产与消费之间的矛盾，体现了金融监管体系制度设计上的矛盾，体现了虚拟经济过度超越实体经济发展的矛盾。

这次美国金融危机不仅削弱了美国在世界经济中的地位，也导致人们对流行多年的西方经济发展理念产生了怀疑，尤其是对金融创新甚至货币主义政策产生了严重的怀疑，并产生了激烈的抵制，由此也将引发人们许多关于货币主义政策的设想。其实，正如凯恩斯财政政策不会终结一样，货币主义政策同样也不是危机的万恶之首。关键是任何一种政策工具或政策目标，都不能过于夸大其效用，其反映或代表的仅仅是一方面的要求，关键是政府政策调节上要把握好度的要求。从这一意义上而言，我们认为货币政策本身并没有过错，主要是运用政策的时机和力度可能发生了问题。在未来经济发展中，货币政策仍然应是政府政策调节不可替代的重要选择。从我国经济发展进程看，我国正面临着经济加速转型的重要时期，如何运用货币政策调节经济运行，尤其是通过金融创新促进经济发展，是当前面临的一项重要任务。从一定意义上看，我国的金融创新仍然滞后于实体经济的发展，我们不能因为金融危机引发的问题而耽误我国金融创新和金融改革的。

三、后危机时代，如何运用好金融货币政策工具

（一）全球化经济发展需要发挥金融资本政策的重要作用

回顾西方发达国家经济发展进程，我们可以发现一个重要现象，就是发达国家的近现代崛起，不仅仅是依靠科技的力量，同时也依靠了金融创新的力量。可以说，如果没有发达的金融市场和金融产品创新，发达国家的现代经济发展也不可能如此快速。正是看到这种科技、经济与金融三者之间联动发展的关系，近年来各发达国家包括发展中国家，都十分重视金融经济的作用，比如我国科技创新发展进程中遇到的一个普遍问题，就是缺乏金融资本的支持，融资难几乎成为中小科技企业创新的一个通病。在西方发达国家，中小科技企业创新缺钱，可以通过风险投资或天使基金导入，在与科技中小企业共同成长的过程中，风险资本可以通过创业资本交易市场逐步退出，化解投资风险。而作为天使资金，有的本身就是要作为一种沉没资本而存在的，在这种风险资本制度体系的安排下，中小企业创新才能够始终充满活力，风险资本才能够作为主流金融体系的补充，得到存在和发展，这也是发达国家一种有效的金融市场秩序安排。在过去近百年的历史发展进程中，正是这种金融秩序体系，加上政府适时的货币政策，在经济发展中起

到了重要的杠杆调节作用。

然而，资本金融政策之所以会大受欢迎，因为不仅仅是资本金融政策具有货币杠杆效应，更由于在原来的经济增长模式中，资本金融政策具有内在的扩张性，可以为经济带来一种表象的繁荣，而这种繁荣多半可以解决困扰政府的就业和税收问题。然而在这种繁荣的背后也有隐忧，那就是这种过度透支未来经济增长的发展模式，在后危机时代将会越来越难以为继。此外，资本金融政策的过多和频繁使用，同样会带来通货膨胀的负效应，当发行的货币过多，或通过金融衍生产品产生了大量的金融产品供给后，金融创新产品的过剩就远远脱离了实体经济的实际需要，在这种情况下，一方面资本金融政策具有杠杆效应的内在扩张冲动；另一方面面对五花八门的金融产品，政府的监管距离则越来越远，发生金融危机也就难以避免。因此，在后金融危机时代，如何形成新的经济发展模式，并避免资本金融政策的泛化，尤其是如何防范金融产品创新的过度化所引发的金融风险，仍然是我们需要警惕的一个重要问题。

（二）伴随着城市化和工业化进程，金融资本化仍将是我国经济发展的重要推动力

在后金融危机时代，随着各国科技与经济的发展，金融资本化进程仍然将加速推进，以战略性新兴产业为推动力，形成新的产业转化升级要求日益凸显，新一届美国政府在新能源等产业的重新布局，已经充分表明了这种发展的态势。通过金融资本与新产业资本的结合，美国经济将有可能重建科技创新的力量，走出产业空心化与金融经济过度化发展的困境，走出原来过度透支国内消费的格局。

从我国经济发展的实际进程看，在后金融危机时代，也同样面临着经济发展的动力机制问题，在走出危机的政府财政政策效用发挥作用之后，需要通过什么力量去激发经济增长的动力？从当前出口、投资和消费这三驾马车的运行状态看，在美国和欧洲国家仍没完全走出金融危机的阴影之际，在贸易保护主义仍然在世界各国盛行之际，显然出口贸易不能成为我国经济发展的重要支撑；投资仅仅依靠政府的基础建设投资，在"国进民退"的浪潮中，以及社会民间资本力量不断萎缩的进程中，似乎也难以成为持久的推动力，而扩大内需似乎成为最后的希望。然而在国民收入差距日益扩大、一般民众收入难以得到更快增长，尤其是未来收入预期、社会保障难以有实质性推动之际，消费的拉动仅仅是一种口号或一厢情愿的事情。

在当前从出口依赖转变为国内消费增长转型的严峻挑战下，我国正面临着经济发展模式的转变。然而这种转变又非一日可以解决，我们认为，日益扩展的城市化和工业化产生出来的巨大需要，仍然可能将是我国扩大内需的真正动力源泉，目前我国城市化水平仍然为50%左右，离发达国家甚至中等发达国家水平仍然有一定的距离，随着城市化的加快发展，尤其是统筹城乡发展进程的加速推进，仍将会为我国特有的内需市场带来较大的发展空间。尽管我们要加快推进经济发展方式转变，特别是要尽快摆脱原来的

政府拉动模式，但是在社会资本没有形成主导力量之前，这种城市化的发展路径，包括扩大内需的独特模式，就仍将有存在的理由，这种以政府主导的自我循环式拉动内需增长方式，就仍将会在近期内（5到10年）以一种惯性力量向前发展，以解决我国民间内需不足的问题。然而从长期发展趋势看，要通过市场引导逐步激发和形成民间资本的跟进，才能实现全社会资本效应的最大化。我国改革开放以来的经济发展进程，尤其是近十多年的高速经济发展历程，基本上就是沿着这一发展轨迹发展过来的。在这一城市化引发的自我增长进程中，国家资本在其中始终扮演着主要角色并发挥了十分重要的作用（以国家资本推动为例，从1981年国债占全年政府开支的9%左右，再到1994年财政赤字575亿元，占当年国家财政收入11%，再到2004年底国债余额29631亿元，其中外债828亿元，国债余额占GDP21.6%）。当然，在未来的城市化发展进程中，我们不仅需要转换发展思路，实现经济发展的多动力推进，同时在国家拉动经济发展进程中，更多需要利用资本化的力量推进，尤其是需要通过培育新的资本市场力量（在政府信用的引导下，随着商品市场、资本市场等的逐步发展，尤其是要素资本市场的逐步发展完善，我国资本市场建设以及资本市场的快速发展，为发挥政府资本带动效应，起到了积极推动作用，不仅要素资本化，而且未来收入也可以资本化），在政府资本带动下，以及各种社会资本力量参与下形成共同推动合力，使我国经济发展进入快通道。目前我国的资本化比率与发达国家相比，仍然不高，比如从1982年到2004年，我国国债的年增长率仅为25%（如果包括各类国企、国有商业银行4、5万亿元的各种隐性呆账在内，国家负债约占GDP50%左右，也处在一个相对高位，但是仍然低于美国70%的比例）。更为重要的是，这种单一依靠发政府债的方式，可能已经没有更大的空间了（不能高于国际公认的60%警戒线），特别是在资本化进程中，我们还面临着资本化程度发展不平衡现象，一些要素市场的发展程度，比如证券市场中的股票市场在总价值上2008年已达到24万亿元，已超过当年我国GDP的总量（14万亿元），成为世界第一大规模的要素市场，在短短20年时间内甚至超过发达国家100多年的发展进程，虽然成绩可喜，但是隐藏的问题也不少，尤其是作为融资功能过分强化，对企业转制和市场规范以及中小股民利益缺乏实质性保障。

尽管如此，我们仍然有理由坚信，未来资本市场的发展在与科技创新产业的结合下，必将成为我国未来经济发展的重要动力。尤其是随着科技实体资本金融化进程加快，金融资本与科技产业的融合发展，将会成为推动我国经济发展的又一支重要力量，将成为三大增长动力源之外的第四个增长动力源。

第六节　从实体经济转向金融经济

金融作为独立于市场和企业的第三方力量，作为市场运行的重要支配因素，正在逐步成为一个国家社会经济活动的血液甚至中枢，成为推动经济社会发展的重要推动力量。正如一位经济学家曾经说过那样，作为经济增长的基本要素，科学技术和金融制度在历史上从来没有像今天这样如此重要，也从来没有像今天这样结合如此紧密。

一、金融是现代经济发展的命脉

作为交换价值而存在的金银货币，是伴随人类社会发展以及经济社会活动的繁荣而出现的产物。而金融作为独立的经济活动主体，则主要产生于近现代西方社会，产生于17世纪以来商业社会的兴起和自由竞争市场经济的繁荣发展，在这方面我国则远远晚于、落后于西方发达国家几百年的时间。

（一）如何界定实体经济与虚拟经济

从世界经济发展历史进程看，任何一个国家的发展繁荣都离不开实体经济的支撑，尽管在历史发展进程中，这种实体经济的内涵会发生变化，一定时期可能是农业，也可能是制造业，或其他产业，而且各个国家由于经济发展阶段上的不同，也会存在实体经济具体内容上的差异。然而实体经济从农业主体向制造业主体的根本性转变，则应源自于18世纪西方工业革命的兴起，以机器大工业生产为主要标志的英国产业革命，不仅带来了西方国家经济的快速发展，也形成了以产业经济为实体经济主要形态的经济发展模式。

目前人们对实体经济还没有做出统一的界定，根据国际惯例，人们将互相依存的经济活动划分为三大产业，即农业和矿山采掘业作为第一产业，制造工业、重化工业作为第二产业，上述两类产业之外的部分作为第三产业。虽然这种三次产业之间的明确划分产生于20世纪，但是其基本思想早在19世纪就已经初步形成，比如马克思根据劳动在创造价值中的直接或间接作用，把劳动区别为生产性劳动和非生产性劳动，实际上就是对三大产业进行了简要的划分。把直接创造价值的第一产业和第二产业，划入到生产性产业（即实体经济），把间接创造价值的第三产业划入到非生产性产业（即虚拟经济）。近年来一些经济学家在上述产业划分的基础上，又将三大产业简要地归结为实体经济与虚拟经济两大分类（其中第一、二产业以及第三产业的一部分大致归为实体经济，第三产业中的另一部分产业，如金融、证券等不直接产生物质价值增值的部分被划分为虚拟经济）。不管上述三大产业如何划分，毫无疑问，实体经济和虚拟经济两大部分，实际上已经共同构成了一个国家经济的两大核心，成为一个国家经济起飞发展的关键两翼，成为经济社会发展不可或缺的核心组成部分。

（二）虚拟经济的过度发展，容易导致国民经济发展失衡

虽然，实体经济和虚拟经济已经成为我国经济发展的重要两极，并共同构成了我国经济发展的主心骨。然而在实体经济和虚拟经济两者的发展过程中，也同样存在着一定的比例关系。一般而言，虚拟经济的发展规模和速度不能长期超过实体经济发展的规模和速度，这一点马克思在分析资本主义的商业周期时就已经提出。然而人类在克服经济危机的过程中，却发现大多数情况下，由于存在着资本的逐利性、有购买力需求的有限性，市场扩张的容量总是有限的。简言之，在工业革命以来的近百年市场经济发展进程中，世界各国的生产扩张力已经远远大于消费能力的扩张，由此就带来了与生产扩张相适应的资本扩张需求，在伴随着生产扩张的同时，也以自己内在扩张力快速延伸发展，进入19世纪以来，尤其是上世纪初以来，在商业周期性波动中，逐步形成了一种相对独立的力量，与实体经济并行，并在商业高峰阶段达到鼎盛，大大超过了实体经济发展的实际需求。而这种脱离实体经济发展需求的资本力量，通过资本市场的演绎，往往就形成了虚拟经济超越实体经济、扰乱市场的最初渊源。以我国实体经济与虚拟经济发展为例，20世纪80年代以来，我国开始了市场经济的发展进程，三大产业通过市场化获得了较快发展。为了解决实体经济发展过程中融资的需要，特别是为了解决国企发展过程中的融资困难，自20世纪80年代末，在重启股票发行之后，我国沪深两地证券交易市场也首次启动，在随后的10多年时间内，我国资本市场发展虽然有起伏，但是资本市场建设的方向已经日益明晰，发展的规模和速度也达到惊人的状态，我国股市市值总量从1999年8月底2.96万亿元占当年GDP的35%，到2007年8月突破21万亿元，与2006年GDP的总值（21.09万亿元）基本相当，证券化率达到100%，仅用了短短的8年时间（如果从2005年股权分置改革算起，通过大型国企的上市，以及大小非进入市场流通这一根本性改变，仅仅用了2年时间），我国两市股票的总市值就增长了6.6倍，实现了跨越式发展（据《现代快报》报道，2009年底我国两大市场开户人数已达1.4亿，市值已成为世界第二大股市，IPO首发募集自2006年起已经连续三年位居世界第一，证券市场规模20年发展已经扩大120倍）。

然而透过资本市场飞速发展的背后，我们却看到了虚拟经济的畸形，也看到了实体经济发展的相对萎缩和低迷，尽管这种低速和萎靡被我国出口增长的表象掩盖，甚至我们自己都被世界制造大国的业绩迷惑。显然，这种实体经济与虚拟经济两个极端发展的情况并不令人乐观，当前我国经济发展总体形势依然是严峻的，产业结构的矛盾仍然日益凸显，在大量的低附加值、高资源消耗的制造产业的背后，是我国产业结构转型升级的滞后。以上海经济发展为例，虽然从2005年起就意识到经济转型的重要性，然而仍

然难以摆脱土地财政的特点，房地产经济仍然是带动全市经济发展的主要产业，以科技创新、扩大内需带动经济发展的声音依然微弱。根据2009年3月市统计局发布的统计数据，2008年受全球经济危机和我国出口萎缩的影响，作为对外依存度高达70%的城市，GDP增速由原来的两位数递减为4%左右，在全国31个省市中位居倒数第二位。自2009年起，上海加大了产业转型的力度，经济转型逐步取得了新的成果，2009年底各项经济指标得到了修复，在GDP增长恢复的同时，先进制造业和第三产业都得到发展，逐步形成了一条转型发展的良性循环之路。

虽然这次金融危机是发生在发达国家身上，但是我们也必须引以为鉴。从这次美国次贷危机引发的全球经济危机中，我们得到的一个重要启发，就是产业结构的发展不能过于偏废。20世纪末以来，美国通过把高端服务产业、高赢利产业保留在本土，大量实体产业转移外包的做法，支撑了自身经济二十多年的繁荣发展。然而这种产业过度空心化的做法，包括在第三产业达到80%以上的结构单一的做法，尤其是在第三产业中过度发展金融服务业的做法，也有一定的片面性，暴露了实体经济与虚拟经济之间的过度失衡。

我国金融市场同样存在不平衡的发展，存在着实体经济与虚拟经济之间的严重不对称性。根据张斌在"信贷扩张后的中国经济隐忧"一文对2005年以来我国两次信贷扩张的实证分析，由于中国货币环境与实体经济环境的较大差异，用政府投资替代民间投资虽然可以在短期内缓解需求不足问题，但是付出的代价可能是经济结构的进一步恶化，因为基础设施投资的未来收益难以保证，同时服务业市场化改革滞后，也难以为基础设施建设提供有效的配置，导致内需的长远性不足，以及出现地方新一轮扩张结构性问题。这其实也从另一侧面体现了在产业结构调整过程中，实体经济与虚拟经济之间的不平衡发展引发的深层次问题。

（三）如何形成实体与虚拟经济之间的良性互动

实体经济与虚拟经济之间的良性互动，是一个国家经济发展的必要条件，也是三大产业结构之间保持均衡发展的基本要求。然而三大产业之间又是一个动态的产业升级发展过程，经济发展的阶段不同，三大产业之间会有着不同的产业布局要求，由此也将会导致实体经济与虚拟经济之间的不对称性发展。然而这种不对称状态却是一种合理的发展状态。比如随着城市化进程和工业化的加快推进，以及现代科技的发展，第一产业（如农业）在三大产业结构中的比例将会越来越小，而第二产业将会占据较大的发展空间；随着后工业化社会的逐步走近，以现代服务业为主体的第三产业将成为经济结构的主体。

由于目前我国经济发展阶段正处在工业化后期或重化工业时期，实体产业的发展应该成为该经济发展阶段的主体产业，虚拟产业的发展或比例应该以不超过实体产业的比重为宜。虽然实体产业应该成为这一经济发展阶段的主体产业，而不能把后工业社会阶段的实体经济与虚拟经济之间的比例关系（虚拟经济超过实体经济发展）超前实现。然而重化工业时期又是需要大量资本的发展阶段，也是虚拟经济需要大力发展的阶段，因此，我们说实体经济与虚拟经济的均衡发展，并不是完全排斥虚拟经济的发展，而是说两者之间应该保持一个合理的比例。我们所说的两者之间的良性互动发展主要是指这一状态，实体产业与虚拟产业之间应该保持相对的发展平衡性。如何才能实现两者之间的均衡发展？

1. 两个经济体之间不能出现过于偏重的失衡。实体经济的发展应该是一个国家经济发展的基础，也是满足一个国家经济社会发展最基本的保障需要。为实现这种基本经济活动，需要有以金融经济为主体的虚拟经济的相对应发展，然而这种对应发展的规模和数量扩张，不能大大超过基本实体经济发展的内在要求，否则就会产生严重的结构失衡现象，最后也将会使整体经济的发展受挫。

2. 实体经济和虚拟经济发展的合理关系要取决于总体经济发展水平。当一个国家经济发展仍然处在工业化或城市化中期阶段时，实体经济应该仍然是经济发展的主体，所面对的仍然是解决大多数人们的基本物质需要，消费产品的结构升级仍然没有达到金融等衍生产品的急剧扩大要求。如果脱离这一总的经济发展阶段要求，一味地追求金融等服务经济的过度扩张，就会导致虚拟经济发展超越实体经济发展需要，以致出现经济发展的虚脱或透支现象。而没有实体经济支撑的虚拟经济，此时将可能会出现一种自我非良性循环，金融泡沫的出现也就成为顺理成章的事情，最终演变为对实体经济的伤害，影响整体经济发展的速度和质量。

二、我国现代金融体系建设，存在哪些瓶颈

建立与现代市场经济发展相适应的现代金融体系，是任何一个国家在经济现代化进程中不可或缺的核心要素。综观当代西方发达国家经济发展历程，西方发达市场经济强国，无一不是借助发达的金融体系发展起来的，一个发达高效、结构合理、功能完善和安全运行的金融体系，已经成为发达国家经济发展的增长引擎，成为促进经济发展的新动力。比如美国经济的强盛得益于其发达的资本市场，英国经济的强盛得益于强大的货币市场和外汇市场，而欧洲大陆和日本经济的强盛，则更多地依靠其发达的银行体系作支撑，引领其经济发展。可以说，正是一个发达的金融市场或者发达的银行体系，以及在此基础上发展起来的发达金融体系，支撑着世界各发达国家的经济。

（一）我国金融体系与国外发达国家之间的主要差距

我国在向市场经济转型、走向现代化强国的进程中，虽然也有着建立现代金融体系的强烈愿望，尤其是在这次世界金融危机演变的经济衰退中，我们饱尝了金融体系发展之慢之苦，也体验到为金融强国强制性或"捆绑式"买单之痛。然而我们也应清醒地看

到，当前我国金融体系仍处在逐步形成发展之中，中国要想真正成为一个金融大国和强国，目前仍然存在许多困难和发展中的瓶颈问题，与国外发达国家相比较，我国金融体系最突出的差距集中体现为：

（1）我国金融资产管理体制仍然属于计划经济管制，缺乏灵活性（比如多年来实行的企业外汇结算制，实际上仍然属于一种强制性的外汇管制）。

（2）金融运行机制上，缺乏有效的市场化监管手段，金融管制仍然较多，而且管制方法较为陈旧。比如从人民币汇率总体上看，仍然属于一种计划管制的变形（多年来一直实行固定汇率制，近年来虽然转型，但是转变幅度不大，仍然基本维持在有管理的浮动汇率制范畴）。

（3）金融资本和金融要素的市场化程度相对比较低（比如金融要素和金融创新产品较少，现有的金融产品结构比例不平衡，企业债券比例较小，传统金融产品仍占主体）。

虽然我国是一个制造业大国，可是还不是一个制造业强国，经济发展的规模和质量与发达国家的相比仍然有很大差距，尤其是人均水平较低，从而制约着金融体系的发展。另外，多年来我国在金融体系建设上，仍然缺乏明确或可操作的实施细则，在现代金融体系建设的模式选择上，包括对决定现代金融体系发展核心要素的认识等方面，仍然存在着明显分歧，我国现代金融体系建设依然任重道远。

（二）现代金融体系建设的核心要素是什么

现代金融体系主要包括金融调控体系、金融组织体系、金融市场体系、金融监管体系和金融环境体系五个方面。金融调控体系包括调控工具（如货币政策、财政政策、利率等）和调控机制（如利率形成与传导机制、汇率形成与传导机制等）；金融组织体系是指参与金融市场活动的一系列机构主体，包括商业银行、证券公司、保险公司、资产管理公司等；金融市场体系包括货币市场、资本市场以及其他金融产品市场等所构成的各类市场；金融监管体系包括金融监管机构、监管制度与监管协调机制等；金融环境体系包括与金融相关的法律制度、金融基础设施、社会信用体系，企业产权制度与公司治理环境等。而现代金融体系除应具备上述体系的基本结构、框架和构成要素的特征外，还应符合结构合理、相互协调、功能完善、高效安全的要求。具体地说，就是金融体系中的各类市场构建分布恰当，布局合理；金融调控政策的运用与金融监管机制的建设相互协调，有机配合；各类金融体系的制度建设基础稳固，功能建设完备充分；金融体系的运行效率迅捷顺畅，防范风险的机制灵敏、效能可靠。根据世界各国金融体系建设的经验，虽然上述五要素是一个完整体，不可或缺，然而金融调控要素由于属于国家宏观调控体系的重要组成部分，也是构建现代金融体系的核心环节，因而在现代金融体系建设中具有特别重要的地位和作用。

简言之，按照上述金融体系的五要素要求，一个发达的现代金融体系应该涵盖了由银行、证券、保险这三个主要金融行业和其他各类金融机构,以及资本市场、货币市场、外汇市场、金融衍生品市场等各类金融市场,它具有合理结构和完善的功能,能够提供丰富的金融产品和多元化的金融服务,以满足经济发展和民众不断增长的需求;同时具备宽广的广度和足够的市场深度,以应对来自各方面的冲击,能够高效率地实现资源的有效配置,以支撑实体经济的快速发展,同时又能够实现安全稳健地运行、有效化解各种风险。

(三)我国现代金融体系建设需要关注什么

我国金融体系建设始于1979年,经过近二十年的转型发展,到20世纪90年代末期(1997年),初步形成了比较独立完整的金融体系。然而从本质上看,此时的金融体系仍然不是严格意义上的金融体系,一个重要原因就是金融体系的市场化程度比较低(根据黄金老先生的分析,1997年中国金融体系市场化程度只达到37.5%),金融市场运行仍然以计划或行政调控为主要方式,具体就是金融体系中的金融机构绝大多数是直接为国家所有,金融资源的配置主要由政府计划配置。这种非市场化特征,就决定了我国的金融体系离现代金融体系的要求仍然有相当的差距。为此,自1998年起,我国就加大了金融体系改革力度,金融市场快速发展,已开始出现民营或民营控股性质的金融机构。截至2006年,有73家外资银行机构在我国设立了191家分行,有50家QF机构,尤其是中共十七大报告明确指出了我国未来金融业发展方向是"推进金融体制改革,发展各类金融市场,形成多种所有制和多种经营形式、结构合理、功能完善、高效安全的现代金融体系",并提出了"优化资本市场结构,多渠道提高直接融资比重""完善人民币汇率形成机制,逐步实现资本项目可兑换"等更加具体和细化的任务要求,一个初步的市场化金融体系已经开始形成。

与此同时,我们也要清醒地看到,虽然我国金融市场主体的所有制结构有了一定程度的变化,然而与现代金融体系要求相比,仍有一定差距。突出体现为:金融市场体系结构仍不合理,资本市场结构失衡,债券市场严重滞后。以金融市场主体为例,金融组织的国有产权比重仍然过大,民营金融企业比例很低,而金融环境体系建设问题更是凸显,社会信用体系较为脆弱。

面对现代金融体系建设的发展要求,在未来的发展中我们应该如何应对?一定意义上,我国金融体系建设,也处在一个重要的关口,正面临着一次新的重大选择,因为现代金融体系建设好坏不仅关系到我国实体经济发展的进程快慢,也是决定我国未来50年经济能否保持可持续与稳定发展的核心或关键要素。实际上,从金融发展战略的角度来看,我国下一步金融改革深化或可供选择的方案,主要是聚焦于以下两种选择。

一是继续沿袭以中央银行为核心,以国有商业银行和商业银行传统业务占主导地位的金融体系,并进一步加强银行在整个经济生活中的作用,也就是继续维系原来的传统金融体系的格局。二是深化银行体制市场化改革与发展资本市场同时并举，彻底颠覆原有的金融架构，逐步形成以资本市场为核心的现代金融体系（有一种观点认为，中国金融体制改革虽已进行了二十余年，但有一个问题却始终在困扰着我们：中国金融体系的战略目标究竟是什么？是建立一个以资本市场为核心基础的金融体系或市场主导型金融体系，还是继续维持现有银行主导型的金融体系？或者有第三条道路可走？金融的功能会随着金融结构升级而不断升级，金融的核心功能不是凝固不变的。现代金融体系不仅要保持足够的流动性，以便通过存量、流量资源的优化配置促进经济的持续增长，还要具有最大限度地将经济增长累积起来的风险进行分散的功能。此外，可能还要具有让居民和投资者享受经济增长的财富效应，即要有储备和促进金融资产以不低于经济增长率的速度增长的功能。这样的金融体系可能具有很多结构性要素，但发达的资本市场则是其最核心的要素。在中国的金融体系设计中，具有良好流动性的发达资本市场是其最重要的战略要素，市场主导型的金融体系应该成为中国金融体系的战略模式）。

然而无论采取哪一种发展路径，提高我国金融体系的市场化程度都应该是当前的首要任务，同时按照渐进和稳妥的方式逐步实现我国金融体系的现代化。我们认为，在未来的若干年，我国金融体系的现代化可能更多的是采取一种以防范风险为主要出发点的折中方案，并应着力于以下四个方面：

（1）稳步推进各类金融市场建设，促进货币市场、资本市场及外汇与黄金市场的协调发展，推进多层次资本市场的发展（其中将更注重债券市场发展）；

（2）完善中央监管机构监管、金融机构内部治理、金融行业自律和社会公众监管四个层次的金融监管体系，形成银监会、证监会、保监会三大监管机构之间的协调机制；

（3）发展多种所有制形式的金融机构，促进国有金融机构、民营金融机构及外资金融机构的协调发展；

（4）加强金融法律制度建设、基础设施建设、社会信用体系建设，为形成良好的金融生态提供各种软硬件保障。

然而不管如何，从传统金融体系过渡到现代金融体系，已经成为我国经济转型发展进程中不可或缺的重要步骤。现代金融体系建设的曙光已经出现，以资本市场为核心、一体化市场为载体、合业经营为方式、电子网络为手段、金融工程为技术的当代金融体系，正在逐步向我们走近，金融资本正在成为我国经济增长的重要动力要素，成为我国经济转型发展的助推器。

三、走向金融强国之路有多远

以美元为中心的美国金融强国的形成，既有历史上的渊源，比如二战初期的经济强大，以及布雷顿森林会议的制度安排，也有现实的因素，比如现代科技发展，更为关键的则是一个国家的综合经济发展实力。

（一）世界金融危机正在挑战美元霸主地位

20世纪中期建立的国际金融体系，是建立在以美元为核心、以美元与黄金挂钩两个不平等的金融体系基础之上的，是少数发达国家的货币本位金融中心对大多数发展中国家的贵金属金融中心的一种不对等的金融体系，即以美国为中心的美元支付大国对大多数国家的黄金支付结算的不对称体系。在各国汇率与美元挂钩的结算体制下，美元可以轻易地向其他国家转移或输出扩张经济危机（美国可以通过无限制地发行本国货币，解决经济发展中的经济膨胀问题），1974年的经济滞胀使这种国际金融体系遭到了重创，导致美元与黄金挂钩的金融支付体系的终结，然而美元的世界结算中心地位仍然没有打破，这就为这次的金融危机埋下了新的隐患，带来了美元的又一次泛滥之灾。在这次严峻的国际金融危机面前，以美元为中心的霸权地位再次受到极大的冲击，一定意义上，以美元为核心的世界货币地位越来越难以为继，欧洲货币正在逐步成长，亚洲新兴国家货币的主权意识日益增强，旧的国际货币体系也将处在风雨飘摇之中，新的国际金融体系建设正在逐步形成。

（二）美元霸权近期仍然难以替代

虽然经历了两次大的经济危机，然而布雷顿森林会议体系确立的美元地位，却并不是轻易就能够动摇或颠覆的。美国的透支消费模式虽然受到了此次金融危机的冲击，经济实力虽然有所减弱，但是美国经济的整体实力却并没有得到根本性的破坏，美元在国际金融市场上依然是难以替代的主体货币。更为重要的是，以美国为中心的国际金融体系仍然是最具有活力的架构，因为美国有着世界上最发达的资本市场、资本人才和资本创新。在经济全球化和金融市场一体化的条件下，正是通过这种金融创新的活力，使各国资本能够快速地在国际社会大量和自由地流动，在全球范围内实现金融资源的有效配置。

在过去的近一个世纪中，尤其是在近二十年来的金融创新中，金融体系的制度创新为科技与经济发展源源不断地提供了金融与产业融合发展的产品、媒介、方式与手段（比如通过资本市场为高新技术产业发展提供强大的资金支持；通过风险投资退出机制，强化了对高新技术成果的投资热情；通过进入证券市场，改善了高科技企业法人治理结构；通过资本市场的期权激励制度安排等，为科技创新提供了个人价值创造与实现的动力；通过资本市场的资本化运营模式，为高科技企业的超常规发展提供了广阔的空间），大大缩短了高新技术成果产业化的进程，使一批实验室技术迅速成长为"新经济"时代的先锋企业，并使孵化中的幼稚企业迅速发展成为新兴的主导产业群体。目前在世界企业500强中，有90%的科技企业都是美国NASDAQ的上市公司，有78%的科技企业选择了NASDAQ作为首次上市市场。一批著名企业如微软、英特尔、苹果也是诞生于创业板资本市场。可以说，如果没有NASDAQ资本市场的大力辅助，这些企业也许就不会诞生，至少不可能这么快就能够跻身世界 500 强。

因此，面对未来经济发展的各种挑战，不管是在后金融危机时代或金融危机后时代，我们仍然有理由认为，这种金融资本市场的低交易成本和高资本效率，依然是促进各国经济发展的重要推动力量，只不过我们要更加注意防范这种国际资本流动的负面效应，更加注重加强国际金融体系的监管，通过建立和完善更加有利于各国经济共同发展所需的国际金融新秩序，发挥国际金融体系对世界资源再分配的积极作用，努力把国际资本或金融风险在各国之间的传递和蔓延风险降低到最低限度，不断促进资本流入国和全球的经济增长与效率提高。

（三）人民币可兑换，走向金融强国的必由之路

一般而言，主权货币实现国际化通常要经历结算货币、投资货币和储备货币三个发展阶段。人民币在走向国际化的进程中，显然离这一要求仍然有较大的距离。在这次的国际金融危机中，由于美元地位受到较大冲击，以人民币为代表的亚洲货币受到世界各国的进一步青睐，人民币作为储备货币的功能正在日益凸显，一些国际游资甚至看到人民币升值的预期空间，对人民币进行投资和投机。然而，由于人民币的国际化程度还比较低，汇率管理体制仍然没有大的变化，人民币的国际化功能仍然受到较大局限。即使是作为结算货币，人民币目前也没有完全具备，主要障碍就是人民币还不能在国际上自由流通和兑换。因此人民币主权货币要成为世界货币，人民币的国际化程度必须进一步提高，人民币的汇改步伐应进一步加快。

然而在人民币的国际化进程中，我们也需要把握好国际化的进度，要清醒地看到人民币国际化也是一把双刃剑，在人民币迈向国际化进程中，一方面会大大提升我国经济和金融大国的地位，为我国经济发展提供更多的国际化资源配置手段，更加有利于我国贸易结算公平环境的确立，然而也将会面临着金融风险加大，比如货币汇率浮动过大带来资本的加剧流出，或引发通货膨胀传递加大等各种危险，或导致国际游资对本土经济的更大冲击。在这种机遇和挑战并存的情况下，我国应统筹规划好人民币国际化的目标和实施路径，做好各种预案，顺利推进人民币的国际化。在当前国际金融危机仍未完全走出世界金融仍动荡不定的重要关口，人民币的币值稳定，仍然应是我国的首要目标。因为只有币值稳定的货币才能作为可靠的结算和投资工具，为市场所接纳，才能顺利实现国际化，也符合我国经济发展的长远利益。关键是要把握好这种度，不能因为对金融危机的恐惧或对危机的担忧而停滞人民币货币国际化进程，当然也不能盲目冲动扩大人民币的风险，这是因为当前我国人民币国际化从总体上看仍处于初始阶段，在人民币成为结算货币的进程中，汇率保持稳定不仅有利于中国经济的平稳发展，也符合广大投资和贸易主体的利益。但是，我们也迎来了美元地位受冲击、亚洲货币声誉兴起的有利时机，要把握机遇，按照既定的目标和方向稳步推进人民币的国际化，按照可控性、渐进

性、主动性原则,继续完善人民币汇率形成机制,加快推动人民币在更大范围实现跨境结算,逐步使之发展成为国际性货币。

第六章　经济管理创新的微观视角

从本质上说，微观经济学是一门描述和解释微观经济现象的学科，它并不能提供任何现成的可以拿来就用的结论。以微观视角进行的经济管理研究，其研究的对象是单个经济单位的经济行为，主要包括单个消费者、单个生产者、单个市场，因此，微观视角下的经济管理创新研究，不仅为企业经营管理决策提供了许多有益的视角，也为企业提供了许多参考。本章基于消费者、生产者和市场的基本理论，从需求、供给的分析入手，讨论市场均衡价格的决定过程，辅以政府政策对市场均衡价格影响的研究，以此来对市场运行机制进行总体考察。

第一节　消费者、生产者与市场

一、消费者理论

（一）消费者行为理论模型

1. 彼得模型

彼得模型俗称轮状模型图，是在消费者行为概念的基础上提出来的。它认为消费者行为和感知与认知，行为和环境与营销策略之间是互动和互相作用的，彼得模型可以在一定程度感知与认知上解释消费者行为，帮助企业制定营销策略。消费者行为分析包括感知与认知、行为、环境、营销策略四部分内容，如下所示：

①感知与认知是指消费者对外部环境的事物与行为刺激可能产生的心理上的两种反应。感知是人对直接作用于感觉器官（如眼睛、耳朵、鼻子、嘴、手指等）的客观事物个别属性的反应。认知是人脑对外部环境做出反应的各种思想和知识结构。

②行为，即消费者在做什么。

③环境是指消费者的外部世界中各种自然的、社会的刺激因素的综合体。例如，政治环境、法律环境、文化环境、自然环境、人口环境等。

④营销策略指的是企业进行的一系列营销活动，包括战略和营销组合的使用。消费者会采取什么样的购买行为，与企业的营销策略有密切的关系。

感知与认知、行为、营销策略和环境四个因素有着本质的联系。

感知与认知是消费者的心理活动，心理活动在一定程度上会决定消费者的行为。通常来讲，有什么样的心理就会有什么样的行为。相对应的，消费者行为对感知也会产生重要影响。营销刺激和外在环境也是相互作用的。营销刺激会直接地形成外在环境的一部分，而外面的大环境也会对营销策略产生影响。感知与认知、行为与环境、营销策略是随着时间的推移不断地产生交互作用的。消费者的感知与认知对环境的把握是营销成功的基础，而企业的营销活动又可以改变消费者行为、消费者的感知与认知等。但不可否认，营销策略也会被其他因素改变。

2. 霍金斯模型

霍金斯模型是由美国心理与行为学家D.I.霍金斯提出的，是一个关于消费者心理与行为和营销策略的模型，此模型是将心理学与营销策略整合的最佳典范。

霍金斯认为，消费者在内外因素影响下形成自我概念（形象）和生活方式，然后消费者的自我概念和生活方式导致一致的需要与欲望产生，这些需要与欲望大部分要求以消费行为获得满足与体验；同时这些也会影响今后的消费心理与行为，特别是对自我概念和生活方式起调节作用。

自我概念是一个人对自身一切的知觉、了解和感受的总和。生活方式是指人如何生活。一般而言，消费者在外部因素和内部因素的作用下首先形成自我概念和自我意识，自我概念再进一步折射为人的生活方式。消费者的自我概念与生活方式对消费者的消费行为和选择会产生双向的影响：人们的选择对其自身的生活方式会产生莫大的影响，同时人们的自我概念与现在的生活方式或追求的生活方式也决定了人的消费方式、消费决策与消费行为。

另外，自我概念与生活方式固然重要，但如果消费者处处根据其生活方式而思考，这也未免过于主观，消费者有时在做一些与生活方式一致的消费决策时，自身却浑然不觉，这与参与程度有一定关系。

3. 刺激—反应模型

（1）刺激—中介—反应模型

这一模型是人的行为在一定的刺激下通过活动，最后产生反应。它是人类行为的一般模式，简称SOR模型。SOR模型最初用来解释、分析环境对人类行为的影响，后作为环境心理学理论被引入零售环境中。

任何一位消费者的购买行为，均是来自消费者自身内部的生理、心理因素或是在外部环境的影响下而产生的刺激带来的行为活动。消费者的购买行为，其过程可归结为消费者在各种因素刺激下，产生购买动机，在动机的驱使下，做出购买某商品的决策，实施购买行为，再形成购后评价。消费者购买行为的一般模式是营销部门计划扩大商品销售的依据。营销部门要认真研究和把握购买者的内心世界。

消费者购买行为模式是对消费者实际购买过程进行形象说明的模式。所谓模式，是指某种事物的标准形式。消费者购买行为模式是指用于表述消费者购买行为过程中的全部或局部变量之间因果关系的图式理论描述。

（2）科特勒的刺激—反应模型

美国著名市场营销学家菲利普·科特勒教授认为，消费者购买行为模式一般由前后相继的三个部分构成，科特勒的刺激—反应模型清晰地说明了消费者购买行为的一般模式：刺激作用于消费者，经消费者本人内部过程的加工和中介作用，最后使消费者产生各种外部的与产品购买有关的行为。因此，该模式易于掌握和应用。

（二）消费者购买决策理论

1. 习惯建立理论

该理论认为，消费者的购买行为实质上是一种习惯建立的过程。习惯建立理论的主要内容如下：

①消费者对商品的反复使用形成兴趣与喜好。

②消费者对购买某一种商品的"刺激—反应"的巩固程度。

③强化物可以促进习惯性购买行为的形成。任何新行为的建立和形成都必须使用强化物，而且，只有通过强化物的反复作用，才能使一种新的行为产生、发展、完善和巩固。

习惯建立理论提出，消费者的购买行为，与其对某种商品有关信息的了解程度关联不大，消费者在内在需要激发和外在商品的刺激下，购买了该商品并在使用过程中感觉不错（正强化），那么他可能会再次购买并使用。消费者多次购买某商品，带来的都是正面的反应，购买、使用都是愉快的经历，那么在多种因素的影响下，消费者逐渐形成了一种固定化反应模式，即消费习惯。具有消费习惯的消费者在每次产生消费需要时，首先想到的就是习惯购买的商品，相应的购买行为也就此产生。因此，消费者的购买行为实际上是重复购买并形成习惯的过程，是通过学习逐步建立稳固的条件反射的过程。

从习惯建立理论的角度来看存在于现实生活中的许多消费行为，可以得到消费行为的解释。消费者通过习惯理论来购入商品，不仅可以最大限度地节省选择商品的精力，还可以避免产生一些不必要的风险。当然，习惯建立理论并不能解释所有的消费者购买行为。

2. 效用理论

效用概念最早出现于心理学著作中，用来说明人类的行为可由追求快乐、避免痛苦来解释，后来这一概念成为西方经济学中的一个基本概念，偏好和收入的相互作用导致人们做出消费选择，而效用则是人们从这种消费选择中获得的愉快或者满足。通俗地说就是一种商品能够给人带来多大的快乐和满足。

效用理论把市场中的消费者描绘成"经济人"或理性的决策者，从而给行为学家很多启示：首先，在商品经济条件下，在有限货币与完全竞争的市场中，"效用"是决定消费者追求心理满足和享受欲望最大化的心理活动过程。其次，将消费者的心理活动公式化、数量化，使人们便于理解。但需要指出的是，作为一个消费者，他有自己的习惯、价值观和知识经验等，受这些因素的限制，他很难按照效用最大的模式去追求最大效益。

3. 象征性社会行为理论

象征性社会行为理论认为任何商品都是社会商品，都具有某种特定的社会含义，特别是某些专业性强的商品，其社会含义更明显。消费者选择某一商标的商品，主要依赖于这种商标的商品与自我概念的一致（相似）性，也就是所谓商品的象征意义。商品作为一种象征，表达了消费者本人或别人的想法，有人曾说："服饰最初只是一个象征性的东西，穿着者试图通过它引起别人的赞誉。"而有利于消费者与他人沟通的商品是最可能成为消费者自我象征的商品。

4. 认知理论

心理学中认知的概念是指过去感知的事物重现面前的确认过程。认知理论是20世纪90年代以来较为流行的消费行为理论，认知理论把顾客的消费行为看成一个信息处理过程，顾客从接受商品信息开始直到最后做出购买行为，始终与对信息的加工和处理直接相关。这个对商品信息的处理过程就是消费者接收、存储、加工、使用信息的过程，它包括注意、知觉、表象、记忆、思维等一系列认知过程。顾客认知的形成，是由引起刺激的情景和自己内心的思维过程造成的，同样的刺激，同样的情景，对不同的人往往产生不同的效果。认知理论指导企业必须尽最大努力确保其商品和服务在顾客心中形成良好的认知。

（三）消费者行为的影响因素

影响消费者行为的因素主要有两种，分别是个人内在因素与外部环境因素。在此基础上还可以继续进行细分，将个人内在因素划分为生理因素与心理因素；将外部环境因素划分为自然环境因素和社会环境因素。可以说消费者行为的产生，是消费者个人与环境交互作用的结果。消费者个人内在因素与外部环境因素，直接影响和制约着消费者行为的方式、指向及强度。

（四）消费者购买决策的影响因素

1. 他人态度

他人态度是影响购买决策的重要因素之一。他人态度对消费者购买决策的影响程度取决于他人反对态度的强度及对他人劝告的可接受程度。

2. 预期环境因素

消费者购买决策要受到产品价格、产品的预期收益、本人的收入等因素的影响，这些因素是消费者可以预测到的，被称为预期环境因素。

3.非预期环境因素

消费者在做出购买决策过程中除了受到以上因素影响外，还要受到营销人员态度、广告促销、购买条件等因素的影响，这些因素难以预测到，被称为非预期环境因素，它们往往与企业营销手段有关。因此，在消费者的购买决策阶段，营销人员一方面要向消费者提供更多的、详细的有关产品的信息，便于消费者比较优缺点；另一方面，则应通过各种销售服务，促成方便顾客购买的条件，加深其对企业及商品的良好印象，促使消费者做出购买本企业商品的决策。

二、生产者理论

生产者理论主要研究生产者的行为规律，即在资源稀缺的条件下，生产者如何通过合理的资源配置，实现利润最大化。广义的生产者理论涉及这样三个主要问题：第一，投入要素与产量之间的关系。第二，成本与收益的关系。第三，垄断与竞争的关系。以下重点分析第一个问题，即生产者如何通过生产要素与产品的合理组合实现利润最大化。生产是对各种生产要素进行组合以制成产品的行为。在生产中要投入各种生产要素并生产出产品，所以，生产也就是把投入变为产出的过程。

（一）生产者

生产是厂商对各种生产要素进行合理组合，以最大限度地生产出产品的行为过程。生产要素的数量、组合与产量之间的关系可以用生产函数来表现。因此，在具体分析生产者行为规律之前，有必要先介绍厂商生产要素、生产函数等相关概念。厂商在西方经济学中，就是生产者，即企业，是指能够独立做出生产决策的经济单位。在市场经济条件下，厂商作为理性的"经济人"，所追求的生产目标一般是利润最大化。厂商可以采取个人性质、合伙性质和公司性质的经营组织形式。在生产者行为的分析中，经济学家经常假设厂商总是试图谋求最大的利润（或最小的亏损）。基于这种假设，就可以对厂商所要生产的数量和为其产品制定的价格做出预测。当然，经济学家实际上并不认为追求利润最大化是人们从事生产和交易活动的唯一动机。企业家还有其他的目标，比如，企业的生存、安逸的生活，以及优厚的薪水等，况且要计算出正确的最大利润化也缺乏资料。尽管如此，从长期来看，厂商的活动看起来很接近于追求最大利润。特别是如果要建立一个简化的模型，就更有理由认为厂商在制定产量时的支配性动机是追求最大利润，即使在实际生活中企业没有追求或不愿追求利润最大化，利润最大化至少可以作为一个参考指标去衡量其他目标的实现情况。

（二）生产函数

厂商是通过生产活动来实现最大利润的目标的。生产是将投入的生产要素转换成有效产品和服务的活动。数学语言来说，投入数量与产出数量之间的关系，即为生产函数。

在某一时刻，生产函数是代表给定的投入量所能产出的最大产量，反过来也可以说，它表示支持一定水平的产出量所需要的最小投入量。因此，在经济分析中，严格地说，生产函数是表示生产要素的数量及其某种数量组合与它所能生产出来的最大产量之间的依存关系，其理论本质在于刻画厂商所面对的技术约束。

在形式化分析的许多方面，厂商与消费者是相似的。消费者购买商品，用以"生产"满足；企业家购买投入要素，用以生产商品。消费者有一种效用函数，厂商有一种生产函数。但实际上，消费者和厂商的分析之间存在着某些实质性的差异。效用函数是主观的，效用并没有一种明确的基数计量方法；生产函数却是客观的，投入和产出是很容易计量的。理性的消费者在既定的收入条件下使效用最大化；企业家类似的行为是在既定的投入下使产出数量最大化，但产出最大化并非其目标。要实现利润最大化，厂商还必须考虑到成本随产量变化而发生的变动，即必须考虑到成本函数。也就是说，厂商的利润最大化问题既涉及生产的技术方面，也涉及生产的经济方面。生产函数只说明：投入要素的各种组合情况都具有技术效率。这就是说，如果减少任何一种要素的投入量就要增加另一种要素的投入量，没有其他生产方式能够得到同样的产量。而技术上无效率的要素组合脱离了生产函数，因为这类组合至少多用了一种投入要素，其他要素投入量则同以前一样，其所生产出的产量却同其他方式一样多。

（三）生产要素

生产要素是指在生产活动中所使用的各种经济资源。这些经济资源在物质形态上千差万别，但它们可以归类为四种基本形式：劳动、资本、土地和企业家才能。

劳动是指劳动者所提供的服务，可以分为脑力劳动和体力劳动。

资本是指用来生产产品的生产要素。它有多种表现形式，其基本表现形式为物质资本如厂房、设备、原材料和库存等。此外，它还包括货币资本（流动资金、票据和有价证券）、无形资本（商标、专利和专有技术）和人力资本（经教育、培育和保健获得的体力智力、能力和文化）。

土地是指生产中所使用的，以土地为主要代表的各种自然资源，它是自然界中本来就存在的。例如，土地、水、原始森林、各类矿藏等。

企业家才能是指企业所有者或经营者所具有的管理、组织和协调生产活动的能力。劳动、资本和土地的配置需要企业家进行组织。企业家的基本职责是：组织生产、销售产品和承担风险。生产任何一种产品或劳务，都必须利用各种生产要素。

三、市场理论

(一) 市场

市场是商品经济的范畴。哪里有商品,哪里就有市场。但对于什么是市场,却有多种理解。开始,人们把市场看作商品交换的场所,如农贸市场、小商品市场等。它是指买方和卖方聚集在一起进行交换商品和劳务的地点。但随着商品经济的发展。市场范围的扩大,人们认识到,市场不一定是商品交换的场所,哪里存在商品交换关系哪里就存在市场。可见,市场的含义,不单指商品和劳务集散的场所,而且指由商品交换联结起来的人与人之间的各种经济关系的总和。

作为市场,它由三个要素构成:一是市场主体,即自主经营、自负盈亏的独立的经济法人。它包括从事商品和劳务交易的企业、集团和个人。二是市场客体,指通过市场进行交换的有形或无形的产品、现实存在的产品或未来才存在的产品。三是市场中介,指联结市场各主体的有形或无形的媒介与桥梁。市场中介包括生产者之间、消费者之间、生产者与消费者之间、同类生产者和不同类生产者之间、同类消费者与不同类消费者之间的媒介体系模式。在市场经济中,价格、竞争、市场信息、交易中介人、交易裁判和仲裁机关等都是市场中介。市场的规模和发育程度集中反映了市场经济的发展水平和发育程度。因此,在发展市场经济过程中,必须积极培育市场。

(二) 市场经济

1. 市场经济概述

简而言之,市场经济就是通过市场机制来配置资源的经济运行方式。它不是社会制度。众所周知,在任何社会制度下,人们都必须从事以产品和劳务为核心的经济活动。而当人们进行经济活动时,首先要解决以何种方式配置资源的问题。这种资源配置方式,就是通常所说的经济运行方式。由于运用调节的主要手段不同,人们把经济运行方式分为计划与市场两种形式,前者指采用计划方式来配置资源,被称为计划经济;后者指以市场方式来配置资源,被称为市场经济。可见,市场经济作为经济活动的资源配置方式,不论资本主义还是社会主义都可以使用,它与社会制度没有必然的联系。虽然,市场经济是随着现代化大生产和资本主义生产方式的产生而产生的,但它并不是由资本主义制度决定的。因为市场经济的形成与发展直接决定于商品经济的发达程度。迄今为止,商品经济发展经历了简单商品经济、扩大的商品经济和发达的商品经济三个阶段。只有当商品经济进入扩大发展阶段以后,市场经济的形成与发展才具备条件。因为在这个阶段不仅大部分产品已经实现商品化,而且这种商品化还扩大到生产要素领域。这时,市场机制成为社会资源配置的主要手段。也就是说,这个阶段经济活动中四个基本问题,即生产什么？如何生产？为谁生产和由谁决策等，都是依靠市场的力量来解决的。由此可见，市场经济是一种区别于社会制度的资源配置方式，即经济运行方式。

2.市场经济的运转条件

①要有一定数量的、产权明晰的、组织结构完整的企业。

②要有完备的市场体系，成为社会经济活动和交往的枢纽。

③要有完整的价格信号体系，能够迅速、准确、明晰地反映市场供求的变化。

④要有完善的规章制度，既要有规范各种基本经济关系的法规，又要有确定市场运作规则的法规，还要有规范特定方面经济行为的单行法规。

⑤要有发达的市场中介服务组织，如信息咨询服务机构行业协会、同业公会、会计师事务所、律师事务所等。

3.市场经济的特征

市场经济的特征可以归结为以下几个方面：

①市场对资源配置起基础性作用。这里的资源包括人力、物力、财力等经济资源。

②市场体系得到充分发展，不仅有众多的买者和卖者，还有一个完整的市场体系，并形成全国统一开放的市场。

③从事经营活动的企业，是独立自主、自负盈亏的经济实体，是市场主体。

④社会经济运行主要利用市场所提供的各种经济信号和市场信息调节资源的流动和社会生产的比例。

⑤在统一的市场规则下，形成一定的市场秩序，社会生产、流通、分配和消费在市场中枢的联系和调节下，形成有序的社会再生产网络。

⑥政府依据市场经济运行规律，对经济实行必要的宏观调控，运用经济政策、经济法规、计划指导和必要的行政手段引导市场经济的发展。

第二节　市场需求分析

一、需求的含义

需求与供给这两个词汇不仅是经济学最常用的两个词，还是经济领域最常见的两个术语。需求与供给作为市场经济运行的力量，直接影响着每种物品的产量及出售的价格。市场价格在资源配置的过程中发挥着重要作用，既决定着商品的分配，又引导着资源的流向。如果你想知道，任何一种事件或政策将如何影响经济并且产生什么样的效应，就应该先考虑它将如何影响需求和供给。

需求是指买方在某一特定时期内，在每一价格水平时，愿意而且能够购买的商品量。

消费者购买愿望和支付能力,共同构成了需求,缺少任何一个条件都不能成为有效需求。这也就是说,需求是买方根据其欲望和购买能力所决定想要购买的数量。

二、需求表与需求曲线

对需求的最基本表示是需求表和需求曲线,直接表示价格与需求量之间的基本关系。

(一)需求表

需求表是表示在不影响购买的情况下,一种物品在每一价格水平下与之相对应的需求量之间关系的表格。需求表是以数字表格的形式来说明需求这个概念的,它反映出在不同价格水平下购买者对该商品或货物的需求量。

(二)需求曲线

需求曲线是表示一种商品价格和需求数量之间关系的图形,它的横坐标表示的是数量,纵坐标表示的是价格。通常,需求曲线是向右下方倾斜的,即需求曲线的斜率为负,这反映出商品的价格和需求之间是负相关关系。

三、需求函数与需求定理

(一)需求函数

需求函数是以代数表达式表示商品价格和需求量之间关系的函数。最简单意义上的需求函数,是将价格(P)作为自变量,需求量(Q)作为因变量,函数关系式如下所示:

$$Q_d = a - bP$$

其中 a、b 为常数,a 最大需求量,b 为关系系数。

通过价格前面的负号,上式表示出了需求量和价格之间反方向变化的规律。

需求函数表示的经济学含义如下所示:

①在给定的价格水平下,需求者能够购买的最大商品数量。

②对于具体给定的商品数量,需求者愿意支付的最高价格。

(二)需求定理

从需求表和需求曲线中得出,价格与需求量之间,商品的需求量与其价格是呈反方向变动的,这种关系对经济生活中大部分物品都是适用的,而且这种关系非常普遍,因此,经济学家称之为需求定理。

需求定理的基本内容是:在其他条件不变的情况下,购买者对某种商品的需求量与价格呈反方向变动,即需求量随着商品本身价格的上升而减少,随着商品本身价格的下降而增加。

四、影响需求的因素

除了价格因素以外，还有许多因素会影响需求使之发生变化。其中，以下几方面是比较重要的影响因素。

假如经济危机出现了，公司为了应对危机，会相应地减少员工收入。当收入减少时，个人或家庭的需求一般会相应减少。就是说，当收入减少时，消费支出的数额会相应地减少，因此，个人或家庭不得不在大多数物品上相应减少消费。在经济学中，当收入减少时，对一种物品的需求也相应减少，这种物品就是正常物品。一般把正常物品定义为：在其他条件相同时，收入增加会引起需求量相应增加的物品。

在人们的日常生活中，消费者购买的物品，并不都是正常物品，随着人们收入水平的提高，人们会对某种物品的需求减少，这种物品就是所谓的低档物品。从经济学的角度看低档物品，将其定义为：在其他条件相同时，随着收入的增加，引起需求量相应减少的物品。

（二）相关商品的价格

相关商品是指与所讨论的商品具有替代或者互补关系的商品。

在其他条件不变时，当一种商品价格下降时，减少了另一种商品的需求量，这两种物品被称为替代品。两种替代商品之间的关系是：价格与需求呈现出同方向变动，即一种商品价格上升，将引起另一种商品需求增加。

在其他条件不变时，当一种商品价格下降时，增加了另一种商品的需求量，这两种物品被称为互补品。两种互补商品之间的关系是：价格与需求呈反方向变动，即一种商品的价格上升，将引起另一种商品需求减少。

（三）偏好

决定需求的另一明显因素是消费者的偏好。人们一般更乐于购买具有个人偏好的商品。人们的偏好，受很多因素的影响，如广告、从众心理等。当人们的消费偏好发生变动时，相应地对不同商品的需求也会发生变化。

（四）预期

人们对未来的预期也会影响人们现期对物品与劳务的需求。对于某一产品来说，人们通过预期认为该产品的价格会发生变化，若预期结果是涨价，人们会增加购入数量；若预期结果是降价，那么人们会减少当前的购入数量。

（五）购买者的数量

购买者数量的多少是影响需求的因素之一，如人口增加将会使商品需求数量增加；反之，购买者数量的减少会使商品需求数减少。

(六)其他因素

在影响需求变动的因素中,如民族、风俗习惯、地理区域、社会制度及一国政府采取的不同政策等,都会对需求产生影响。

在之前的需求函数中,自变量只有价格,把各种影响因素考虑进来以后,可以写出一个多变量的需求函数,即把上述因素都包括进函数式中,如下所示。

$$Q=f(M, P_R, E, J, T)$$

式中:M——收入。

P_R——相关商品价格。

E——预期。

J——偏好。

T——其他因素。

五、需求量变动与需求变动

(一)需求量的变动

需求量的变动是指其他条件不变的情况下,商品本身价格变动所引起的商品需求量的变动,需求量的变动表现为同一条需求曲线上点的移动。在影响消费者购买决策的许多其他因素不变的情况下,价格的变化直接影响着消费者的消费需求,在经济学中,这就是"需求量的变动"。

(二)需求的变动

在经济分析中,除了要明确"需求量的变动",还要注意区分"需求的变动"。需求的变动是指在商品本身价格不变的情况下,其他因素变动所引起的商品需求的变动。需求的变动表现为需求曲线的左右平行移动。

在需求曲线中,当出现影响消费者的商品需求因素,也就是需求的变动,在某种既定价格时,当人们对商品需求减少时,表现在需求曲线中就是曲线向左移;当人们对商品需求增加时,在需求曲线中就表现为需求曲线向右移。总而言之,需求曲线向右移动被称为需求的增加,需求曲线向左移动被称为需求的减少。

引起需求量变动和需求变动的原因不同,其不仅受到商品价格、收入、相关商品价格的影响,还受到偏好、预期、购买者数量的影响。

第三节 市场供给分析

一、供给的含义

供给是指卖方在某一特定时期内,在每一价格水平时,生产者愿意而且能够提供的商品量。供给是生产愿望和生产能力的统一,缺少任何一个条件都不能成为有效供给。这也就是说,供给是卖方根据其生产愿望和生产能力决定想要提供的商品数量。通常用供给表、供给曲线和供给函数三种形式来表述供给。

二、供给表

供给表是表示在影响卖方提供某种商品供给的所有条件中,仅有价格因素变动的情况下,商品价格与供给量之间关系的表格。

三、供给曲线

如果供给表用图形表示,根据供给表描出的曲线就是供给曲线。供给曲线是表示一种商品价格和供给数量之间关系的图形。横坐标表示的是供给数量,纵坐标表示的是价格,若是供给曲线是向右上方倾斜的,这反映出商品的价格和供给量之间是正相关的关系。

四、供给函数

供给函数是以代数表达式表示商品价格和供给量之间关系的函数。最简单意义上的供给函数,是将价格(P)作为自变量,需求量(Q_s)作为因变量,供给函数关系如下:

$$Q_s=c+dP$$

其中c、d为常数,c为最大需求量,d为关系系数。

通过价格前面的正号,供给函数表示出供给量和价格之间同方向变化的规律。

供给曲线上的点表示的经济含义如下所示:

①在给定的价格水平上,供给者愿意提供的最大商品数量。

②对于给定的具体商品数量,生产者愿意索取的最低价格。

五、供给定理

从供给表和供给曲线中可以得出,某种商品的供给量与其价格是呈现出相同方向变动的。价格与供给量之间的这种关系对经济中大部分物品都是适用的,而且实际上这种关系非常普遍,因此,经济学家称之为供给定理。

供给定理的基本内容是:在其他条件相同时,某种商品的供给量与价格呈现出同方向变动,即供给量随着商品本身价格的上升而增加,随着商品本身价格的下降而减少。

六、影响供给的因素

有许多变量会影响供给,使供给曲线发生移动,以下因素尤为重要:

(一)生产要素价格

为了生产某种商品,生产者要购买和使用各种生产要素:工人、设备、厂房、原材料、管理人员等。当这些投入要素中的一种或几种价格上升时,生产某种商品的成本就会上升,厂商利用原有投入的资金,将会提供相对减少的商品。如果要素价格大幅度上涨,厂商则会停止生产,不再生产和供给该商品。由此可见,一种商品的供给量与生产该商品的投入要素价格呈负相关。

(二)技术

在资源既定的条件下,生产技术的提高会使资源得到更充分的利用,从而引起供给增加。生产加工过程的机械化、自动化将减少生产原有商品所必需的劳动量,进而减少厂商的生产成本,增加商品的供给量。

(三)相关商品的价格

两种互补商品中,一种商品价格上升,对另一种商品的需求减少,供给将随之减少。互补商品中一种商品的价格和另一种商品的供给呈负相关。

两种替代商品中,一种商品价格上升,对另一种商品的需求增加,供给将随之增加。替代商品中一种商品的价格和另一种商品的供给呈正相关。

(四)预期

企业现在的商品供给量还取决于对未来的预期,若是预期未来某种商品的价格会上升,企业就将把现在生产的商品储存起来,而减少当前的市场供给。

(五)生产者的数量

生产者的数量一般和商品的供给呈正相关关系,即如果新的生产者进入该种商品市场,那么,市场上同类产品的供给就会增加。

七、供给量的变动与供给的变动

（一）供给量的变动

供给量的变动是指在其他条件不变的情况下，商品本身价格变动所引起的商品供给量的变动。供给量的变动表现为沿着同一条供给曲线上的点的移动。

在影响生产者生产决策的许多其他因素不变的情况下，在任何一种既定的价格水平时，生产者提供相对应的商品数量的价格变化会直接导致商品供给数量的变化，在经济学中被称为"供给量的变动"。

（二）供给的变动

与需求相同，在经济分析中，除了要明确"供给量的变动"，还要注意区分"供给的变动"。供给的变动是指在商品本身价格不变的情况下其他因素变动所引起的商品供给的变动。供给的变动表现为供给曲线左右平行移动。供给的变动，在某种既定价格时，当某种商品价格上涨时，厂商对该商品的供给减少，此时供给曲线向左移；在某种既定价格时，通过科技手段来使该商品的生产能力变强时，此时供给曲线向右移被称为供给的增加，供给曲线向左移动被称为供给的减少。

第四节 市场均衡与政府政策

一、市场与均衡

市场上，需求和供给主要是通过价格来调节的。围绕着这一主题首先分析需求曲线和供给曲线如何共同决定均衡价格和均衡产量（均衡价格F的需求量和供给量），为什么市场处于均衡状态时社会总剩余达到最大，买者和卖者之间的竞价如何使得非均衡状态向均衡状态调整，最后，简要介绍一下一般均衡理论，并讨论市场中的非价格机制。

市场将消费决策和生产决策分开，消费者不生产自己消费的产品，生产者也不消费自己生产的产品。但市场又通过交换将消费者和生产者联系起来。市场通常被理解为买卖双方交易的场所，比如传统的庙会、集市，现代的购物中心、百货商店等，都是市场。但市场又不仅仅是这些看得见、摸得着的实体场所。市场的本质是一种交易关系，它是一个超越了物理空间的概念。随着信息时代的到来，电商已经成为交易的一种新形式，很多交易是在互联网上依托电商服务器完成的。在这里我们看不到具体的交易场所，但是网络虚拟的交易场所仍然是在我们经济学研究的市场中进行的。市场的类型多种多样，不仅有物质产品和服务产品的交易市场,也有作为投入品的要素市场;还有很多无形的标的物也可以成为市场的交易对象,比如专利市场、思想市场。

无论什么市场,都存在买者和卖者两方。市场交易是一个竞争的过程,不仅有买者和卖者之间的竞争,还有买者之间的竞争和卖者之间的竞争。比如、生产者之间为获得客户、销售产品而竞争,消费者之间为获得产品而竞争,意味着每个人都有自由选择的权利,即向谁买、买什么和卖给谁、卖什么的自由。只有在各方都有自由选择权利的制度下,才可以谈得上交易,才能够称之为市场。

(一)均衡价格

1. 均衡定义

经济学分析市场的一个基本工具是均衡。均衡分析有一百多年的历史,至今仍然是一个强有力的分析工具。均衡分析最初是经济学家从物理学中借用过来的,它是一种分析不同力量相互作用的方法,在宇宙空间中存在着各种各样的力量,各种力量相互作用,达到一种稳定的状态,即均衡状态。在均衡状态下,没有任何事物会发生新的变化。市场上,供给和需求是两种基本的力量。经济学中的市场均衡,就是指供给和需求的平衡状态。

2. 市场均衡核心

关于市场均衡的概念述说起来就是,供给和需求的平衡状态。价格是市场均衡的核心,需求和供给都受价格影响,都是价格的函数。但需求和供给对价格做出反应的方向不同:需求量随着价格的下跌而上升,供给量随着价格的上升而上升。因此,需求量和供给量不可能在任何价格下都相等。但需求和供给的反向变化也意味着,使得需求量和供给量相等的价格是存在的。在经济学上,我们把使得需求量和供给量相等的价格称为"均衡价格",对应的需求量(供给量)称为"均衡产量"。也就是说,在均衡价格下,所有的需求量都能得到满足,所有愿意在这个价格下出售的产品都可以卖出去。

3. 均衡价格与边际成本

均衡价格是指,当需求量的价格等于供给量的价格。

(1)供给曲线与边际成本曲线重合

供给曲线与边际成本曲线重合,需求曲线与消费者的边际效用曲线也是合的。需求曲线上的价格代表了消费者的最高支付意愿,也就是厂商要把某一固定产量的商品全部销售出去,可以卖出的最高价格。为什么随着产量的增加,消费者愿意付的钱越来越少?因为边际效用是递减的。也就是说,每个人一开始总是满足最迫切的需要,他愿意为最迫切的需要付出的代价最大;迫切的需要满足之后,对于不那么迫切的需要,愿意付出的代价相对较小。

（2）供给曲线与生产者的边际成本曲线重合

它可以理解为厂商愿意接受的最低价格，只有消费者愿意付出的价格高于或至少不低于生产者愿意接受的价格时，交易才会给双方带来好处，产品才有可能成交。假设一件商品，买家最高只愿意出 10 元钱，但卖家最低只能接受 12 元钱，那么交易就不会出现。因此，有效率的交易只会出现在均衡点的左侧，即需求曲线高于供给曲线的部分。

4. 均衡价格与边际效用

根据前面的论述，均衡价格也可以看作消费者的边际效用等于生产者的边际成本时对应的价格水平，这是因为消费者的最优选择意味着他愿意接受的市场价格等于其边际效用，生产者的最优选择意味着他愿意接受的市场价格等于其边际成本。这样一来，价格就把生产者和消费者联系在一起，均衡实现了双方最优。这个原理可以表示为：

边际效用 = 均衡价格 = 边际成本

可见价格是一个杠杆，它在消费者和生产者分离的情况下实现了"鲁滨孙经济"中消费者和生产者一体化情况下的最优选择条件，如下所示：

边际效用 = 边际成本

5. 均衡状态下的总剩余

交换带来的社会福利增加总额，即总剩余。总剩余包括两部分：一部分是消费者剩余；另一部分是生产者剩余。消费者剩余就是消费者支付的价格和他实际支付的价格之间的差额总收入和总成本之间的差值，即生产者获得的生产者剩余，也就是利润，其计算公式如下所示。

总剩余 = 消费者剩余 + 生产者剩余

均衡不是现实，而是现实发生变化背后的引力。只有在均衡条件下，总剩余才能达到最大，此时的市场效率是最大的。如果市场处于均衡状态的左侧，有一部分价值没有办法实现；如果市场处在均衡状态的右侧，消费者愿意支付的价格小于生产者愿意接受的最低价格，由此会出现亏损，造成社会福利的损失，所以均衡本身对应的是经济学上讲的"最大效率"，偏离均衡就会带来效率损失。当然，现实生活中我们不可能总是达到最大效率这种状态，更准确地说，均衡不是现实，而是现实发生变化背后的引力。下面我们分析一下非均衡状态如何向均衡状态调整。

（二）均衡的移动和调整

不管是供给曲线还是需求曲线，均会受到很多因素的影响，并且这些影响因素是随时间变化的。影响需求曲线移动的因素有：消费者偏好、收入、替代品和互补品的价格，或者其他制度性的、文化的因素的变化。影响供给曲线移动的因素有：生产技术、要素价格和原材料价格、要素供给量的变化。因此，均衡点就随时间变化而变化，价格和供求的调整过程是动态的，就像追踪一个移动的靶子，而不是追逐着一个固定的目标。

从动态角度看，市场总是处于调整当中，现实经济总是处于非均衡状态。现实中的价格总是和理论上的均衡价格不完全一样，但市场价格总是围绕随时间变化的均衡点不断调整，这就是均衡分析的意义所在。

最后需要指出的一点是，前面我们把均衡点的变化和调整过程当作一个非人格化的过程。事实上，在现实市场中，均衡点的变化和调整主要是通过企业家活动实现的，企业家是善于判断未来、发现不均衡并组织生产、从事创新活动的人。尽管企业家也会犯错误，但正是他们的存在，使得市场经济不仅有序，而且在不断发展。

（三）非均衡状态及其调整

非均衡状态可以划分为两类，分别是：实际价格低于均衡价格，或实际价格高于均衡价格。通常情况下，当价格低于均衡价格时，消费者愿意购买的数量大于生产者愿意出售的数量，这就出现了供不应求的现象；当价格高于均衡价格时，消费者愿意购买的数量小于生产者愿意出售的数量，这就出现了供大于求的现象。无论哪种情况，都有一方的意愿不能实现，从而导致效率损失。

1. 非均衡状态概述

为什么非均衡状态会出现？最基本的原因是在现实市场中，信息是不完全的。在传统的教科书中，通常假定信息是完全的，每个人都知道供求曲线和交点的位置。在这个假设下，不会有非均衡，这与现实是有出入的。市场通常由若干买家和卖家组成，他们当中每一个个体的决策都会影响整个市场，但没人知道市场的需求曲线和供给曲线具体是什么形状，消费者甚至连自己的需求曲线都画不出来，生产者也画不出自己的供给曲线，更没有人能准确知道其他人的需求和供给，因此，没有人确知均衡点究竟在哪里。但实际交易就是在这种情况下发生的。尽管出于自身利益的考虑，消费者会寻找合适的卖方，生产者也会寻找合适的买方，并希望获得对自己最有利的交易条件，但这又会带来交易成本和等待的成本，因此，交易不可能从均衡价格开始。不均衡状态还可以理解为一种后悔的状态：当消费者按照商家的标价购买一件商品后，过一段时间发现该商品价格下降了，那当初消费者实际支付的价格就是非均衡价格，这就表现出消费者的"后悔"。同样，当生产者把产品卖出后如果发现价格上涨了，也会感到"后悔"。

2. 现实交易向均衡状态的调整

尽管现实不可能处于均衡状态，但现实交易总是有向均衡状态调整的趋势。这种调整是买者和卖者竞争的结果，买者之间和卖者之间的竞争使价格从不均衡趋向均衡。现在我们就来分析一下可能的调整过程。首先考虑价格低于均衡价格的情况。设想由于某种原因，企业预期的价格低于均衡价格，此时，市场上供给的产品数量将少于消费者愿意购买的数量。当一部分消费者发现自己的购买意愿难以实现时，他们就愿意支付更高的价格；企业看到奇货可居，也会提高价格。随着价格的上升，一方面，消费者会减少需求，有些消费者甚至会完全退出市场；另一方面，企业会修正自己的预期，看到价格上升就会增加供给。如此这般，只要供给小于需求，价格就会向上调整，需求量随之减少，供给量随之增加，直到均衡为止。

现在考虑价格高于均衡价格的情况。如果市场价格高于均衡价格水平，企业会选择较高的产量，但在市场上，需求低于产出量，造成部分商品生产出来后卖不出去。此时，由于销售困难，部分厂商会选择降价销售，以便清理库存，结果市场价格逐渐下降，随着价格的下降，企业相应地减少产量，部分原来的生产者退出了市场，导致市场供给量下降；同时，随着价格的走低，部分潜在消费者进入了市场，需求量增加。如此这般，只要供给大于需求，价格就会向下调整，需求量随之增加，供给量随之减少，直至均衡为止。

（四）亚当·斯密论的价格调整

市场上任何一个商品的供售量，如果不够满足对这种商品的有效需求，那些愿支付这种商品出售前所必须支付的地租、劳动工资和利润的全部价值的人，就不能得到他们所需要的数量的供给，他们当中有些人，不愿得不到这种商品，宁愿接受较高的价格，于是竞争便在需求者中间发生。而市场价格便或多或少地上升到自然价格以上。价格上升程度的大小，要看货品的缺乏程度及竞争者富有程度和浪费程度所引起的竞争激烈程度的大小。

反之，如果市场上这种商品的供售量超过了它的有效需求，这种商品就不可能全部卖给那些愿意支付这种商品出售前所必须支付的地租、劳动工资和利润的全部价值的人，其中一部分必须售给出价较低的人。这一部分商品价格的低落，必使全体商品价格随着低落。这样，它的市场价格，便或多或少降到自然价格（类似长期均衡价格）以下。下降程度的大小，要看超过额是怎样加剧卖方的竞争，或者说，要看卖方是怎样急于要把商品卖出的。

如果市场上这种商品量不多不少，恰好够供给它的有效需求，市场价格便和自然价格完全相同，或大致相同。所以，这种商品全部都能以自然价格售出，而不能以更高价格售出。各厂商之间的竞争使他们都得接受这个价格，但不能接受更低的价格。

当然，无论供不应求还是供过于求，现实中的调整都比我们上面描述的复杂一些。比如，在供不应求的情况下，市场价格也许会短期内冲到消费者可接受的最高点，然后再随着供给量的增加逐步回落，经过一段时间的震荡后，逐步趋于均衡；在供过于求的情况下，市场价格也许会短期内跌落到消费者愿意支付的最低点，然后随着供给量的减少逐步回升，经过一段时间的震荡后，逐步趋于均衡。

调整过程需要多长时间，不同产品，市场是不同的，特别是，由于需求很容易及时调整，调整的快慢主要取决于产品的生产周期。生产周期越长的产品，调整的速度越慢，例如，农作物的生产周期是以年计算的，调整至少需要一年的时间；而服装的生产周期很短，调整相对快一些。

容易设想，如果需求曲线和供给曲线不随时间而变化，则不论调整的时间多长，市场价格最终一定会收敛于均衡水平。现实中，尽管绝大部分产品市场达不到经济学意义上的均衡，但仍然可以达到日常生活意义上的均衡，即：在现行的价格下，消费者的意愿需求总可以得到满足，生产者也可以售出自己计划生产的产品。实际价格的相对稳定性就证明了这一点。

现实市场之所以达不到经济学意义上的均衡，是因为需求曲线和供给曲线都随时间变化而变化。

（五）一般均衡与非价格机制的调整

1. 一般均衡理论

前面讲的单一产品市场的均衡是局部均衡，一般均衡或总体均衡，是指所有市场同时达到均衡的状态。这里的市场不仅包括产品市场，还包括劳动力市场和资本市场。以下是产品市场的一般均衡。

（1）一般均衡定义

所有的产品，需求量等于供给量，即市场实现了一般均衡，或者说，消费者的总支出等于生产者的总收入（现实中，消费者的收入是通过要素价格的形式获得的）。

一般均衡又称为瓦尔拉斯均衡。经济学家花了将近一百年的时间，孜孜以求证明一般均衡的存在性和稳定性。最初，经济学家试图用求解联立方程的方式证明解的存在性和稳定性，但并不成功。20世纪50年代，阿罗、德布罗等人应用拓扑学和数学上的不动点定理，建立了现在经济学的一般均衡理论，并因此获得了诺贝尔经济学奖。因此，一般均衡又称为"阿罗—德布罗定理"。

（2）一般均衡的基本特征

在均衡状态，每个消费者都达到效用最大化的消费选择，每个生产者都达到利润最大化的产量选择；所有的产品市场都出清，所有的要素市场都达到供求平衡；所有消费者都能买到自己想买的产品，所有生产者都能卖出自己计划生产的产品；想找工作的劳动者一定能找到工作，想雇人的企业一定能雇到人；想借钱的生产者一定能借到钱，能出贷的贷款人一定能把钱贷出去。

（3）一般均衡的条件

一般均衡有一个条件：如果一种产品出现过剩，则价格等于零，等于说它给人们带来的边际效用为零。完全竞争企业的收入等于成本，没有超额利润。

（4）理论上的一般均衡

理论上，一般均衡是通过价格的不断试错而实现的：对于任意给定的一组价格，如果某种产品供过于求,该产品的价格就向下调整;如果供不应求,该产品的价格就向上调整。这样,经过若干次的调整,所有产品的价格都趋于均衡。

(5)一般均衡的意义

一般均衡在理论上很完美,但现实经济不可能达到一般均衡。尽管如此,一般均衡理论仍然是很有意义的,如下所示:

第一,它为分析市场提供了一个参照。

第二,它有助于分析政策的直接和间接效果。

我们知道,一个经济体系中,任何一个市场的价格变化不仅仅会引起该商品需求和供给的变化,而且会对其他商品的需求和供给产生影响,甚至引发劳动力市场、土地市场等要素市场的变化。这就是我们日常讲的"牵一发而动全身"。一般均衡模型可以把这些直接效果和间接效果都考虑进去,因此可以分析任何一个变量的变化引起的总体效果。

比如说,当政府对某种商品征税时,为了理解由此引起的整个经济的总效率如何变化,我们不仅要考虑税收如何影响商品的供求和价格,而且要考虑其他商品和要素的供求和价格如何变化。只有这样,我们才能准确评价政府征税对现实经济的总体影响。因此,一般均衡理论对福利经济学非常重要。当然,正因为一般均衡分析过于复杂,大部分经济学家仍然偏好于局部均衡分析,一般均衡理论也意味着:如果由于某种原因某种商品的市场偏离了原来的均衡,则所有其他商品的市场也应该偏离原来的均衡。

比如说,假定经济由两种商品组成,在均衡的情况下,第一种商品的产量是8个单位,第二种商品的产量是10个单位。如果政府规定第一种商品只能生产7个单位,那么,第二种商品的最优产量就应该做相应的调整,而不应该是原来的10个单位。这就是所谓的"次优理论"。

2,市场的非价格机制

(1)非价格机制调节概述

非价格机制,是指通过配额、排队、限制等手段来调节供求。一般来说,价格是协调供求最有效的手段,如果价格不受管制,那么自由的市场竞价会使市场趋向均衡,尽管不能每时每刻都达到均衡。有时候政府会出于收入分配或其他目的限制竞价,如政府对一些特定产品实行配额生产或消费,政府有时候也要求企业必须雇用某些特定的员工。如我们前面指出的,整体来说,政府利用非价格手段干预市场会使经济产生效率损失。

但值得注意的是,在市场经济中,企业也会使用一些非价格手段调节需求。比如说,当某种产品非常紧俏的时候,厂家并不一定把价格提高到供求相等的水平,而是在维持价格不变的情况下实行限额购买。特别是,在金融市场和劳动力市场上,企业使用非价格手段更为频繁。比如说,银行并不把利率调整到某一水平,使得所有想贷款的人都能贷到款,而是对所有申请贷款的人进行资格审查,然后决定将款项贷给谁、不贷给谁以及贷多少。在劳动力市场上,即使求职者愿意以更低的工资获得工作机会,企业也可能不愿意降低工资，而是宁可在保持工资不变的情况下少雇用工人。

（2）非价格机制的应用

企业为什么使用非价格手段？无疑，有些情况下企业这样做是出于非经济因素的考虑，包括社会公正、舆论压力等。比如说，在自然灾害发生时，企业不愿意把产品价格提高到供求均衡的水平，可能是因为希望给每个人提供基本的生活保障，也可能是害怕被民众批评"发国难财"。但总体来说，企业使用非价格手段通常也是出于利润最大化的动机，事实上，这些手段之所以被认为是非价格手段，是因为人们对产品的定义有误解，很多非价格机制，在其本质上可以还原价格机制。

现实中有一种定价叫作打包价格机制。例如，迪士尼乐园的一张门票包含若干活动项目，理论上消费者拿一张通票可以玩所有的项目，但实际上一天下来去不了几个地方，因为每个地方都排着很长的队。所以，名义价格不变，不等于实际价格不变，非价格调节机制可以改变真实的价格。

二、政府干预的效率损失

（一）价格管制及其后果

在市场经济国家，政府有时会对价格和工资实行限制。与计划经济的政府定价不同的是，市场经济国家的价格管制一般只规定最高限价或最低限价，而不是直接定价。最高限价，即规定交易价格不能高于某个特定的水平，也就是卖出商品的标价不能超过规定的最高价格。最高价格一定低于均衡价格，否则是没有意义的。

最高限价会带来什么后果呢？从效率上来看，本来一些不是非常需要这个商品的人也进入了市场，该商品对这些消费者的效用并不大，但他们也很可能获得该商品，这对于社会资源是一种浪费。而该商品对另外一些人的价值较大，但在限价后他们可能买不到这种商品，这又是一种损失。政府会有什么对策呢？既然需求大于供给，政府可以选择的一个办法是强制企业生产市场需要的产量。这就是价格管制经常会伴随计划性生产的主要原因。强制生产的结果是什么？假如政府的生产计划确实能够实现，此时生产的边际成本远远大于商品给消费者带来的边际价值，这是一种资源的浪费。

有时候政府制定的最高限价并强制企业生产，如果企业亏损则给予财政补贴。但这会弱化企业降低成本的积极性，甚至诱导企业故意增加成本、制造亏损，因为亏损越多，得到的补贴越多，不亏损就没有补贴。这又是一种效率损失。

如果政府没有办法强制企业生产，那就只能配额消费，在1200单位的需求量里面分配400单位的生产配额会引起什么问题呢？如果政府通过抓阄的方式随机分配配额，将导致前面讲的效率损失，因为能得到该商品的并不一定是需求最迫切的消费者。

现在我们转向讨论最低限价政策，最低限价的直接目的是使得交易价格高于市场均衡价格。与最高限价的情况相反，如果政府为了保护某个产业，出台政策规定相关产品的交易价格不能低于某个最低价格，这将导致供过于求。

为了解决供过于求的问题，政府就不得不实行配额生产。即便政府能够保证把配额分配给成本最低的企业，但由于与需求量对应的产量小于均衡价格下的产量，也存在效率损失。当然，政府也可以强制消费者购买过剩的产量，但这样做不仅损害了效率，而且限制了消费者的选择自由。如果政府既不能成功地实行生产配额，也不能成功地强制消费，最低限价也就没有办法维持。解决问题的办法是把生产者价格和消费者价格分开，这就需要对生产者给予价格补贴，每单位产品的补贴额等于生产者价格和消费者价格的差额。对生产者来说，这种补贴是一种收益，但对整个社会来讲，则是总剩余的减少。

（二）税收如何影响价格

政府干预市场的另一个方式是征税。政府需要征税获得财政收入，税收的结构和额度将会改变市场的均衡状态。政府征税类似在供求之间加入一个楔子，对价格和交易都会产生影响。税负最终是由谁来承担？这依赖于需求曲线和供给曲线的特征。但是无论如何，税负通常会降低交易效率。

1. 从量税

现在我们引入政府征税，税收中有一种税叫作从量税，是对生产者销售的每一单位产品进行征税。征收这种从量税以后，成交价格上涨了，均衡数量下降了。

下面我们来分析税收是由谁来承担的。表面上看消费者没有直接交税，但并非如此，实际上消费者与生产者共同承担起了税收，政府征走的税收可以作为转移支付，不会降低总剩余。但是征税后交易量的下降却降低了总剩余，可见，从量税会导致一定的效率损失。另外一种从量税是对消费者征税，与政府对生产者征税时相同。

现在我们来看一种特殊的情况。假如供给曲线价格没有关系，而需求曲线向下倾斜，垂直的供给曲线并不发生变化，均衡价格、量产也不变化，在这种情况下，税收全部由生产者承担，如果从量税是对消费者征收的，消费量没变，实际支出与没有税收时是一样的。税收仍然全部由生产者承担。再看另外一种情况，假如供给是有弹性的，而需求是无弹性的，也就是我们通常所说的"刚需"。生产者没有承担税收，此时税负全部由消费者承担。假设供求曲线不变，税负这时仍全部由消费者承担，只要需求和供给都有一定的弹性，税收就会造成生产效率的下降。

由此我们可以得出这样的结论：如果供给是无限弹性的，需求是有弹性的，税收将全部由生产者承担；如果需求是无限弹性的，供给是有弹性的，税收将全部由消费者承担。

一般情况下，无论向哪一方征税，供给弹性和需求弹性的比值直接决定着税负的分担比例，简单来讲，就是供给与需求哪一方弹性小，相应的负担的税收就大，一方面，需求弹性相对小，则消费者承担的税负比重高；另一方面，供给弹性相对小；则生产者承担的税负比重高。政府的税收政策一般会带来效率损失。只有在需求或供给无弹性的时候，税收才不造成效率损失，此时税负全部由消费者或生产者承担，没有导致交易数量的变化，只要需求和供给都有一定的弹性，税收就会造成生产效率下降。生活必需品的需求弹性是比较小的，比如粮食价格上涨50%，人们的消费量不会减少50%。所以对生活必需品的征税大部分转嫁给消费者，奢侈品通常需求弹性比较大，承担税负的主要是生产者。

2. 从价税

从量税是根据销售数量定额征收，从价税是根据销售价格按一定比例征收。无论哪种情况，只要供给和需求都是有弹性的，税收就会产生效率损失。

3. 所得税

除了对交易征税，政府还会对个人和企业的收入征税，称为所得税。它是以所得额为课税对象的税收的总称。很多地方征收公司所得税，同时还有个人所得税。所得税收影响生产者的积极性，因而会影响产品价格。

总体来讲，税负不可能最终只由纳税人来承担，也会有效率损失。因为税负影响生产者的积极性，所以生产者会提高价格。假如所得税税率过高，没人愿意生产了，行业的供给量将会减少，导致市场价格上升，因此消费者就要承担部分税收。设想一个极端的情况，假如我们征收100%的利润税，企业赚的钱都纳税了，没人愿意办企业了，最后损害的将是我们社会上的每一个人。

参考文献

[1] 张立鹏. 资源型经济转型中山西省现代产业体系发展研究 [D]. 山西财经大学，2022.

[2] 李兆亮. 现代企业向知识经济管理转型的策略研究 [J]. 商讯，2021(2)：109-110.

[3] 陈华. 经济转型下的企业管理经济建设分析 [J]. 现代经济信息，2018(5)：90.

[4] 叶伟芳. 经济转型背景下创新企业人力资源开发策略 [J]. 黑河学院学报，2017，8(7)：60-61.

[5] 罗玉宏. 经济转型中现代服务行业人才的培养 [J]. 经济研究导刊，2017(15)：115-116.

[6] 马小洪. 转轨经济发展时期流通企业的创新管理 [J]. 商业经济研究，2016(4)：133-134.

[7] 陶莉. 经济转型发展中现代医院财务会计管理 [J]. 经贸实践，2016(2)：53.

[8] 韩霞. 现代企业向知识经济管理转型的策略研究 [J]. 商，2015(46)：14.

[9] 刘凤云，高长江. 经济转型背景下高职院校现代服务业人才培养 [J]. 江苏经贸职业技术学院学报，2015(3)：70-72.

[10] 胡雨驰，王璇. 转型升级期的管理会计创新与发展 [J]. 市场论坛，2015(2)：52-53+56.

[11] 王梦雪. 现代农村经济转型研究 [D]. 浙江师范大学，2014.

[12] 杨力. 中国经济转型背景下现代服务业人才培养战略研究 [J]. 改革与战略，2014，30(4)：127-131

[13] 李海荣. 乡土工业的限制及其可能 [D]. 中共北京市委党校，2013.

[14] 王皓田. 现代化背景下民族地区农村经济转型研究 [D]. 中南民族大学，2013.

[15] 王逍. 畲村经济转型制度性措施分析 [J]. 海南大学学报（人文社会科学版），2011，29(3)：55-60.

[16] 付夏婕. 论英国土地法律制度变迁与经济转型 [D]. 中共中央党校，2011.

[17] 张云. 构建全面价值管理体系 推进农业银行财务战略转型 [J]. 农村金融研究，2008(4)：6-12.

[18] 汪洁. 中国经济伦理思想转型研究 [D]. 南京师范大学，2005.

[19] 周雪梅，蒲清泉. 现代物流管理：战略转型与经济增长——兼论邮政行业物流

管理创新[J].理论与当代,2001(11):24-25.

[20] 马晓清.对经济转型时期加快发展我国商业企业的思考[J].商业研究,1998(3):11-13.